2014

北京区域统计年鉴

北京市统计局
国家统计局北京调查总队 编

北京日报报业集团
同心出版社

图书在版编目（CIP）数据

北京区域统计年鉴．2014 / 北京市统计局，国家统计局北京调查总队编．
—北京：同心出版社，2014.11
ISBN 978-7-5477-1417-1

Ⅰ．①北… Ⅱ．①北… ②国… Ⅲ．①统计资料—北京市—2014—年鉴
Ⅳ.①C832.1-54

中国版本图书馆CIP数据核字(2014)第288219号

责任编辑：张　迪

出版发行：同心出版社
地　　址：北京市东城区东单三条8-16号东方广场东配楼四层
邮　　编：100005
电　　话：发行部：(010) 65255876
　　　　　总编室：(010) 65252135-8043
印　　刷：北京力信诚印刷有限公司
经　　销：各地新华书店
版　　次：2014年12月第1版
　　　　　2014年12月第1次印刷
开　　本：787×1092　1/16
印　　张：19
字　　数：400千字
定　　价：180.00元

北京市行政区划示意图

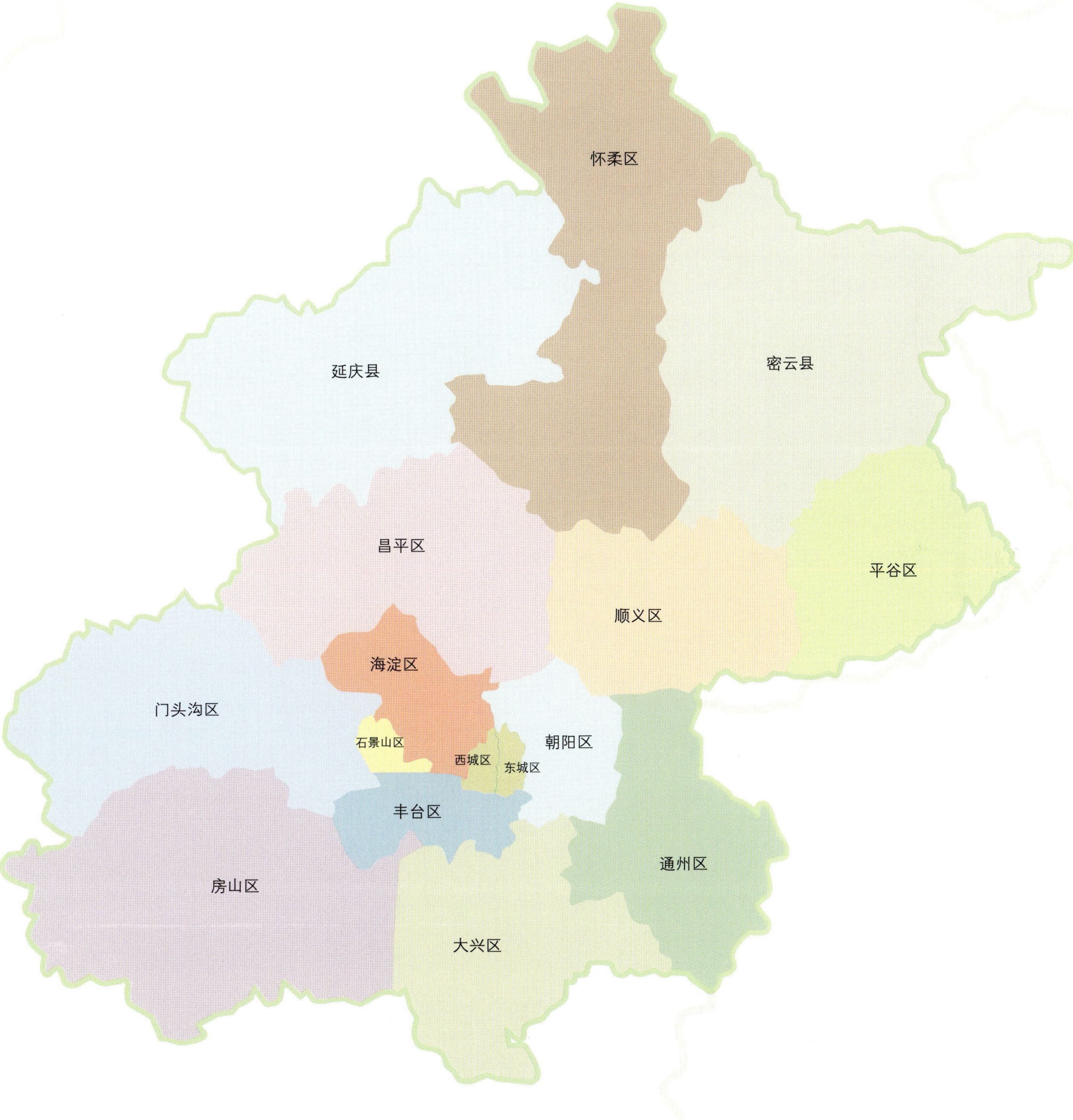
怀柔区
延庆县
密云县
昌平区
平谷区
顺义区
海淀区
门头沟区
朝阳区
石景山区
西城区
东城区
丰台区
通州区
房山区
大兴区

东城区

首都文化中心区　世界城市窗口区

人民生活

城镇居民人均可支配收入
41676元

经　济

地区生产总值
1571.1亿元

社会消费品零售额
839.2亿元

全社会固定资产投资
195.1亿元

文化科技

规模以上文化创意产业收入
1439.1亿元

专利申请量
7854件

专利授权量
5095件

卫生体育

体育场地数
372个

卫生技术人员数
24091人

医院实有床位数
10792张

社会保障

参加基本养老保险职工人数
104.6万人

参加基本医疗保险职工人数
119.0万人

收养性单位床位数
1375张

地区生产总值（单位：亿元）

社会消费品零售总额（单位：亿元）

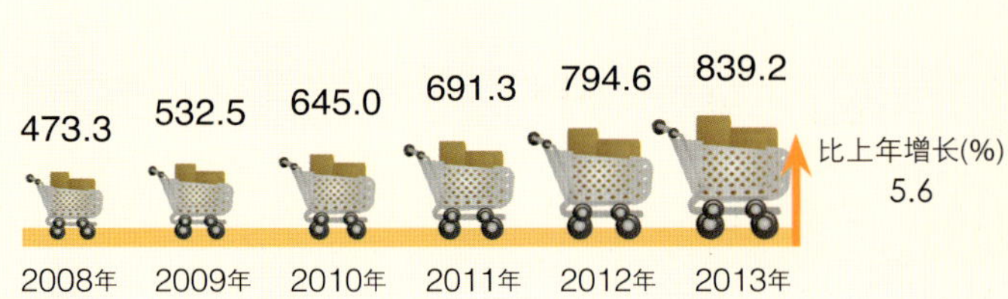

2013

规模以上文化创意产业情况

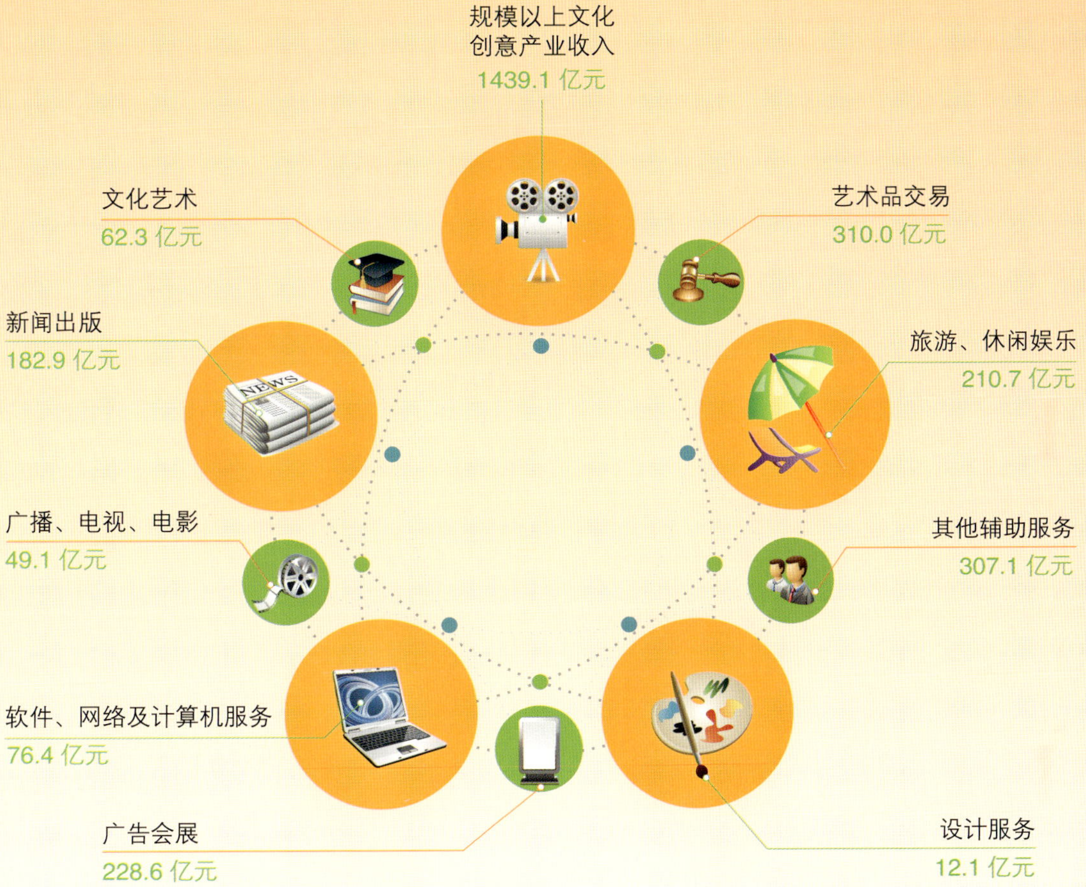

地方公共财政预算收入（单位：亿元）

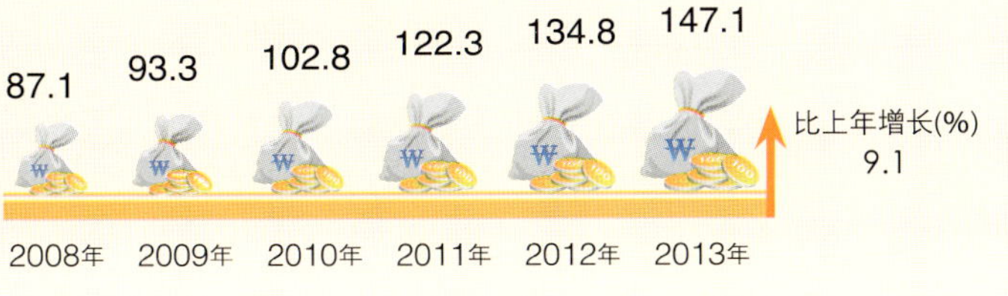

城镇居民人均可支配收入（单位：元）

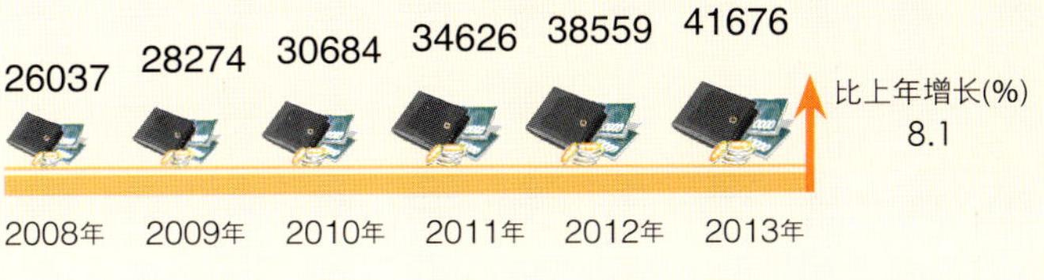

西城区

服务立区　金融强区　文化兴区

地区生产总值（单位：亿元）

社会消费品零售总额（单位：亿元）

2013

重点领域发展情况

旅游综合收入
403.3 亿元

金融业增加值
1206.7 亿元

中关村国家自主创新示范区
西城园总收入
1060.6 亿元

地方公共财政预算收入（单位：亿元）

城镇居民人均可支配收入（单位：元）

朝阳区

全面建设“新四区” 科学发展新朝阳

人民生活

城镇居民人均可支配收入 41035元

农村居民人均纯收入 24426元

经济

地区生产总值 3963.6亿元

社会消费品零售额 1962.4亿元

全社会固定资产投资 1216.7亿元

文化科技

规模以上文化创意产业收入 2330.3亿元

专利申请量 22916件

专利授权量 12707件

卫生体育

体育场地数 876个

卫生技术人员数 40770人

医院实有床位数 17668张

社会保障

参加基本养老保险职工人数 233.4万人

参加基本医疗保险职工人数 229.5万人

收养性单位床位数 9933张

地区生产总值（单位：亿元）

2008年	2009年	2010年	2011年	2012年	2013年
2144.0	2380.4	2804.2	3272.2	3632.1	3963.6

比上年增长(%) 9.1

进出口总值(单位：亿美元)

2008年	2009年	2010年	2011年	2012年	2013年
1247.0	949.8	1355.2	1717.2	1766.5	1840.7

重点产业发展情况

生产性服务业

收入合计
22931.6 亿元
20.5%

利润总额
3088.4 亿元
30.7%

从业人员平均人数
71.0 万人
13.2%

现代服务业

收入合计
10908.9 亿元
28.9%

利润总额
2827.7 亿元
39.2%

从业人员平均人数
78.7 万人
12.2%

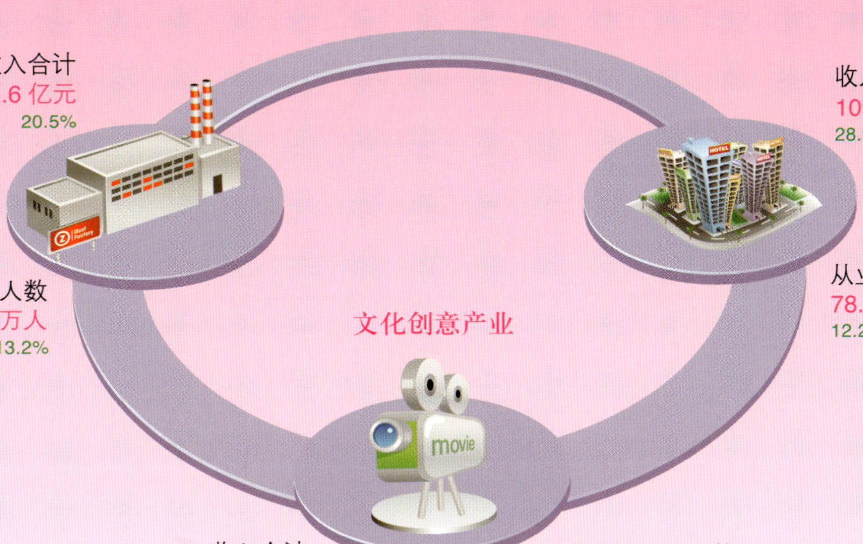

文化创意产业

收入合计
2330.3 亿元
10.0%

利润总额
109.1 亿元
50.8%

从业人员平均人数
23.0 万人
4.3%

■ 比上年增长 (%)

实际利用外资金额(单位：亿美元)

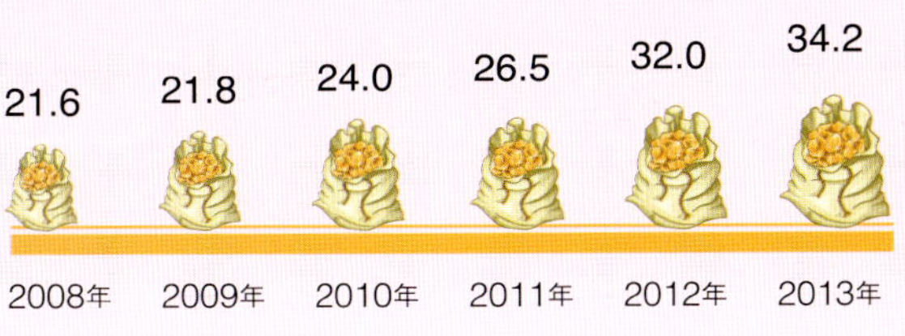

城乡居民收入(单位：元)

丰台区

丰收的沃土　成功的舞台

人民生活

城镇居民人均可支配收入 37886元

农村居民人均纯收入 20442元

经　济

地区生产总值 1007.8亿元

社会消费品零售额 889.2亿元

全社会固定资产投资 752.0亿元

文化科技

规模以上文化创意产业收入 341.3亿元

专利申请量 6373件

专利授权量 3275件

卫生体育

体育场地数 372个

卫生技术人员数 15999人

医院实有床位数 8667张

社会保障

参加基本养老保险职工人数 61.7万人

参加基本医疗保险职工人数 65.9万人

收养性单位床位数 4772张

地区生产总值(单位：亿元)

全社会固定资产投资(单位：亿元)

中关村科技园区丰台园各技术领域情况

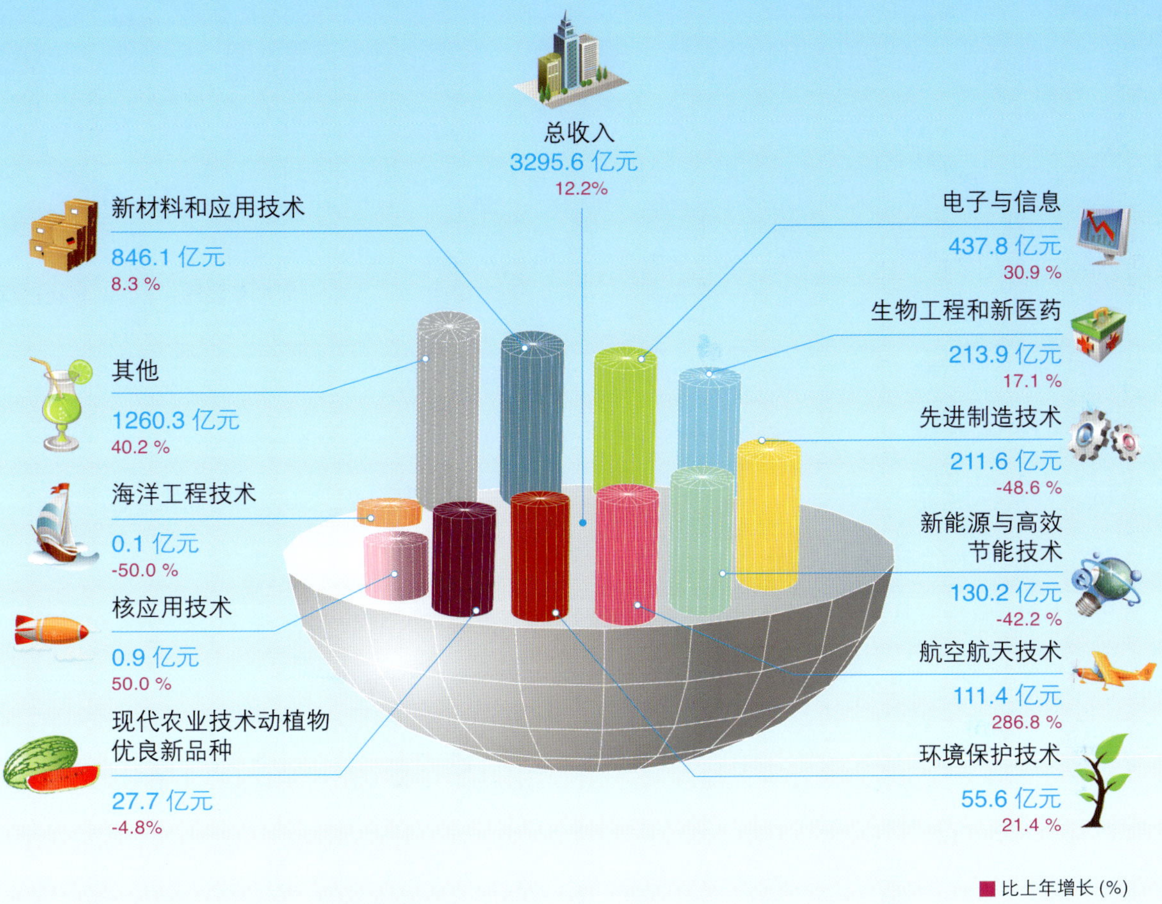

规模以上工业总产值（单位：亿元）

城乡居民收入（单位：元）

石景山区

全面深度转型　高端绿色发展

地区生产总值（单位：亿元）

第三产业增加值(单位：亿元)

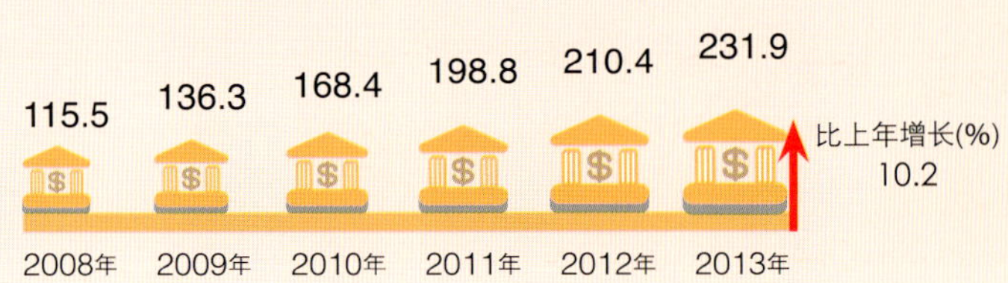

2013

金融业情况

从业人员 3758 人
收入合计 106.71 亿元
税金合计 7.81 亿元
资产总计 1052.02 亿元
利润总额 69.41 亿元

从业人员 510 人
收入合计 5.34 亿元
税金合计 0.04 亿元
资产总计 44.93 亿元
利润总额 -0.08 亿元

从业人员 547 人
收入合计 2.29 亿元
税金合计 0.18 亿元
资产总计 63.70 亿元
利润总额 -0.37 亿元

从业人员 5755 人
收入合计 121.91 亿元
税金合计 8.59 亿元
资产总计 1195.12 亿元
利润总额 69.98 亿元

从业人员 940 人
收入合计 7.57 亿元
税金合计 0.56 亿元
资产总计 34.46 亿元
利润总额 1.01 亿元

规模以上文化创意产业收入（单位：亿元）

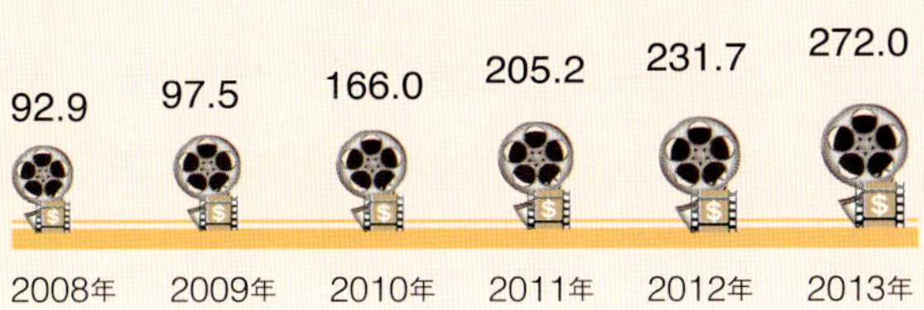

城镇居民人均可支配收入（单位：元）

海淀区

科技之海　文化之淀

人民生活

城镇居民人均可支配收入 45953元

农村居民人均纯收入 24673元

经　济

地区生产总值 3835.2亿元

社会消费品零售额 1614.0亿元

全社会固定资产投资 775.1亿元

文化科技

规模以上文化创意产业收入 4222.1亿元

专利申请量 41352件

专利授权量 21372件

卫生体育

体育场地数 1109个

卫生技术人员数 27553人

医院实有床位数 9572张

社会保障

参加基本养老保险职工人数 201.4万人

参加基本医疗保险职工人数 211.5万人

收养性单位床位数 8618张

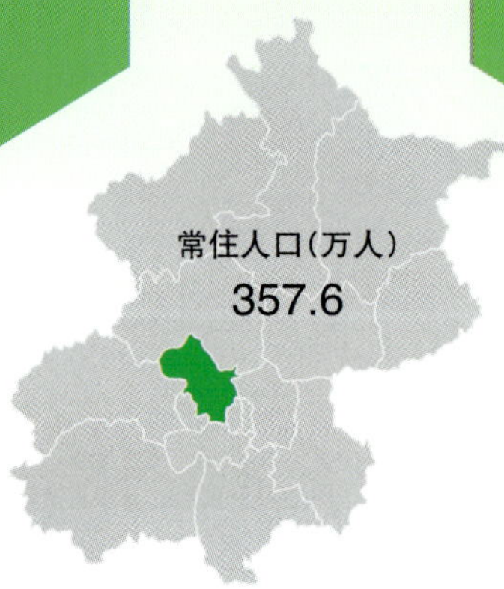

地区生产总值（单位：亿元）

2008年	2009年	2010年	2011年	2012年	2013年
2298.0	2446.9	2771.6	3179.8	3514.8	3835.2

比上年增长(%) 9.1

地方公共财政预算收入(单位：亿元)

2008年	2009年	2010年	2011年	2012年	2013年
134.3	162.2	188.3	238.2	263.1	291.4

比上年增长(%) 10.8

2013

重点领域发展情况

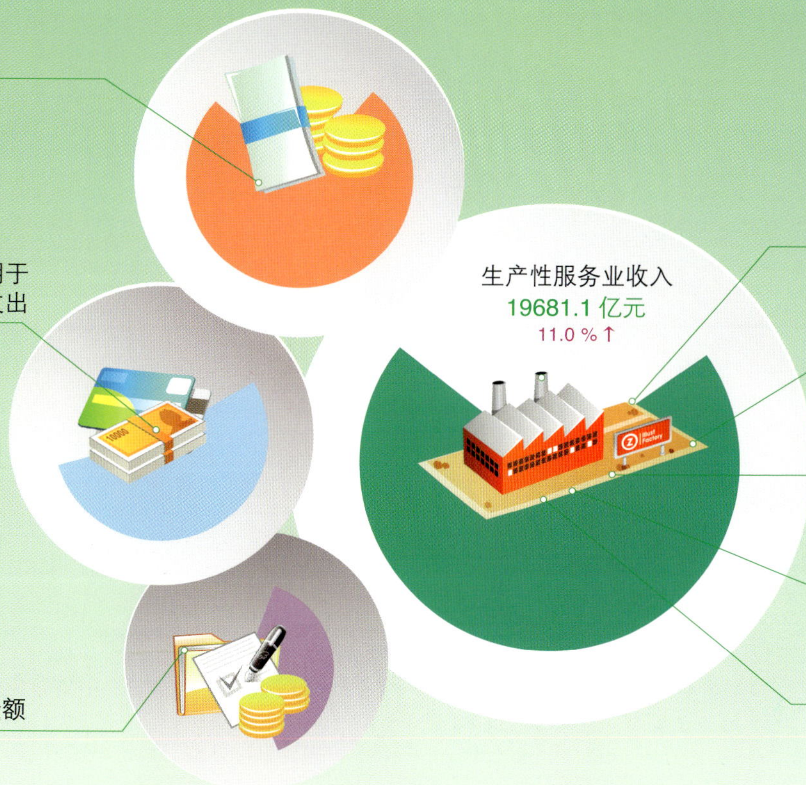

社会消费品零售总额(单位：亿元)

城乡居民收入(单位：元)

房山区

首都高端制造业新区和现代生态休闲新城

人民生活

城镇居民人均可支配收入 32886元

农村居民人均纯收入 16916元

经济

地区生产总值 481.8亿元

社会消费品零售额 205.4亿元

全社会固定资产投资 493.7亿元

文化科技

规模以上文化创意产业收入 89.0亿元

专利申请量 880件

专利授权量 512件

卫生体育

体育场地数 414个

卫生技术人员数 8303人

医院实有床位数 5187张

社会保障

参加基本养老保险职工人数 25.4万人

参加基本医疗保险职工人数 26.2万人

收养性单位床位数 5898张

地区生产总值（单位：亿元）

全社会固定资产投资(单位：亿元)

2013

房山五大园区情况

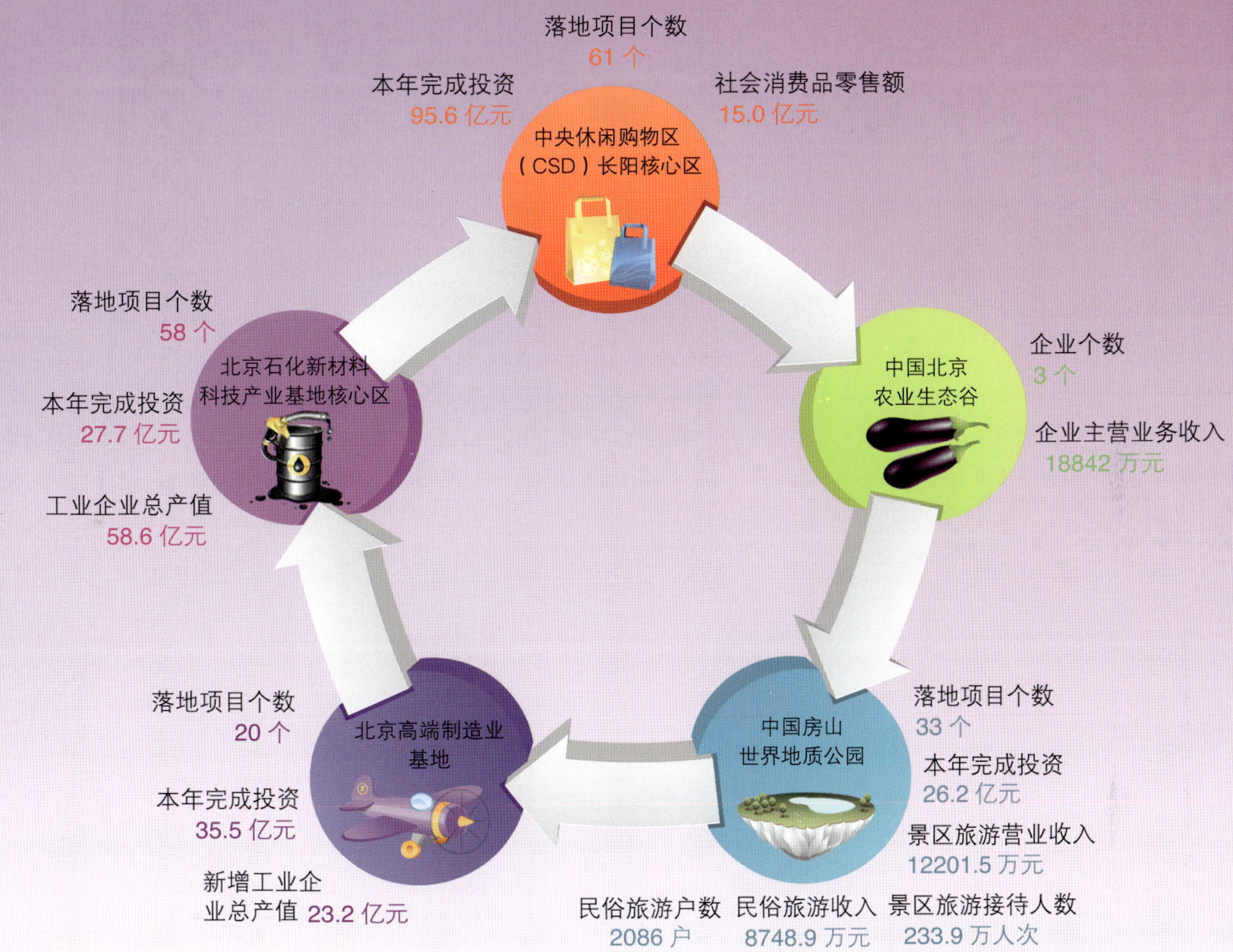

规模以上工业总产值（单位：亿元）

城乡居民收入（单位：元）

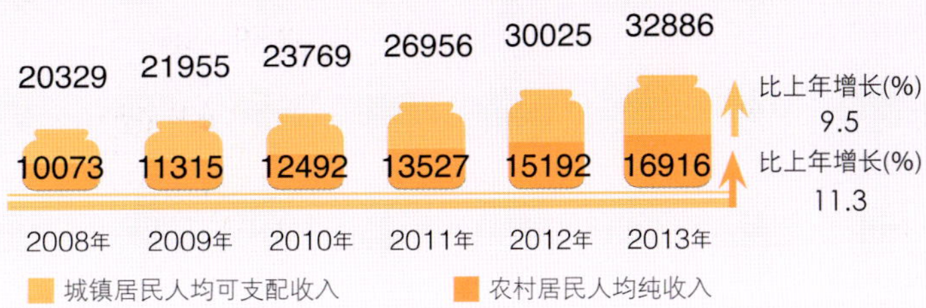

通州区

打造功能完备的城市副中心

人民生活

城镇居民人均可支配收入 33662元

农村居民人均纯收入 17925元

经 济

地区生产总值 500.3亿元

社会消费品零售额 268.9亿元

全社会固定资产投资 590.8亿元

文化科技

规模以上文化创意产业收入 100.1亿元

专利申请量 2450件

专利授权量 1453件

卫生体育

体育场地数 286个

卫生技术人员数 7534人

医院实有床位数 2425张

社会保障

参加基本养老保险职工人数 34.7 万人

参加基本医疗保险职工人数 42.2 万人

收养性单位床位数 3802张

地区生产总值(单位：亿元)

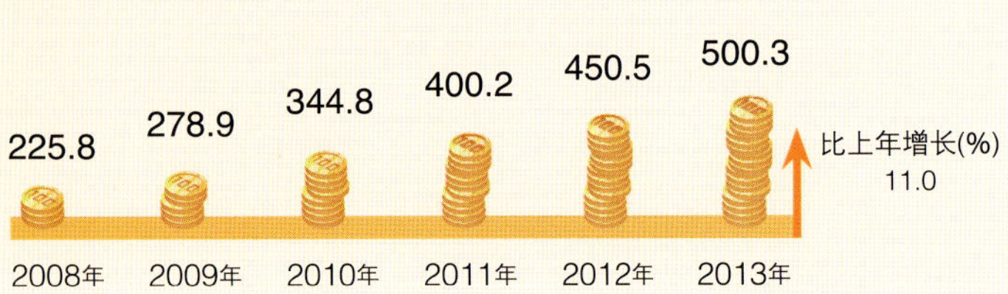

房地产开发投资(单位：亿元)

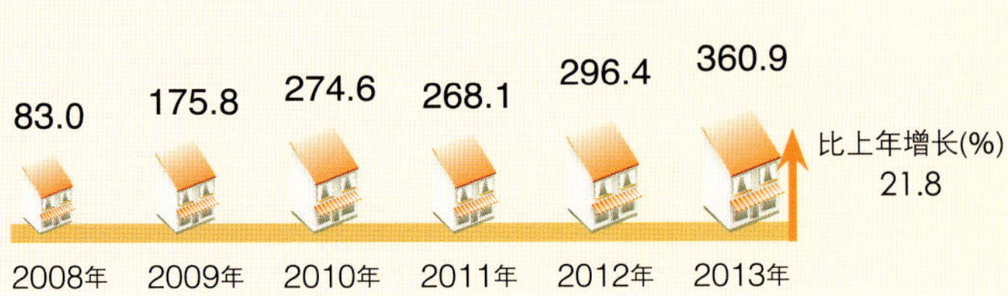

重点产业发展情况

建筑业总产值（单位：亿元）

城乡居民收入(单位：元)

顺义区

建设绿色国际港　打造航空中心核心区

人民生活

城镇居民人均可支配收入 33329元

农村居民人均纯收入 17703元

经　济

地区生产总值 1232.2亿元

社会消费品零售额 297.4亿元

全社会固定资产投资 429.7亿元

文化科技

规模以上文化创意产业收入 95.9亿元

专利申请量 2318件

专利授权量 1212件

卫生体育

体育场地数 608个

卫生技术人员数 6281人

医院实有床位数 2475张

社会保障

参加基本养老保险职工人数 47.1万人

参加基本医疗保险职工人数 46.9万人

收养性单位床位数 3840张

地区生产总值(单位：亿元)

地方公共财政预算收入(单位：亿元)

第三产业增加值情况

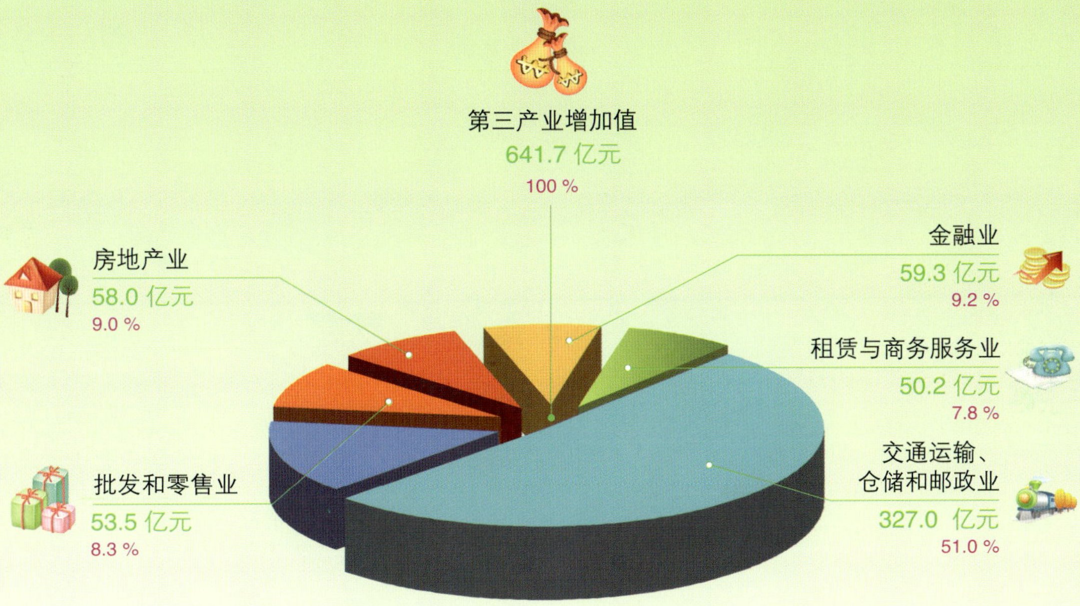

规模以上工业总产值(单位：亿元)

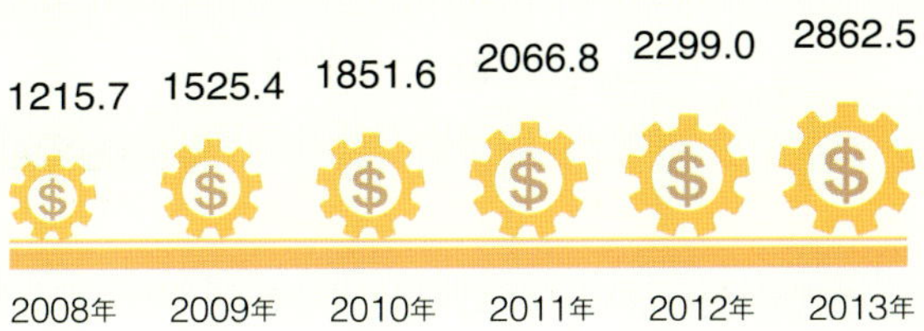

城乡居民收入(单位：元)

昌平区

科技创新集聚区　和谐宜居新城区

人民生活

城镇居民人均可支配收入 32495元

农村居民人均纯收入 16756元

经　济

地区生产总值 557.2亿元

社会消费品零售额 297.2亿元

全社会固定资产投资 551.9亿元

文化科技

规模以上文化创意产业收入 114.0亿元

专利申请量 6575件

专利授权量 3899件

卫生体育

体育场地数 488个

卫生技术人员数 9950人

医院实有床位数 8978张

社会保障

参加基本养老保险职工人数 33.5万人

参加基本医疗保险职工人数 34.5万人

收养性单位床位数 12635张

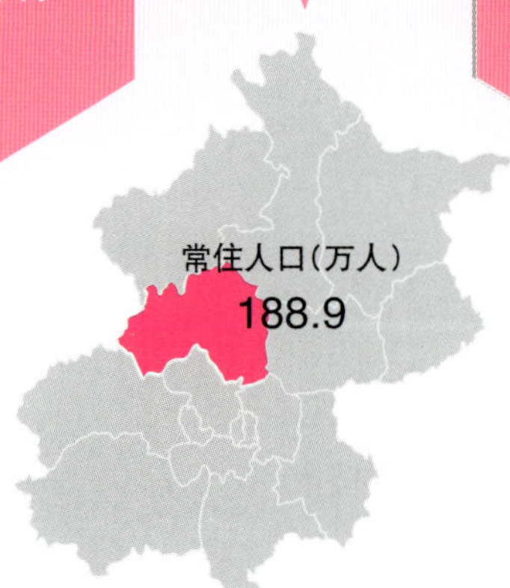

地区生产总值(单位：亿元)

地方公共财政预算收入(单位：亿元)

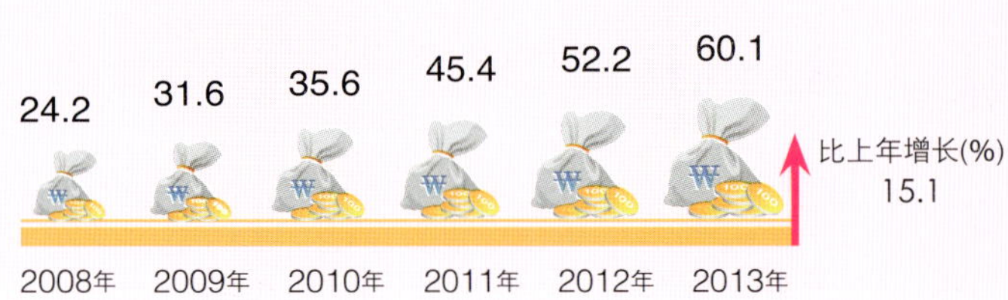

2013

中关村科技园区昌平园情况

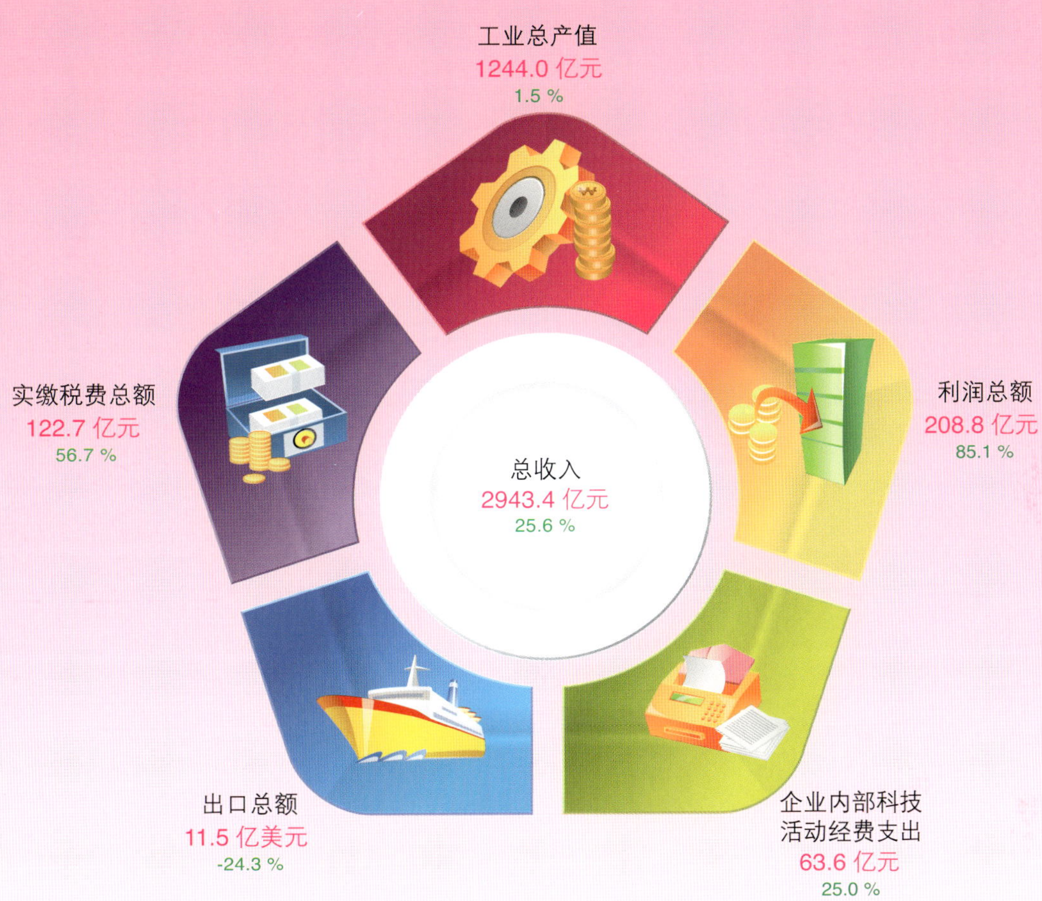

规模以上工业总产值(单位：亿元)

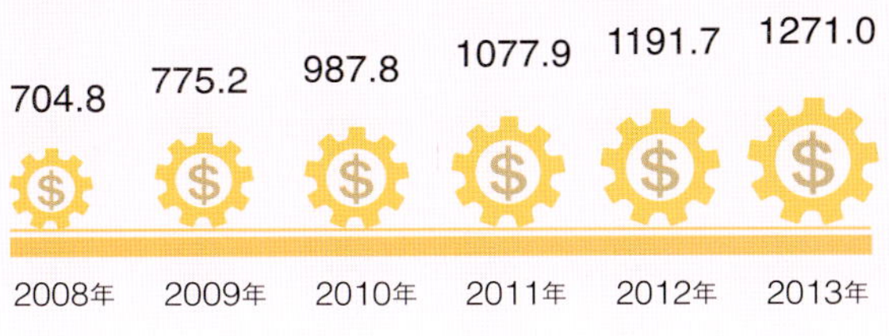

城乡居民收入(单位：元)

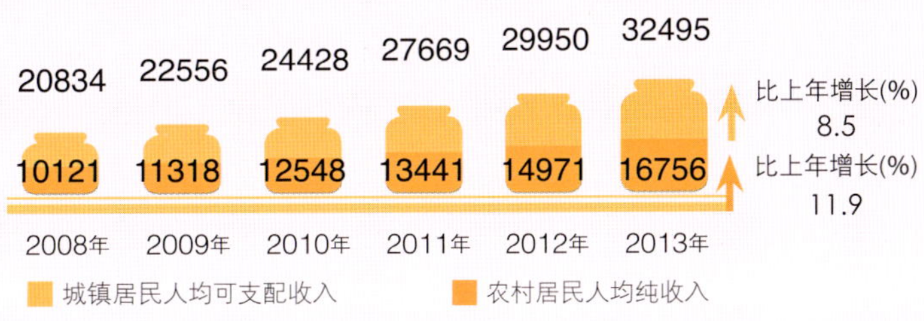

大兴区

三座新城矗立　高端产业集聚
环境宜业宜居　人民文明富裕

人民生活

城镇居民人均可支配收入 34128元

农村居民人均纯收入 17044元

经　济

地区生产总值 431.6亿元

社会消费品零售额 233.0亿元

全社会固定资产投资 506.2亿元

文化科技

规模以上文化创意产业收入 73.3亿元

专利申请量 5329件

专利授权量 3220件

卫生体育

体育场地数 240个

卫生技术人员数 9218人

医院实有床位数 5376张

社会保障

参加基本养老保险职工人数 39.8万人

参加基本医疗保险职工人数 40.3万人

收养性单位床位数 5097张

地区生产总值（单位：亿元）

全社会固定资产投资(单位：亿元)

规模以上现代制造业情况

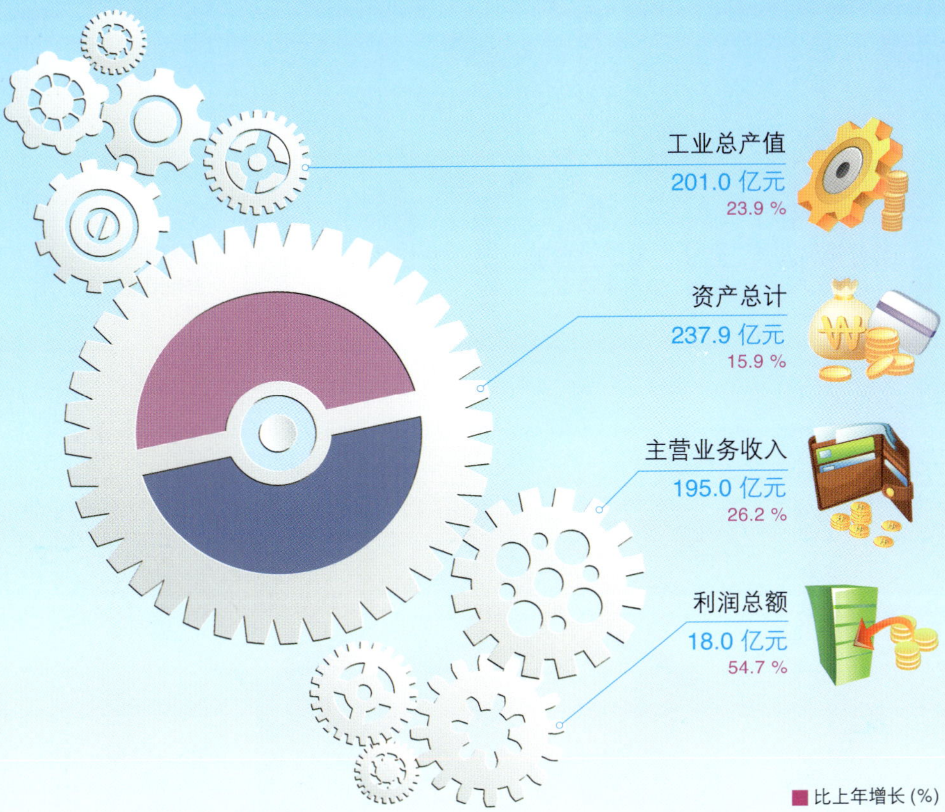

地方公共财政预算收入（单位：亿元）

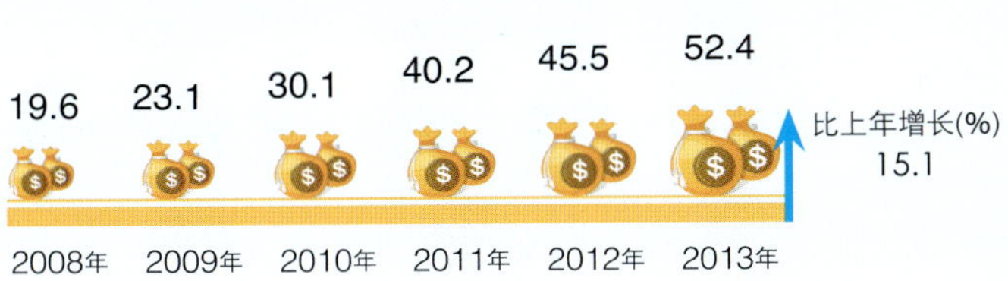

城乡居民收入(单位：元)

门头沟区

西部生态屏障　文化旅游名区
综合服务基地　休闲滨水山城

人民生活

城镇居民人均可支配收入 35141元

农村居民人均纯收入 17408元

经　济

地区生产总值 124.2亿元

社会消费品零售额 49.0亿元

全社会固定资产投资 230.1亿元

文化科技

规模以上文化创意产业收入 11.2亿元

专利申请量 318件

专利授权量 214件

卫生体育

体育场地数 57个

卫生技术人员数 3233人

医院实有床位数 2401张

社会保障

参加基本养老保险职工人数 14.2万人

参加基本医疗保险职工人数 14.3万人

收养性单位床位数 3915张

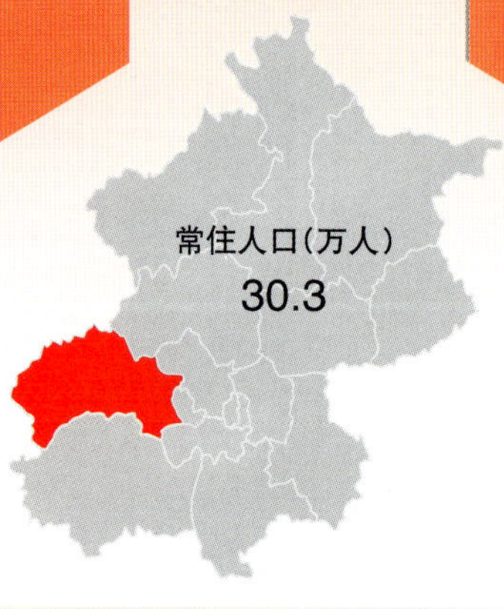

地区生产总值（单位：亿元）

林木绿化率(单位：%)

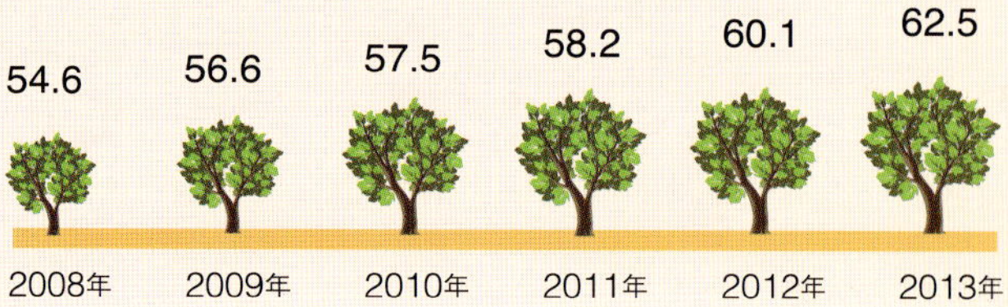

2013

投资情况

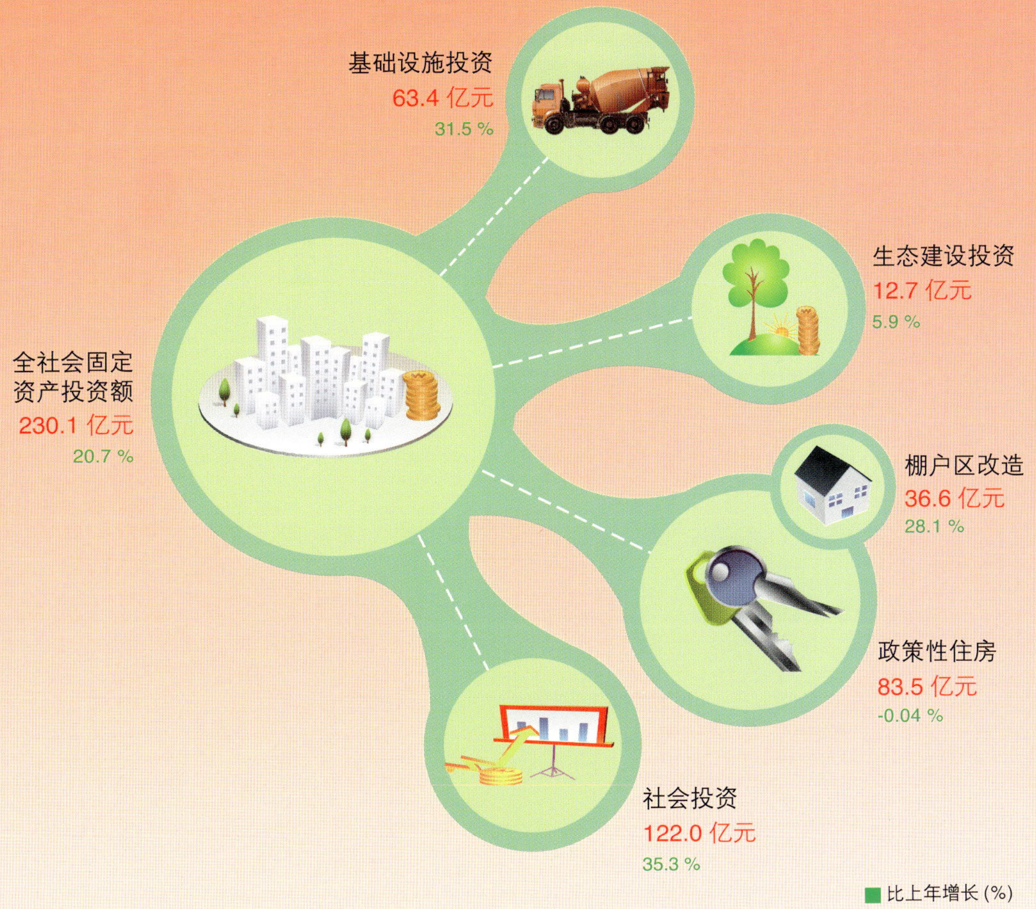

地方公共财政预算收入（单位：亿元）

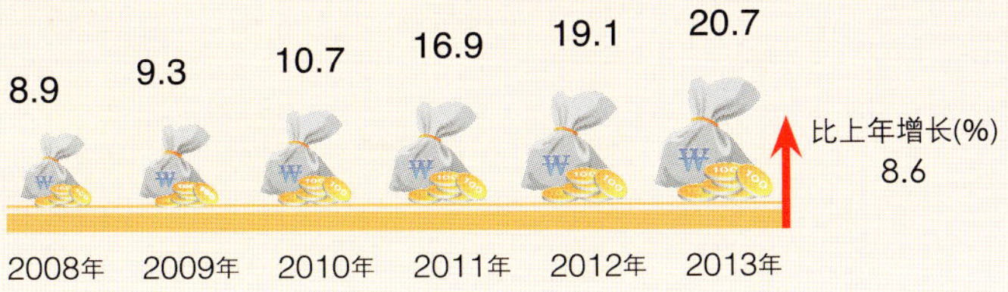

城乡居民收入(单位：元)

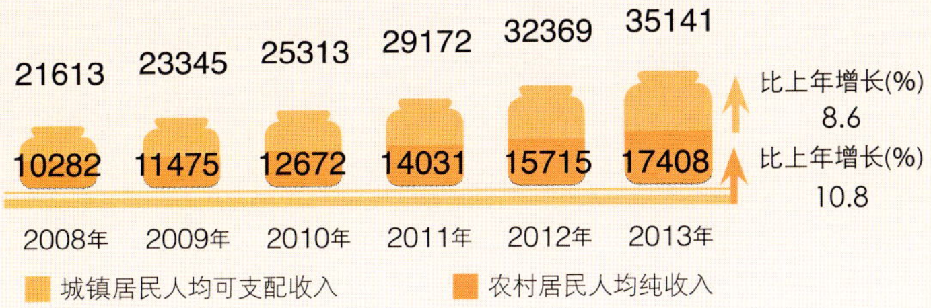

怀柔区

生态福地　京郊明珠　中国影城　国际会都

地区生产总值（单位：亿元）

规模以上工业总产值(单位：亿元)

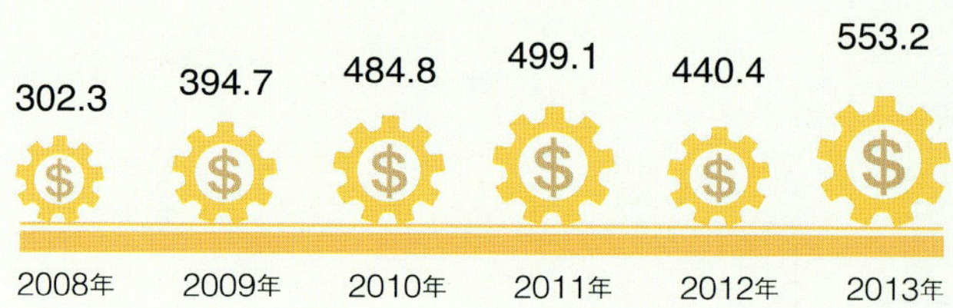

旅游业情况

规模以上文化创意产业收入(单位：亿元)

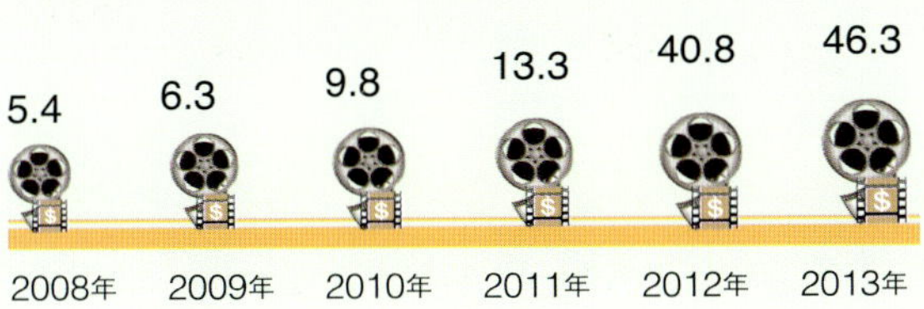

城乡居民收入(单位：元)

平谷区

生态绿谷　京津商谷　绿能新谷　中国乐谷　幸福平谷

人民生活

城镇居民人均可支配收入 32933元

农村居民人均纯收入 16865元

经　济

地区生产总值 168.7亿元

社会消费品零售额 75.0亿元

全社会固定资产投资 141.2亿元

文化科技

规模以上文化创意产业收入 25.0亿元

专利申请量 273件

专利授权量 221件

卫生体育

体育场地数 245个

卫生技术人员数 3620人

医院实有床位数 1736张

社会保障

参加基本养老保险职工人数 14.3万人

参加基本医疗保险职工人数 15.0万人

收养性单位床位数 3055张

地区生产总值(单位：亿元)

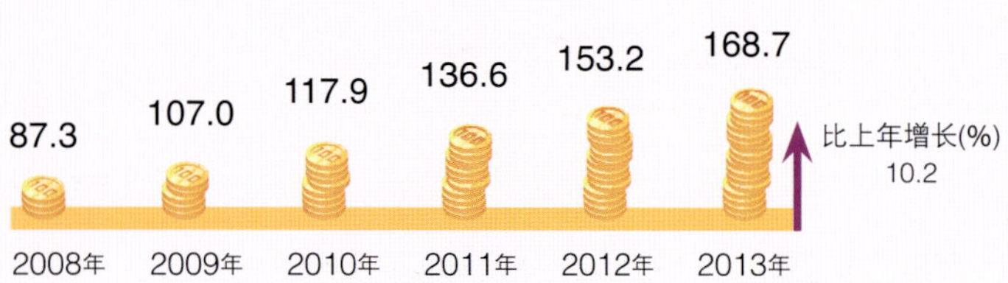

设施农业总收入(单位：亿元)

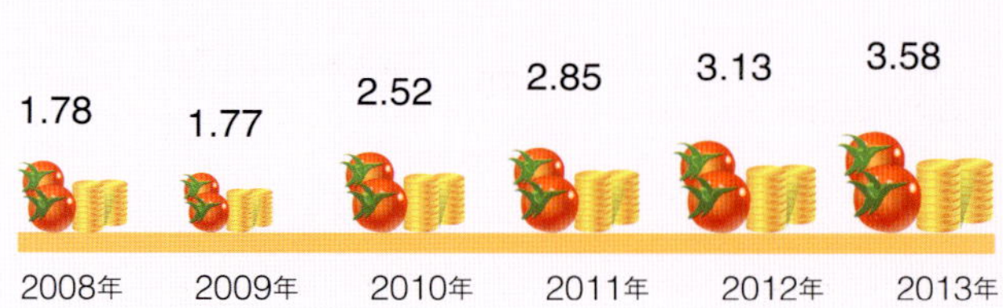

2013

观光、民俗旅游情况

观光、民俗旅游收入(单位：亿元)

城乡居民收入(单位：元)

密云区

绿色国际　休闲之都

人民生活

城镇居民人均可支配收入 32538元

农村居民人均纯收入 16202元

经　济

地区生产总值 195.1亿元

社会消费品零售额 116.3亿元

全社会固定资产投资 165.1亿元

文化科技

规模以上文化创意产业收入 19.0亿元

专利申请量 667件

专利授权量 281件

卫生体育

体育场地数 249个

卫生技术人员数 3482人

医院实有床位数 1127张

社会保障

参加基本养老保险职工人数 14.6万人

参加基本医疗保险职工人数 15.8万人

收养性单位床位数 3751张

地区生产总值(单位：亿元)

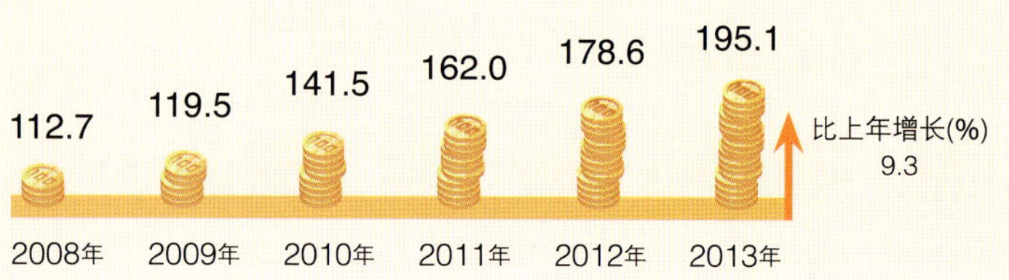

规模以上工业总产值(单位：亿元)

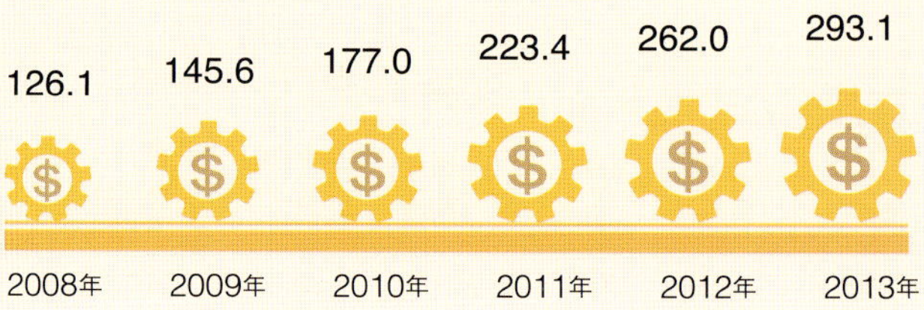

重点领域发展情况

观光、民俗旅游收入（单位：亿元）

城乡居民收入（单位：元）

延庆县

生态旅游　休闲名区

人民生活

城镇居民人均可支配收入 31132元

农村居民人均纯收入 15504元

经　济

地区生产总值 92.2亿元

社会消费品零售额 92.2亿元

全社会固定资产投资 77.6亿元

文化科技

规模以上文化创意产业收入 14.4亿元

专利申请量 83件

专利授权量 43件

卫生体育

体育场地数 145个

卫生技术人员数 2147人

医院实有床位数 756张

社会保障

参加基本养老保险职工人数 6.7万人

参加基本医疗保险职工人数 10.5万人

收养性单位床位数 6147张

地区生产总值(单位：亿元)

接待海内外游客数(单位：万人次)

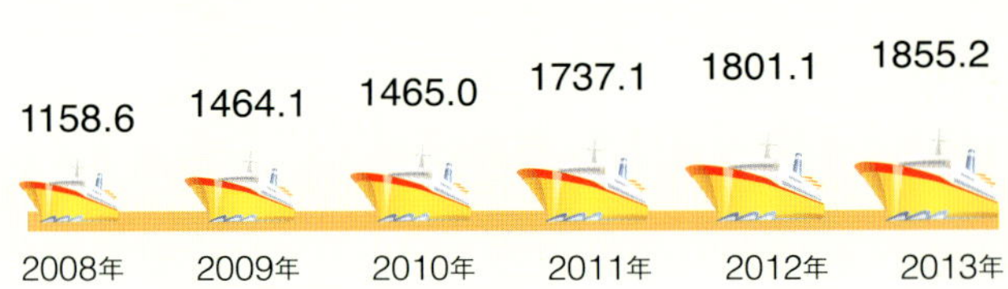

2013

旅游业情况

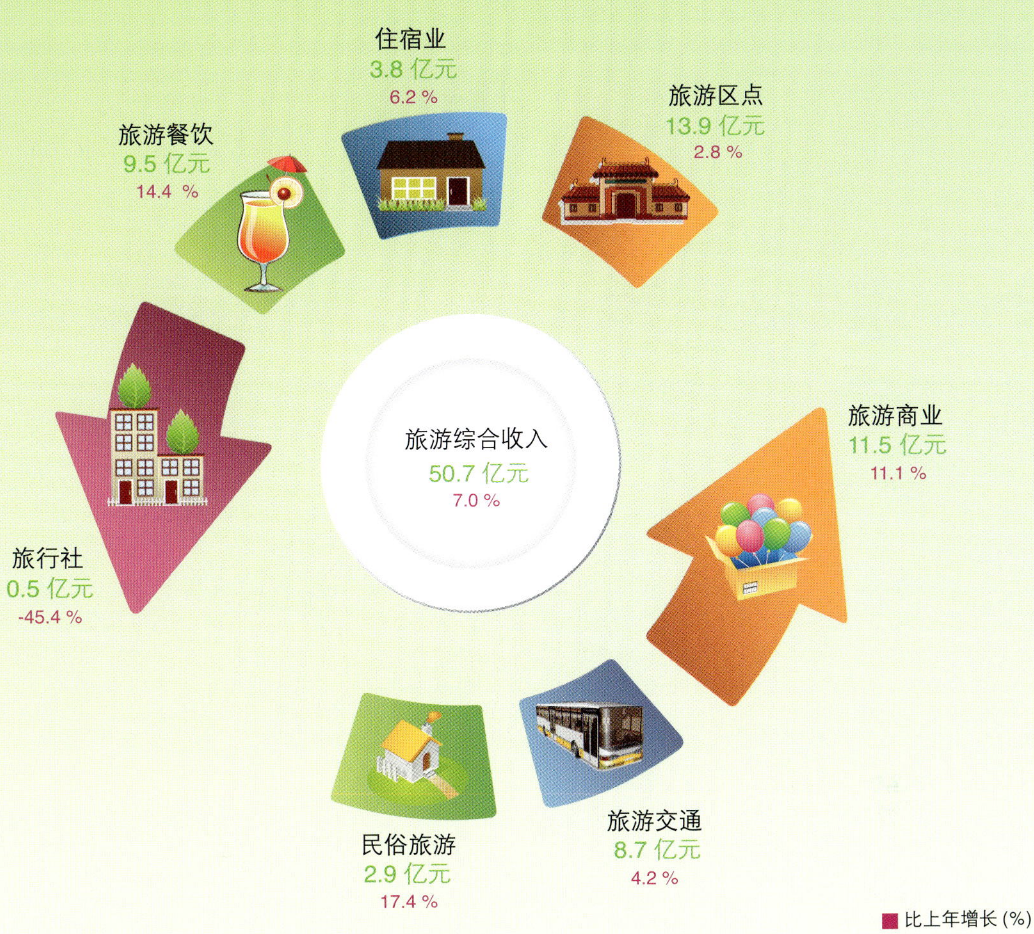

林木绿化率(单位：%)

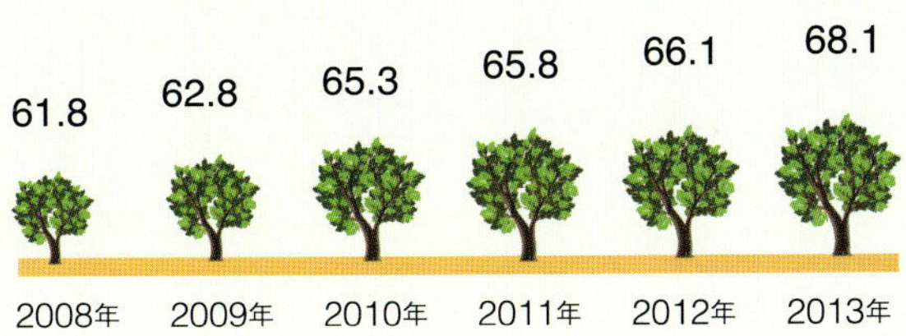

城乡居民收入(单位：元)

《北京区域统计年鉴2014》编辑委员会

编 辑 说 明

《北京区域统计年鉴 2014》是一部全面、系统反映北京市各区县 2013 年经济社会发展状况的资料性年刊，同时收录了四大直辖市、全国主要经济区 2013 年经济社会发展状况数据资料。

1. 全书共包括 10 个部分，分别为北京概览、分区县历史数据、北京区县概览、山区平原概览、开发区、六大高端产业功能区、四大功能区、四大直辖市经济社会发展比较、全国主要经济区、北京与全国对比。

2. 自 2011 年开始，企业规模划分标准执行《国家统计局关于印发统计上大中小微企业划分办法的通知》（国统字[2011]75 号）；分区县资料，除特殊说明外，全部为“在地”（即：法人经营地）口径，资料年度为 2013 年；受口径和资料来源不同等因素影响，书内所列分区县数据可能与区县统计局出版的统计年鉴中刊载的数据有所不同，请读者在使用时加以注意；分区县资料中若未单独列出北京经济技术开发区，则在大兴区中包括。

3. 本年鉴在篇章设置和内容上进行了较大调整。在四大功能区篇中增加了主要指标的历史数据。新增“六大高端产业功能区篇”，主要展现规模以上法人单位财务情况。将原“华北五省市经济社会发展比较”、原“三大都市圈发展比较”两个篇章进行了合并，更名为“全国主要经济区篇”。

4. 书中的分区县数据，均由北京市统计局、国家统计局北京调查总队提供；部门数据均在表下注有资料来源；全国及外省市统计资料摘自《中国统计年鉴》、《中国区域经济统计年鉴》及相关省市统计年鉴。

5. 书中使用的符号说明：“…”表示数据不足本表最小单位；“空格”表示该项指标数据不详或没有数据；“#”表示其中项目；“‖”表示不在同一分组类中的其中项。

6. 本书配有电子光盘，具有数据加工等功能。

目　录

第一篇　北京概览

第二篇　分区县历史数据

第三篇 北京区县概览

第四篇 山区平原概览

第五篇 开发区

第六篇 六大高端产业功能区

第七篇 四大功能区

第八篇 四大直辖市经济社会发展比较

第九篇 全国主要经济区

第十篇 北京与全国对比

附录 指标解释

2014
北京区域统计年鉴

第一篇

BEIJING AREA
STATISTICAL YEARBOOK

北京概览

BEIJING GAILAN

简要说明

一、本章资料的主要内容

本章主要包括反映全市社会经济发展的主要总量、速度、结构、效益指标以及“十二五”时期监测指标等。

二、本章资料的数据来源

全市社会经济主要指标及“十二五”时期主要监测指标资料由北京市统计局及国家统计局北京调查总队根据相关资料整理取得。

三、有关统计标准的变化说明

行政区划调整。2006 年，市委市政府提出了《关于区县功能定位及评价指标的指导意见》，把当时的 18 个区县分成首都功能核心区（东城、西城、崇文、宣武）、城市功能拓展区（朝阳、海淀、丰台、石景山）、城市发展新区（通州、顺义、大兴、昌平、房山、亦庄开发区）和生态涵养发展区（门头沟、平谷、怀柔、密云、延庆）四个功能区。

2010 年，国务院同意北京市调整首都功能核心区行政区划的批复，撤消原东城区、原崇文区、原西城区、原宣武区，设立新的东城区和新的西城区，目前为 14 个区、2 个县格局。

为了保持历史资料的规范、完整，本章资料 2009 年及以前按原东城、原西城、原崇文、原宣武的分功能区和分区县列示，2009 年以后按调整后的东城区和西城区列示。

1-1 “十二五”时期经济社会发展主要监测指标

项　目		2013	2012
地区生产总值比上年增长	(%)	7.7	7.7
第三产业占地区生产总值比重	(%)	76.9	76.5
最终消费率	(%)	61.3	59.6
地方公共财政预算收入比上年增长	(%)	10.4	10.3
城镇居民人均可支配收入实际增长	(%)	7.1	7.3
农村居民人均纯收入实际增长	(%)	7.7	8.2
城镇登记失业率	(%)	1.21	1.27
食品安全监测抽查合格率(含烟酒等)	(%)	96.94	95.29
药品抽验合格率	(%)	99.88	99.71
全社会研究与试验发展经费支出占地区生产总值的比例	(%)	6.08	5.95
万元地区生产总值能耗降低	(%)		4.75
万元地区生产总值水耗降低	(%)	5.85	7.38
林木绿化率	(%)	57.4	55.5

1-2 主要年份国民经济和社会发展总量与速度指标

项目		总量指标			
		1990	1995	2000	2005
人口与就业					
人 口					
年末全市常住人口	(万人)	1086.0	1251.1	1363.6	1538.0
按性别分					
男性人口	(万人)	545.0	627.0	710.9	778.7
女性人口	(万人)	541.0	624.1	652.7	759.3
按城乡分					
城镇人口	(万人)	798.0	946.2	1057.4	1286.1
乡村人口	(万人)	288.0	304.9	306.2	251.9
年末户籍人口	(万人)	1032.2	1070.3	1107.5	1180.7
就 业					
从业人员年末人数	(万人)	627.1	665.3	619.3	878.0
#城镇单位在岗职工人数	(万人)	454.9	470.9	434.2	448.4
年末实有城镇登记失业人员	(万人)	1.7	2.2	3.3	10.6
宏观经济					
国民经济核算					
地区生产总值	(亿元)	500.8	1507.7	3161.7	6969.5
第一产业	(亿元)	43.9	73.5	79.3	88.7
第二产业	(亿元)	262.4	645.8	1033.3	2026.5
第三产业	(亿元)	194.5	788.4	2049.1	4854.3
人均地区生产总值	(元/人)	4635	12690	24127	45993
固定资产投资					
全社会固定资产投资	(亿元)	179.2	841.5	1297.4	2827.2
#房地产开发投资	(亿元)	22.5	352.8	522.1	1525.0
#国有单位	(亿元)	154.2	514.2	765.8	897.7
全社会房屋施工面积	(万平方米)	2864.9	5524.3	6995.9	14096.2
全社会房屋竣工面积	(万平方米)	1081.2	1530.2	2358.2	4679.2
财 政					
地方财政收入	(亿元)	74.0	115.3	398.4	1007.4
#地方公共财政预算收入	(亿元)			345.0	919.2
地方财政支出	(亿元)	66.5	154.4	490.3	1137.3
#地方公共财政预算支出	(亿元)			443.0	1058.3
价格指数(上年=100)					
居民消费价格指数	(%)	105.4	117.3	103.5	101.5
商品零售价格指数	(%)	104.1	112.6	98.9	99.7
农产品生产价格指数	(%)	101.9	130.6	95.0	102.9
工业生产者出厂价格指数	(%)	107.9	107.3	102.5	101.3
工业生产者购进价格指数	(%)	114.8	106.7	100.0	111.4
固定资产投资价格指数	(%)		113.9	101.0	100.7
能源消费总量	(万吨标准煤)	2709.7	3533.3	4144.0	5521.9
产 业					
农村经济					
耕地面积	(万公顷)	41.3	39.4	32.9	23.3
农林牧渔业总产值(现价)	(亿元)	70.2	164.4	188.6	239.3
主要农产品产量					
粮 食	(万吨)	264.6	259.8	144.2	94.9
蔬菜及食用菌	(万吨)	356.1	397.3	466.3	373.1
禽 蛋	(万吨)	25.8	28.5	16.0	16.0
牛 奶	(万吨)	21.7	20.6	30.3	64.2
肉 类	(万吨)	26.8	39.8	50.5	53.3

注：1.地区生产总值绝对值按现价计算，发展速度按可比价格计算；2006—2010年人均地区生产总值根据第六次人口普查数据进行修正。2013年地区生产总值数据为初步核算数。

2.2007年及以前在岗职工人数包括乡及乡以上独立核算法人单位，不包括乡镇企业、私营单位和个体工商户；2008年及以后包括乡镇企业。

3.从2011年起，根据国家统计局相关规定，固定资产投资起点由50万元调整至500万元。

1-2 续表1

			速度指标(%)					
2010	2012	2013	指 数(2013年为以下各年)					
			1990	1995	2000	2005	2010	2012
1961.9	2069.3	2114.8	194.7	169.0	155.1	137.5	107.8	102.2
1013.0	1068.1	1090.7	200.1	174.0	153.4	140.1	107.7	102.1
948.9	1001.2	1024.1	189.3	164.1	156.9	134.9	107.9	102.3
1686.4	1783.7	1825.1	228.7	192.9	172.6	141.9	108.2	102.3
275.5	285.6	289.7	100.6	95.0	94.6	115.0	105.2	101.4
1257.8	1297.5	1316.3	127.5	123.0	118.9	111.5	104.7	101.5
1031.6	1107.3	1141.0	181.9	171.5	184.2	130.0	110.6	103.0
587.7	670.4	695.5	152.9	147.7	160.2	155.1	118.3	103.7
7.7	7.2	6.8	407.8	311.0	205.1	64.4	88.1	94.6
14113.6	17879.4	19500.6	1085.3	620.5	380.9	215.1	125.4	107.7
124.4	150.2	161.8	131.8	126.3	117.9	114.8	107.3	103.0
3388.4	4059.3	4352.3	880.0	525.4	334.7	195.4	124.0	108.1
10600.8	13669.9	14986.5	1460.2	727.2	412.1	225.5	126.2	107.6
73856	87475	93213	559.6	352.0	238.5	155.8	114.5	105.2
5493.5	6462.8	7032.2	3924.2	835.7	542.0	248.7	128.0	108.8
2901.1	3153.4	3483.4	15481.8	987.4	667.2	228.4	120.1	110.5
1907.3	2248.2	2382	1544.7	463.2	311.0	265.3	124.9	106.0
15572.1	20045.4	21526.0	751.4	389.7	307.7	152.7	138.2	107.4
3908.4	3723.5	3989.7	369.0	260.7	169.2	85.3	102.1	107.1
3810.9	4573.7	5566.1	7520.7	4829.2	1397.1	552.5	146.1	121.7
2353.9	3314.9	3661.1			1061.2	398.3	155.5	110.4
4065.0	4866.4	6039.4	9079.1	3911.5	1231.7	531.0	148.6	124.1
2717.3	3685.3	4173.7			942.1	394.4	153.6	113.3
102.4	103.3	103.3						
100.4	100.6	99.8						
106.5	104.7	104.7						
102.2	98.4	97.4						
110.5	98.7	97.8						
102.5	101.3	99.9						
6954.1	7177.7	7354.2	271.4	208.1	177.5	133.2	105.8	102.5
22.4	22.1							
328.0	395.7	421.8	600.8	256.6	223.6	176.3	128.6	106.6
115.7	113.8	96.1	36.3	37.0	66.6	101.3	83.1	84.5
303.0	279.9	266.9	75.0	67.2	57.2	71.5	88.1	95.3
15.1	15.2	17.5	67.8	61.4	109.4	109.4	115.9	114.8
64.1	65.1	61.5	283.4	298.5	203.0	95.8	96.0	94.5
46.3	43.2	41.8	155.9	105.1	82.8	78.4	90.3	96.8

1-2 续表2

项　目		总量指标			
		1990	1995	2000	2005
工　业					
工业增加值(现价，规模以上)	(亿元)		473.1	776.0	1627.0
工业总产值(现价，规模以上)	(亿元)	625.9	1493.3	2842.0	6946.2
轻工业	(亿元)	262.2	472.2	719.3	1164.9
重工业	(亿元)	363.7	1021.1	2122.7	5781.3
工业企业主要经济指标					
(规模以上)					
资产总计	(亿元)	498.3	2582.6	4612.7	12829.8
负债总额	(亿元)		1528.8	2676.4	4706.7
主营业务收入	(亿元)	610.5	1590.4	2821.4	7279.1
利润总额	(亿元)	48.9	85.3	127.1	413.5
建　筑					
建筑业施工企业总产值	(亿元)	94.7	426.6	812.5	1894.0
建筑业施工企业年末从业人员	(万人)	60.2	82.6	56.6	67.2
运　输					
货物周转量	(亿吨公里)	268.8	323.1	299.6	457.7
铁　路	(亿吨公里)	206.7	239.3	200.2	310.8
公　路	(亿吨公里)	57.5	76.2	82.6	85.5
民　航	(亿吨公里)	4.5	7.5	16.8	28.2
管　道	(亿吨公里)	0.15	0.07	0.04	33.3
旅客周转量	(亿人公里)	119.8	207.7	314.0	838.1
邮　电					
邮电业务总量	(亿元)	11.9	56.1	214.7	413.0
固定电话用户	(万户)	33.3	150.5	451.2	943.5
固定电话主线普及率	(线/百人)	3.1	12.0	33.1	61.3
移动电话用户	(万户)	0.3	16.9	347.2	1459.8
移动电话普及率	(户/百人)	0.03	1.4	25.5	94.9
商　业					
社会消费品零售总额	(亿元)	345.1	950.4	1658.7	2911.7
对外经济贸易和旅游					
北京地区进出口总值	(亿美元)	236.4	370.4	494.0	1255.1
进口值	(亿美元)	192.3	267.9	374.3	946.4
出口值	(亿美元)	44.1	102.5	119.7	308.7
实际利用外商直接投资额	(亿美元)	2.8	14.0	24.6	35.3
接待入境旅游者人数	(万人次)	100.0	207.0	282.1	362.9
旅游外汇收入	(亿美元)	6.6	21.8	27.7	36.2
金融保险					
金融机构(含外资)本外币存款余额	(亿元)			11526.0	28969.9
金融机构(含外资)本外币贷款余额	(亿元)			6407.9	15335.5
原保险保费收入	(亿元)			93.4	498.2

注：1.工业增加值按生产法计算。

2.邮电业务总量2000年及以前按1990年不变价格计算，2010年及以前按2000年不变价格计算，从2011年开始按2010年不变价格计算。

1-2 续表3

2010	2012	2013	速度指标(%)					
			指 数(2013年为以下各年)					
			1990	1995	2000	2005	2010	2012
2751.7	3033.3	3432.1						
13699.8	15596.2	17370.9	2775.3	1163.3	611.2	250.1	126.8	111.4
2000.0	2402.1	2541.5	969.3	538.2	353.3	218.2	127.1	105.8
11699.8	13194.1	14829.4	4077.4	1452.3	698.6	256.5	126.7	112.4
22750.6	28613.2	30800.7	6181.5	1192.6	667.7	240.1	135.4	107.6
11548.1	14837.2	16208.0		1060.2	605.6	344.4	140.4	109.2
14807.1	16905.1	18688.6	3061.4	1175.1	662.4	256.7	126.2	110.6
1028.3	1267.9	1282.9	2621.5	1504.1	1009.5	310.3	124.8	101.2
5196.0	6588.3	7459.6	7877.1	1748.6	918.1	393.9	143.6	113.2
59.9	49.2	49.3	81.9	59.7	87.1	73.4	82.3	100.2
513.7	638.3	680.9	253.3	210.7	227.2	148.8	132.6	106.7
257.5	307.6	323.2	156.3	135.0	161.4	104.0	125.5	105.1
101.6	139.8	156.2	271.8	205.0	189.0	182.7	153.7	111.7
48.2	49.0	49.2	1101.3	656.3	293.3	174.6	101.9	100.4
106.4	141.9	152.3				458.0	143.2	107.3
1399.5	1595.8	1498.8						
1108.9	546.5	652.5	5487.7	1162.4	303.8	158.0	152.3	119.4
885.6	883.1	867.6	2605.8	576.4	192.3	92.0	98.0	98.2
45.1	42.7	41.0						
2129.8	3168.0	3373.8			971.7	231.1	158.4	106.5
108.6	153.1	159.5						
6229.3	7702.8	8375.1	2426.9	881.2	504.9	287.6	134.4	108.7
3016.6	4081.1	4299.4	1818.3	1160.9	870.3	342.6	142.5	105.4
2462.2	3484.8	3668.4	1907.5	1369.6	980.0	387.6	149.0	105.3
554.4	596.3	631.0	1429.7	615.6	527.2	204.4	113.8	105.8
63.6	80.4	85.2	3077.8	607.7	346.8	241.7	134.0	106.0
490.1	500.9	450.1	450.1	217.4	159.6	124.0	91.8	89.9
50.4	51.5	47.9	729.7	219.7	173.2	132.4	95.1	93.1
66584.6	84837.3	91660.5			795.3	316.4	137.7	108.0
36479.6	43189.5	47880.9			747.2	312.2	131.3	110.9
966.5	923.1	994.4			1064.2	199.6	102.9	107.7

1-2 续表4

项 目		总量指标			
		1990	1995	2000	2005
教育、文化、科技、卫生					
教 育					
在校学生数	(万人)		238.0	229.9	226.4
专任教师数	(万人)		17.7	16.7	17.5
文 化					
公共图书馆总藏数	(万册、万件)	2205	2629	3020	3626
专业艺术剧团国内演出场次	(场)	7527	6728	7610	8934
科 技					
研究与试验发展经费内部支出	(亿元)			155.7	379.5
技术合同成交总额	(亿元)	20.3	41.2	140.3	434.4
专利授权量	(件)	2268	4025	5905	10100
卫 生					
卫生机构个数	(个)	4953	4955	6176	4818
卫生机构病床数	(万张)	5.9	6.7	7.1	7.9
卫生技术人员数	(万人)	11.2	11.6	11.6	12.0
#执业(助理)医师	(万人)	5.1	5.4	5.2	5.1
注册护师(士)	(万人)	3.5	3.7	4.0	4.3
生活与环境					
婚 姻					
登记结婚对数	(万对)	9.30	8.55	8.02	9.66
离婚对数	(万对)	1.47	2.02	2.66	3.42
居 住					
城镇居民人均住房建筑面积	(平方米)				22.03
农村居民人均住房面积	(平方米)	20.62	24.74	28.91	36.94
生 活					
城镇居民人均可支配收入	(元)	1787	5868	10350	17653
农村居民人均纯收入	(元)	1297	3209	4687	7860
金融机构(含外资)储蓄存款余额	(亿元)				8315.8
工 资					
城镇单位在岗职工工资总额	(亿元)	118.9	382.0	695.5	1520.1
城镇单位在岗职工平均工资	(元)	2653	8144	15726	34191
市政建设					
全社会用电量	(亿千瓦时)	150.5	222.6	384.4	570.5
自来水销售总量	(亿立方米)	5.3	6.8	7.5	7.2
居民燃气用户	(万户)	176.1	219.8	291.9	462.6
城市公共交通客运量	(亿人次)	33.5	37.2	40.7	51.8
环 境					
城市绿化覆盖率	(%)	28.0	32.7	36.5	42.0
污水处理率	(%)	7.3	19.4	39.4	62.4

注：1.北京地区用电量来源于北京市电力公司，2000年以前工业用电量不包含输配损失和发电企业自产自用电量。

2.从2001年开始，有关职工的指标调整为在岗职工的指标。2007年及以前城镇单位在岗职工工资包括乡及乡以上独立核算法人单位，不包括乡镇企业、私营单位和个体工商户；2008年及以后包括乡镇企业。

3.离婚对数包括在民政部门登记的对数和经法院调离和判离的对数。

4.2010年及以前，本表中卫生机构数据都不包含村卫生室及驻京部队医院情况。2011年开始，包含村卫生室情况。2012年开始，卫生机构数、卫生技术人员数据中包含驻京部队医院，床位数不包含。2013年开始，本表所有数据均包含驻京部队医院情况。

5.城镇居民人均住房建筑面积为城镇住户抽样调查数据。

1-2 续表5

			速度指标(%)					
			指　数(2013年为以下各年)					
2010	2012	2013	1990	1995	2000	2005	2010	2012
330.0	356.8	373.6		157.0	162.5	165.0	113.2	104.7
20.7	20.5	21.6		122.6	129.6	124.0	104.8	105.7
4613	5556	5316	241.0	202.2	176.0	146.6	115.2	95.7
10483	11675	12084	160.5	179.6	158.8	135.3	115.3	103.5
821.8	1063.4	1185.0			761.1	312.2	144.2	111.4
1579.5	2458.5	2851.2	14066.1	6925.4	2032.4	656.4	180.5	116.0
33511	50511	62671	2763.3	1557.0	1061.3	620.5	187.0	124.1
6539	9974	10141						
9.3	10.0	12.3						
17.1	22.0	23.0						
6.6	8.2	8.6						
6.7	9.5	10.1						
13.81	17.41	16.37	176.0	191.4	204.1	169.4	118.5	94.0
4.40	4.86	6.46	438.1	320.5	242.8	188.7	146.9	133.0
28.94	29.26	31.31						
40.62	49.08	51.35						
29073	36469	40321	2256.2	687.1	389.6	228.4	138.7	110.6
13262	16476	18337	1413.7	571.5	391.2	233.3	138.3	111.3
17585.2	22298.6	23747.6				285.6	135.0	106.5
3789.1	5657.9	6502.0	5468.5	1702.1	934.9	427.7	171.6	114.9
65683	85307	93997	3543.0	1154.2	597.7	274.9	143.1	110.2
809.9	874.3	913.1	606.8	410.2	237.5	160.0	112.7	104.4
8.9	9.4	9.8	186.2	144.6	130.3	137.1	110.1	104.6
634.2	713.5	737.4	418.7	335.5	252.6	159.4	116.3	103.4
69.0	76.2	80.5	240.5	216.6	197.9	155.4	116.7	105.7
45.0	46.2	46.8						
81.0	83.0	84.6						

1-3　主要年份国民经济和社会发展结构指标

单位：%

项　目	1990	1995	2000	2005	2010	2012	2013
人口与就业							
常住人口							
按性别分							
男	50.2	50.1	52.1	50.6	51.6	51.6	51.6
女	49.8	49.9	47.9	49.4	48.4	48.4	48.4
按城乡分							
城　镇	73.5	75.6	77.5	83.6	86.0	86.2	86.3
乡　村	26.5	24.4	22.5	16.4	14.0	13.8	13.7
就　业							
从业人员年末人数							
第一产业	14.5	10.6	11.8	7.1	6.0	5.2	4.8
第二产业	44.9	40.7	33.6	26.3	19.6	19.2	18.5
第三产业	40.6	48.7	54.6	66.6	74.4	75.6	76.7
宏观经济							
国民经济核算							
地区生产总值							
第一产业	8.8	4.9	2.5	1.3	0.9	0.8	0.8
第二产业	52.4	42.8	32.7	29.1	24.0	22.7	22.3
第三产业	38.8	52.3	64.8	69.6	75.1	76.5	76.9
投　资							
全社会固定资产投资							
城　镇	88.2	94.4	91.9	91.8	91.1	90.6	90.3
农　村	9.7	4.8	6.5	8.2	8.9	9.4	9.7
资金来源结构							
国家预算内资金	25.3	7.7	7.4	2.8	1.2	1.7	1.5
国内贷款	16.7	13.4	26.0	23.2	26.6	23.9	24.1
利用外资	11.2	20.5	3.6	1.6	0.5	0.3	0.2
债券、自筹和其他资金	46.8	58.4	63.0	72.4	71.6	74.1	74.2
财　政							
地方公共财政预算							
收入主要税种							
#增值税			13.3	10.6	8.9	9.5	15.7
营业税			43.2	41.7	36.3	34.8	28.3
企业所得税			16.8	17.9	21.8	22.7	21.9
个人所得税			16.3	9.2	9.1	8.5	9.1
能源消费总量							
第一产业	3.9	3.4	2.5	1.6	1.4	1.4	1.4
第二产业	63.5	65.9	58.5	48.9	39.2	33.8	32.7
第三产业	19.0	17.9	26.1	34.8	41.7	45.3	46.5
生活消费	13.6	12.8	12.9	14.7	17.7	19.5	19.4

注：自2012年开始，从业人员年末人数和能源消费总量三次产业分组口径根据国家统计局规定进行了调整。

1-3 续表1

单位：%

项目	1990	1995	2000	2005	2010	2012	2013
产 业							
农 业							
农林牧渔业产值结构							
农 业	55.6	52.8	46.7	38.0	47.0	42.0	40.4
林 业	1.3	1.7	2.8	5.2	5.1	13.8	18.0
牧 业	39.8	41.8	46.4	50.5	42.6	39.0	36.7
渔 业	3.3	3.7	4.1	3.6	3.5	3.3	3.0
农林牧渔服务业				2.7	1.8	1.9	1.9
工 业							
规模以上工业主要行业							
增加值结构							
#医药制造业		1.6	3.6	3.0	5.6	7.3	7.4
黑色金属冶炼和压延加工业		20.1	8.9	14.0	1.1	0.2	0.4
汽车制造业		9.4	3.7	8.7	16.6	16.9	21.3
计算机、通信和其他							
电子设备制造业		9.9	24.7	16.7	8.7	8.0	8.9
电力、热力的生产和供应业		7.0	6.4	11.8	14.9	17.7	17.5
建筑业							
建筑业总产值结构							
#国有企业	68.7	69.1	44.8	27.4	6.3	5.7	5.1
集体企业	31.3	26.4	21.7	4.7	2.0	1.8	1.7
港澳台商投资企业		1.4	1.4	1.2	1.8	1.5	0.9
外商投资企业		1.2	2.0	1.7	1.0	0.8	0.7
交通运输业							
货运量结构(按运输方式分)							
铁 路	11.4	9.2	8.5	6.1	6.6	4.3	3.8
公 路	87.5	90.4	91.2	92.4	85.1	87.0	87.1
民 航	0.04	0.05	0.1	0.2	0.5	0.5	0.5
管 道	1.0	0.3	0.2	1.2	7.7	8.2	8.6
客运量结构(按运输方式分)							
铁 路	50.4	45.1	24.2	9.5	6.3	6.9	16.3
公 路	46.7	47.7	70.7	85.3	89.7	88.8	73.9
民 航	2.9	7.2	5.1	5.2	4.0	4.3	9.8
国内贸易							
社会消费品零售总额结构							
吃类商品	39.6	42.7	28.4	25.8	21.4	21.8	20.0
穿类商品	13.2	14.6	12.0	9.7	8.8	9.3	8.7
用类商品	44.8	40.8	56.2	56.5	62.4	60.7	64.1
烧类商品	2.4	1.9	3.4	8.1	7.5	8.1	7.3
对外贸易							
地区出口商品结构							
#一般贸易		70.6	65.9	54.5	45.0	48.0	43.2
加工贸易		21.3	29.6	39.6	42.1	37.5	40.5
地区进口商品结构							
#一般贸易		84.4	87.3	85.2	88.7	89.4	89.2
加工贸易		5.2	3.5	8.2	5.9	4.8	5.6
国际旅游							
接待海外旅游人数结构							
外国人	63.7	80.5	84.4	85.9	86.0	86.7	86.1
港澳台同胞	34.6	17.6	15.6	14.1	14.0	13.3	13.9

1–3 续表2

单位：%

项　目	1990	1995	2000	2005	2010	2012	2013
教育、科技、文化、卫生							
教　育							
在校学生结构							
#高等教育	8.3	9.0	14.0	46.2	49.5	49.8	50.4
中等教育	32.5	41.0	48.7	29.7	22.1	20.5	18.9
小学教育	59.0	49.6	36.8	16.9	19.8	20.1	21.1
专任教师结构							
#高等教育	24.6	22.7	22.2	32.7	35.9	31.3	32.2
中等教育	38.3	38.6	40.5	33.6	29.1	32.5	31.5
小学教育	36.7	37.9	36.8	25.3	23.9	22.8	22.5
科　技							
研究与试验发展(R&D)							
人员折合全时当量结构							
基础研究				12.9	15.2	14.7	14.8
应用研究				29.8	27.1	24.6	24.5
试验发展				57.3	57.7	60.8	60.7
研究与试验发展(R&D)							
经费内部支出结构							
基础研究				10.1	11.6	11.8	11.6
应用研究				27.8	26.4	22.7	21.8
试验发展				53.1	62.0	65.4	66.6
卫　生							
卫生技术人员结构							
#执业(助理)医师	45.6	46.7	44.6	42.2	38.5	37.4	37.4
注册护士	31.0	31.7	34.5	35.8	39.3	43.3	43.8
生活与环境							
生　活							
城镇居民消费结构							
食品(恩格尔系数)	54.2	48.5	36.3	31.8	32.1	31.3	31.1
衣　着	14.8	15.1	8.9	8.9	10.4	11.0	10.6
居　住	3.5	4.5	6.9	7.9	7.9	8.2	8.1
家庭设备用品及服务	10.4	8.8	12.9	6.4	6.9	6.7	7.5
医疗保健	1.4	2.9	6.9	9.8	6.7	6.9	6.6
交通和通信	1.5	4.7	7.1	14.7	17.2	15.7	15.6
教育文化娱乐服务	11.5	10.2	15.1	16.5	14.6	15.4	15.2
其他商品和服务	2.7	5.2	5.8	4.0	4.2	4.8	5.3
农村居民消费结构							
食品(恩格尔系数)	50.7	49.6	36.7	32.8	30.9	33.2	34.6
衣　着	9.5	10.9	7.6	7.8	7.7	8.0	8.7
居　住	19.2	9.7	15.7	16.2	21.8	18.5	17.6
家庭设备用品及服务	8.0	7.6	7.3	6.2	5.6	6.5	6.6
医疗保健	3.8	4.8	8.0	9.0	8.9	9.5	8.6
交通和通信	1.7	4.1	6.3	11.0	13.1	11.8	10.7
文教娱乐用品及服务支出	6.6	10.6	14.4	15.1	9.7	9.7	9.8
其他商品和服务	0.6	2.8	4.0	1.9	2.4	2.8	3.3
环　境							
林木绿化率	28.3	36.3	42.0	50.5	53.0	55.5	57.4

1-4 国民经济和社会发展比例和效益指标

项　目		2013	2012
人口与就业			
人　口			
常住人口出生率	(‰)	8.93	9.05
常住人口死亡率	(‰)	4.52	4.31
常住人口自然增长率	(‰)	4.41	4.74
就　业			
城镇登记失业率	(%)	1.21	1.27
宏观经济			
国民经济核算			
地区生产总值构成	(%)	100.0	100.0
第一产业	(%)	0.8	0.8
第二产业	(%)	22.3	22.7
第三产业	(%)	76.9	76.5
全社会劳动生产率	(元/人)	173470	164257
第一产业	(元/人)	28713	25808
第二产业	(元/人)	205540	188018
第三产业	(元/人)	175066	167852
固定资产投资			
全社会固定资产投资相当于			
地区生产总值比例	(%)	36.1	36.1
财　政			
地方财政收入相当于			
地区生产总值比例	(%)	28.5	25.6
地方财政支出相当于			
地区生产总值比例	(%)	31.0	27.2
能源消费			
能源消费弹性系数		0.32	0.34
电力消费弹性系数		0.51	0.88
万元地区生产总值能耗(可比价)	(吨标准煤)		0.436
万元地区生产总值水耗(现价)	(立方米)	18.66	20.07
产　业			
规模以上工业企业效益			
综合效益指数	(%)	275.80	253.53
总资产贡献率	(%)	7.79	7.98
资产保值增值率	(%)	105.93	109.67

1-4 续表

项　目		2013	2012
资产负债率	(%)	52.62	51.85
流动资产周转率	(次)	1.55	1.59
成本费用利润率	(%)	7.24	7.91
全员劳动生产率	(元/人)	295513	252465
产品销售率	(%)	98.94	99.04
建筑业			
产值竣工率	(%)	47.9	49.8
面积竣工率	(%)	18.2	20.2
邮电通信业			
移动电话普及率	(户/百人)	159.5	153.1
固定电话主线普及率	(线/百人)	41.0	42.7
国内贸易			
人均社会消费品零售总额	(元)	40033	37686
教育、科技、文化、卫生			
教　育			
学龄儿童入学率	(%)	99.99	99.99
平均每一专任教师负担学生数			
#普通中学	(人)	9.5	9.7
小学学校	(人)	14.4	13.7
科　技			
研究与试验发展经费内部支出相当于地区生产总值比例	(%)	6.08	5.95
文　化			
每万人拥有公共图书馆	(个)	0.01	0.01
每万人拥有博物馆	(个)	0.08	0.08
卫　生			
婴儿死亡率	(‰)	2.33	2.87
孕产妇死亡率	(1/10万)	9.45	6.05
平均每千人口拥有执业医师数(常住人口)	(人)	4.06	3.97
平均每千人口拥有医院床位数(常住人口)	(张)	5.45	4.48
家庭、生活、环境、灾害			
家　庭			
少儿抚养比(常住人口)	(%)	11.64	11.55
老年抚养比(常住人口)	(%)	11.31	11.31
生　活			
城镇与农村居民收入比例(以农村居民收入为1)		2.20	2.21
城镇居民人均住房建筑面积	(平方米)	31.31	29.26
农村居民人均住房面积	(平方米)	51.35	49.08
环境、灾害			
人均公园绿地面积	(平方米)	15.70	15.50
平均每起火灾直接经济损失	(元)	12496	8706
平均每起交通事故直接经济损失	(元)	9158	9443
食品安全监测抽查合格率(含烟酒等)	(%)	96.94	95.29
药品抽验合格率	(%)	99.88	99.71

1-5 北京一日

项 目		2013	2012
每天创造的财富			
地区生产总值	(万元)	534263.0	488508.2
第一产业	(万元)	4432.9	4103.8
第二产业	(万元)	119241.1	110909.8
工 业	(万元)	96901.4	90008.2
建筑业	(万元)	22339.7	20901.6
第三产业	(万元)	410589.0	373494.5
#交通运输、仓储和邮政业	(万元)	24208.2	22303.3
地方财政收入	(万元)	152495.4	124965.2
地方财政支出	(万元)	165463.6	132962.7
发电量	(万千瓦时)	9074.3	7945.9
汽车生产量	(辆)	5584	4564
移动电话机生产量	(台)	514614	545064
每天收入与消费量			
城镇居民人均可支配收入	(元)	110.5	99.6
城镇居民人均消费性支出	(元)	72.0	65.7
农村居民人均纯收入	(元)	50.2	45.1
农村居民人均生活消费支出	(元)	37.1	32.5
城镇单位在岗职工平均工资	(元)	257.5	233.1
社会消费品零售总额	(万元)	229454.8	210459.5
机动车销售量	(辆)	3512	3511
居民生活用电量	(万千瓦时)	4302.4	4421.7
居民家庭用自来水	(万立方米)	135.0	126.5
每天的其他活动			
地区出口值	(万美元)	17287.0	16292.9
旅游外汇收入	(万美元)	1313.6	1406.8
国内旅游收入	(万元)	100445.3	90199.5
接待入境旅游人数	(人次)	12332	13686
接待国内旅游者人数	(人次)	677776	618407
市内公共交通客运量	(万人次)	2204.9	2080.8
报刊、图书印数量	(万份、万册、万张)	3454.5	3342.8
每天人口和婚姻变动			
出生人口(常住人口)	(人)	512	505
死亡人口(常住人口)	(人)	259	241
登记结婚对数	(对)	448	476
离婚对数	(对)	177	133

注：离婚对数包括在民政部门登记的对数和经法院调离和判离的对数。

2014
北京区域统计年鉴

第二篇

BEIJING AREA
STATISTICAL YEARBOOK

分区县历史数据

FENQUXIAN LISHI SHUJU

简要说明

一、本章资料的主要内容

本章主要包括户籍人口、常住人口、地区生产总值、地方财政收支、全社会固定资产投资额、社会消费品零售总额、农林牧渔业总产值、规模以上工业总产值、建筑业总产值、进出口、外商投资、入境旅游、城乡居民收支、在校学生和幼儿数、卫生机构等指标的分功能区和分区县 2000 年或 2005 年以来的历史数据。

二、本章资料的数据来源

户籍人口数据来自北京市公安局；财政收支情况来自北京市财政局；进出口情况来自中华人民共和国北京海关；外商投资情况来自北京市商务委员会；在校学生和幼儿数来自北京市教育委员会；卫生情况来自北京市卫生局；其他数据来自北京市统计局及国家统计局北京调查总队。

三、有关统计标准的变化说明

从 2011 年起，根据国家统计局相关规定，固定资产投资统计起点由 50 万元调整至 500 万元。

2005—2010 年社会消费品零售总额数据按法人在地原则核算，2011 年开始数据按产业在地原则核算。

规模以上工业总产值 2001—2006 年为全部国有及年主营业务收入在 500 万元及以上非国有工业口径；2007—2010 年调整为年主营业务收入 500 万元及以上的全部工业法人企业；2011 年及以后调整为年主营业务收入 2000 万元及以上的全部工业法人企业。

2011 年农村居民人均纯收入数据按国家统计局方案进行了口径调整，因此，计算 2011 年比上年增长时要用可比口径。

2012 年全市卫生机构数中包含驻京部队医院，2012 年与历史数据口径不可比；分区县数据中不包含驻京部队医院。

四、本章中关于历史数据调整的问题

本章中 2005-2008 年地区生产总值的数据，按照国家统一规定，根据“北京市第二次全国经济普查”和“北京市第二次全国农业普查”的数据结果进行了修正。

2005—2007 年社会消费品零售总额数据根据第二次经济普查数据进行了修订，2008 年数据为第二次经济普查数据。

农林牧渔业总产值数据 2000—2005 年为根据第二次农业普查修订数据，2006 年为与第二次农业普查衔接的数据。

全市规模以上工业总产值 2001—2003 年数据根据第一次经济普查数据进行了修订，分功能区和分区县数据未进行修订。

全市建筑业总产值 2000—2003 年数据根据第一次经济普查数据进行了修订，分功能区和分区县数据未进行修订。

2-1 户籍人口(2000-2013年)

单位：万人

区 县	2000	2001	2002	2003	2004	2005	2006	2007	2008	2009	2010	2011	2012	2013
全 市	**1107.5**	**1122.3**	**1136.3**	**1148.8**	**1162.9**	**1180.7**	**1197.6**	**1213.3**	**1229.9**	**1245.8**	**1257.8**	**1277.9**	**1297.5**	**1316.3**
首都功能核心区	**238.2**	**239.5**	**240.6**	**240.4**	**229.7**	**225.7**	**225.3**	**226.3**	**227.4**	**228.7**	**230.1**	**232.5**	**235.3**	**238.2**
东 城 区	103.9	104.3	104.5	103.9	99.1	97.0	95.7	95.4	95.4	95.6	95.6	96.1	96.8	97.4
原东城区	62.6	63.0	63.8	64.3	62.2	61.2	61.4	61.8	61.9	62.1	62.0			
原崇文区	41.3	41.3	40.7	39.6	36.9	35.8	34.3	33.6	33.5	33.5	33.6			
西 城 区	134.3	135.2	136.1	136.5	130.6	128.7	129.6	130.9	132.0	133.1	134.5	136.4	138.5	140.8
原西城区	78.1	78.6	79.2	79.7	77.1	75.7	76.4	77.4	78.3	79.3	80.4			
原宣武区	56.2	56.6	56.9	56.8	53.5	53.0	53.2	53.5	53.7	53.7	54.1			
城市功能拓展区	**429.3**	**439.2**	**448.6**	**458.4**	**477.5**	**495.3**	**508.2**	**519.4**	**531.0**	**542.2**	**550.7**	**563.3**	**574.9**	**585.4**
朝 阳 区	152.2	155.2	157.4	159.8	165.7	171.1	174.5	178.4	181.8	185.3	188.6	193.2	197.4	201.2
丰 台 区	82.3	83.6	84.8	86.4	93.2	97.4	99.6	101.7	103.6	105.2	106.3	108.1	109.7	111.4
石景山区	33.2	33.5	33.8	33.8	34.5	35.0	35.2	35.4	35.7	36.0	36.2	36.6	37.1	37.6
海 淀 区	161.6	166.9	172.6	178.4	184.1	191.8	198.9	203.9	209.9	215.8	219.6	225.5	230.7	235.3
城市发展新区	**283.3**	**286.0**	**288.5**	**290.7**	**295.2**	**299.0**	**302.4**	**305.6**	**308.7**	**311.7**	**314.6**	**319.2**	**323.9**	**328.8**
房 山 区	74.3	74.6	74.8	74.9	75.2	75.4	75.8	76.1	76.5	76.7	76.8	77.4	78.0	78.6
通 州 区	59.7	60.3	60.7	61.0	62.0	62.9	63.7	64.3	64.9	65.6	66.3	67.3	68.3	69.3
顺 义 区	53.7	54.0	54.4	54.8	55.4	55.9	56.2	56.7	57.4	57.8	58.2	58.8	59.4	60.1
昌 平 区	42.8	43.6	44.5	45.3	46.9	48.2	49.2	50.4	51.2	52.3	53.3	54.8	56.1	57.3
大 兴 区	52.8	53.5	54.1	54.7	55.7	56.6	57.5	58.1	58.7	59.3	59.9	61.0	62.2	63.6
生态涵养发展区	**156.8**	**157.7**	**158.6**	**159.3**	**160.4**	**160.7**	**161.7**	**162.0**	**162.7**	**163.2**	**162.4**	**162.9**	**163.4**	**163.9**
门头沟区	23.4	23.4	23.5	23.6	23.7	23.8	23.9	24.0	24.1	24.4	24.6	24.7	24.8	24.9
怀 柔 区	26.3	26.5	26.7	26.9	27.2	27.3	27.4	27.6	27.7	27.8	27.7	27.7	27.8	27.9
平 谷 区	38.7	39.0	39.1	39.2	39.4	39.5	39.7	39.6	39.7	39.8	39.5	39.6	39.8	39.9
密 云 县	41.5	41.8	42.2	42.4	42.6	42.5	42.9	42.9	43.1	43.1	42.8	42.9	43.0	43.1
延 庆 县	26.9	27.0	27.1	27.2	27.5	27.6	27.8	27.9	28.0	28.1	27.9	27.9	28.0	28.1

资料来源：北京市公安局。

2-2 常住人口(2005-2013年)

单位：万人

区　县	2005	2006	2007	2008	2009	2010	2011	2012	2013
全　市	**1538.0**	**1601.0**	**1676.0**	**1771.0**	**1860.0**	**1961.9**	**2018.6**	**2069.3**	**2114.8**
首都功能核心区	**205.2**	**206.9**	**209.4**	**212.1**	**215.7**	**216.2**	**215.0**	**219.5**	**221.2**
东 城 区	86.0	86.3	87.4	88.8	90.7	91.9	91.0	90.8	90.9
原东城区	54.9	55.8	56.7	57.8	59.0	57.3			
原崇文区	31.1	30.5	30.7	31.0	31.7	34.6			
西 城 区	119.2	120.6	122.0	123.3	125.0	124.3	124.0	128.7	130.3
原西城区	66.0	66.4	66.6	67.3	68.3	67.4			
原宣武区	53.2	54.2	55.4	56.0	56.7	56.9			
城市功能拓展区	**748.0**	**783.5**	**818.6**	**882.6**	**916.2**	**955.4**	**986.4**	**1008.2**	**1032.2**
朝 阳 区	280.2	291.8	303.0	327.1	336.4	354.5	365.8	374.5	384.1
丰 台 区	156.8	163.6	178.8	193.2	205.7	211.2	217.0	221.4	226.1
石景山区	52.4	53.9	56.0	59.1	60.5	61.6	63.4	63.9	64.4
海 淀 区	258.6	274.2	280.8	303.2	313.6	328.1	340.2	348.4	357.6
城市发展新区	**411.6**	**434.0**	**468.5**	**492.5**	**541.7**	**603.2**	**629.9**	**653.0**	**671.5**
房 山 区	87.0	88.7	90.6	91.6	92.2	94.5	96.7	98.6	101.0
通 州 区	86.7	93.6	100.0	108.6	112.8	118.4	125.0	129.1	132.6
顺 义 区	71.1	72.7	75.5	79.3	82.6	87.7	91.5	95.3	98.3
昌 平 区	78.2	86.9	107.0	113.4	138.2	166.1	173.8	183.0	188.9
大 兴 区	88.6	92.1	95.4	99.6	115.9	136.5	142.9	147.0	150.7
生态涵养发展区	**173.2**	**176.6**	**179.5**	**183.8**	**186.4**	**186.4**	**187.3**	**188.6**	**189.9**
门头沟区	27.7	27.9	28.2	28.7	28.8	29.0	29.4	29.8	30.3
怀 柔 区	32.2	33.4	34.4	36.4	37.8	37.3	37.1	37.7	38.2
平 谷 区	41.4	41.3	41.4	41.5	41.8	41.6	41.8	42.0	42.2
密 云 县	43.9	44.8	45.3	46.2	46.6	46.8	47.1	47.4	47.6
延 庆 县	28.0	29.2	30.2	31.0	31.4	31.7	31.9	31.7	31.6

注：1.2005年数据根据2005年1%人口抽样调查数据推算；2006—2009年数据根据人口变动情况抽样调查数据推算，并根据2010年人口普查数据进行了调整；2011—2013年数据根据人口抽样调查数据推算。

2.表内2010年全市常住人口是根据2010年人口普查结果推算的年末数，分功能区和分区县的数据为2010年人口普查数据，普查标准时点为2010年11月1日零时(另：普查时点全市常住人口为1961.2万人)。

2-3 常住外来人口(2005-2013年)

单位：万人

区 县	2005	2006	2007	2008	2009	2010	2011	2012	2013
全 市	**357.3**	**403.4**	**462.7**	**541.1**	**614.2**	**704.7**	**742.2**	**773.8**	**802.7**
首都功能核心区	**36.4**	**38.3**	**40.0**	**41.9**	**48.0**	**54.7**	**53.4**	**54.5**	**55.4**
东 城 区	15.3	16.5	17.9	19.2	22.0	22.0	21.4	21.2	21.0
原东城区	10.2	10.9	11.6	12.6	14.8	13.7			
原崇文区	5.1	5.6	6.3	6.6	7.2	8.3			
西 城 区	21.1	21.8	22.1	22.7	26.0	32.7	32.0	33.3	34.4
原西城区	11.8	11.7	11.1	11.2	13.3	18.1			
原宣武区	9.3	10.1	11.0	11.5	12.7	14.6			
城市功能拓展区	**209.2**	**231.6**	**261.3**	**300.0**	**336.0**	**379.1**	**400.0**	**413.0**	**426.0**
朝 阳 区	84.0	92.2	107.2	122.6	134.1	151.5	160.9	169.5	176.1
丰 台 区	36.6	41.3	47.2	55.7	67.9	81.3	84.3	83.7	85.0
石景山区	14.9	16.2	18.1	20.9	21.5	20.7	21.3	21.4	21.4
海 淀 区	73.7	81.9	88.8	100.8	112.5	125.6	133.5	138.4	143.5
城市发展新区	**94.4**	**113.8**	**139.0**	**174.1**	**202.8**	**240.0**	**257.7**	**275.1**	**289.6**
房 山 区	11.9	13.2	14.9	15.6	16.0	19.5	21.4	22.8	24.6
通 州 区	19.7	25.6	31.3	39.4	43.4	43.5	47.7	50.7	53.6
顺 义 区	15.6	16.9	19.2	22.2	24.7	27.9	31.3	34.5	37.3
昌 平 区	21.9	29.5	39.9	51.4	65.6	84.7	89.6	95.7	100.6
大 兴 区	25.3	28.6	33.7	45.5	53.1	64.4	67.7	71.4	73.5
生态涵养发展区	**17.3**	**19.7**	**22.4**	**25.1**	**27.4**	**30.7**	**31.1**	**31.2**	**31.7**
门头沟区	4.1	4.2	4.4	4.8	4.6	4.7	4.8	4.9	5.0
怀 柔 区	5.3	6.4	7.3	9.2	10.6	10.3	10.2	10.3	10.6
平 谷 区	2.4	2.1	2.2	2.1	2.4	4.9	5.1	5.2	5.3
密 云 县	3.5	3.9	4.4	5.2	5.6	6.9	7.0	7.1	7.2
延 庆 县	2.0	3.1	4.1	3.8	4.2	3.9	4.0	3.7	3.6

注：1.2005年数据根据2005年1%人口抽样调查数据推算；2006—2009年数据根据人口变动情况抽样调查数据推算，并根据2010年人口普查数据进行了调整；2011—2013年数据根据人口抽样调查数据推算。

2.表内2010年全市常住外来人口是根据2010年人口普查结果推算的年末数，分功能区和分区县的数据为2010年人口普查数据，普查标准时点为2010年11月1日零时(另：普查时点全市常住外来人口为704.5万人)。

2-4 地区生产总值(2005-2013年)

单位：亿元

区 县	2005	2006	2007	2008	2009	2010	2011	2012	2013
全 市	**6969.5**	**8117.8**	**9846.8**	**11115.0**	**12153.0**	**14113.6**	**16251.9**	**17879.4**	**19500.6**
首都功能核心区	**1703.8**	**1950.5**	**2360.4**	**2666.8**	**2937.9**	**3281.3**	**3700.5**	**4043.6**	**4396.7**
东 城 区	641.3	754.9	881.5	1000.0	1122.4	1223.6	1339.7	1450.1	1571.1
原东城区	530.8	628.7	738.3	844.9	945.4				
原崇文区	110.5	126.1	143.2	155.1	177.0				
西 城 区	1062.6	1195.6	1478.9	1666.8	1815.6	2057.7	2360.8	2593.5	2825.7
原西城区	841.7	955.8	1219.3	1373.8	1506.7				
原宣武区	220.8	239.8	259.6	293.0	308.8				
城市功能拓展区	**3249.0**	**3815.9**	**4618.5**	**5264.6**	**5703.3**	**6606.0**	**7615.3**	**8408.8**	**9171.8**
朝 阳 区	1301.7	1559.1	1904.9	2144.0	2380.4	2804.2	3272.2	3632.1	3963.6
丰 台 区	379.6	439.0	501.9	565.6	627.4	734.8	842.7	923.8	1007.8
石景山区	206.3	223.2	260.4	256.9	248.7	295.5	320.7	338.2	365.2
海 淀 区	1361.5	1594.6	1951.2	2298.0	2446.9	2771.6	3179.8	3514.8	3835.2
城市发展新区	**1206.4**	**1445.6**	**1735.5**	**2070.1**	**2468.7**	**2994.5**	**3419.5**	**3728.8**	**4116.6**
房 山 区	209.3	189.9	200.7	200.3	293.5	371.5	416.0	449.3	481.8
通 州 区	143.2	166.0	194.7	225.8	278.9	344.8	400.2	450.5	500.3
顺 义 区	258.3	304.7	382.1	542.4	690.2	867.9	1015.0	1103.2	1232.2
昌 平 区	193.1	225.8	272.5	316.2	342.4	399.9	455.0	506.3	557.2
大 兴 区	153.5	173.5	202.3	230.5	271.2	311.9	350.8	391.7	431.6
北京经济技术开发区	249.0	385.9	483.1	554.8	592.5	698.6	782.5	827.7	913.5
生态涵养发展区	**305.2**	**345.9**	**399.9**	**450.2**	**494.2**	**561.5**	**647.0**	**714.7**	**780.8**
门头沟区	46.0	51.4	59.7	73.2	74.8	86.4	103.7	117.0	124.2
怀 柔 区	83.1	95.3	114.9	121.5	131.4	148.0	168.8	182.0	200.4
平 谷 区	57.1	66.6	76.6	87.3	107.0	117.9	136.6	153.2	168.7
密 云 县	78.7	87.6	98.6	112.7	119.5	141.5	162.0	178.6	195.1
延 庆 县	40.2	44.9	50.1	55.5	61.5	67.7	75.8	83.8	92.2

注：1.表内数据按现价计算。

2.本表根据第二次全国农业普查和第二次全国经济普查结果对2005—2008年数据进行了修订。

3.地区生产总值区县合计数不等于全市是由于区县中扣除了划归市一级的核算部分。

4.表中部分数据合计数由于计量单位取舍不同而产生的计算误差，均未作机械调整。

2-5 地方财政收入(2000-2013年)

区 县	2000	2001	2002	2003	2004	2005
全 市	**398.39**	**507.68**	**600.96**	**665.94**	**830.03**	**1007.35**
首都功能核心区	**56.59**	**68.93**	**78.89**	**92.22**	**107.06**	**120.44**
东 城 区	23.45	29.19	33.81	38.35	43.63	49.20
原东城区	17.93	23.41	27.29	31.38	34.52	37.95
原崇文区	5.52	5.78	6.53	6.97	9.11	11.25
西 城 区	33.14	39.74	45.08	53.88	63.43	71.24
原西城区	22.99	27.64	31.54	34.38	38.77	46.07
原宣武区	10.15	12.10	13.54	19.50	24.67	25.17
城市功能拓展区	**79.35**	**97.91**	**115.25**	**123.77**	**150.67**	**184.66**
朝 阳 区	37.55	45.92	52.84	56.56	68.49	85.30
丰 台 区	7.62	9.19	11.19	12.20	15.02	18.03
石景山区	6.02	7.68	9.08	7.47	8.98	10.27
海 淀 区	28.16	35.11	42.14	47.53	58.18	71.06
城市发展新区	**19.71**	**27.10**	**38.66**	**44.24**	**55.23**	**66.95**
房 山 区	5.01	6.17	8.22	8.95	11.72	13.35
通 州 区	3.52	4.75	6.94	8.44	10.27	11.63
顺 义 区	4.92	6.36	7.95	8.65	12.08	16.85
昌 平 区	3.05	4.59	7.30	8.85	11.15	14.03
大 兴 区	3.21	5.23	8.25	9.35	10.01	11.09
生态涵养发展区	**12.08**	**17.11**	**24.30**	**24.83**	**31.35**	**30.42**
门头沟区	2.88	3.64	4.74	3.70	5.52	7.08
怀 柔 区	2.74	4.18	5.48	5.40	6.47	7.46
平 谷 区	2.60	3.56	4.42	4.58	6.34	5.48
密 云 县	2.08	3.58	7.33	8.33	9.77	7.59
延 庆 县	1.77	2.16	2.33	2.81	3.26	2.81

注：1.分区县财政收入为区县级财政收入。

2.2012年开始，地方财政收入中增加国有资本经营预算收入。

资料来源：北京市财政局。

2-5 续表

单位：亿元

2006	2007	2008	2009	2010	2011	2012	2013
1235.78	**1882.04**	**2282.04**	**2678.77**	**3810.91**	**4359.10**	**4573.72**	**5566.08**
147.81	**202.90**	**286.61**	**293.33**	**318.84**	**405.01**	**509.58**	**501.05**
55.31	67.51	87.85	94.49	103.81	123.56	146.26	155.55
41.75	51.81	69.73	73.89				
13.56	15.70	18.13	20.60				
92.50	135.39	198.76	198.84	215.03	281.45	363.32	345.50
64.13	97.13	154.53	152.17				
28.37	38.26	44.23	46.67				
230.03	**301.32**	**354.48**	**413.42**	**491.55**	**643.96**	**934.93**	**1080.14**
106.59	141.55	168.32	190.66	234.26	316.83	472.54	521.46
23.31	30.33	34.81	39.80	47.28	62.36	153.83	154.95
10.54	13.76	15.13	18.16	19.07	23.00	25.90	67.54
89.59	115.68	136.22	164.80	190.94	241.76	282.65	336.19
79.72	**152.10**	**205.30**	**340.76**	**888.88**	**649.74**	**550.25**	**923.92**
12.09	23.22	21.03	52.72	168.58	117.46	74.80	192.34
14.75	24.30	34.04	66.09	174.67	122.36	110.53	219.56
22.34	44.09	73.74	85.23	145.70	117.62	130.01	163.91
17.19	32.73	42.60	51.96	140.28	96.61	81.45	154.70
13.35	27.76	33.89	84.76	259.65	195.69	153.46	193.41
35.06	**47.32**	**63.12**	**69.89**	**122.78**	**153.59**	**133.49**	**219.28**
7.47	7.60	15.90	14.10	25.31	43.81	33.69	68.98
9.24	13.97	20.34	20.27	23.39	32.40	33.02	51.60
7.04	9.06	8.96	13.65	40.14	34.92	26.81	35.27
7.30	9.84	11.91	14.91	24.02	31.07	29.58	49.52
4.01	6.85	6.01	6.96	9.92	11.39	10.38	13.91

2-6　地方财政支出(2000-2013年)

区　县	2000	2001	2002	2003	2004	2005
全　市	**490.34**	**614.92**	**683.98**	**809.39**	**974.17**	**1137.28**
首都功能核心区	**53.20**	**66.57**	**76.67**	**89.50**	**103.28**	**123.73**
东 城 区	23.82	28.03	34.72	39.80	47.37	54.97
原东城区	15.72	17.46	22.38	25.13	29.81	34.70
原崇文区	8.10	10.57	12.34	14.67	17.56	20.27
西 城 区	29.38	38.54	41.95	49.70	55.91	68.76
原西城区	17.38	23.84	25.30	29.05	32.94	42.27
原宣武区	12.00	14.69	16.65	20.65	22.98	26.49
城市功能拓展区	**83.71**	**98.35**	**120.39**	**135.42**	**159.02**	**192.38**
朝 阳 区	26.44	33.35	37.13	41.40	47.08	60.44
丰 台 区	12.49	15.59	20.87	22.59	26.88	33.02
石景山区	7.62	9.34	10.86	12.91	13.89	17.05
海 淀 区	37.16	40.06	51.54	58.52	71.17	81.87
城市发展新区	**47.20**	**58.90**	**72.84**	**92.51**	**115.18**	**143.81**
房 山 区	9.69	12.65	14.80	17.76	23.37	31.76
通 州 区	9.64	11.27	14.65	19.29	20.81	26.03
顺 义 区	11.19	13.28	16.36	20.60	26.00	31.95
昌 平 区	7.44	10.04	11.70	16.84	22.37	26.82
大 兴 区	9.24	11.66	15.33	18.03	22.62	27.26
生态涵养发展区	**45.09**	**52.48**	**63.24**	**73.79**	**89.97**	**105.08**
门头沟区	8.34	9.34	10.28	12.56	15.44	19.79
怀 柔 区	10.50	12.83	14.92	17.04	19.62	22.60
平 谷 区	9.72	10.61	12.69	14.54	17.61	21.00
密 云 县	9.46	10.99	15.28	17.94	22.67	24.41
延 庆 县	7.07	8.71	10.08	11.70	14.63	17.28

注：1.地方财政支出为决算数；分区县财政支出为区县级实际支出，含市级下拨部分。

2.2012年开始，地方财政支出中增加了国有资本经营预算支出。

资料来源：北京市财政局。

2-6 续表

单位：亿元

2006	2007	2008	2009	2010	2011	2012	2013
1411.58	**2067.65**	**2400.93**	**2820.86**	**4064.97**	**4574.94**	**4866.43**	**6039.42**
145.01	**225.74**	**255.79**	**297.70**	**376.96**	**409.23**	**481.15**	**480.37**
60.57	94.79	108.12	124.47	128.21	148.60	167.60	185.47
36.43	62.91	62.19	70.66				
24.15	31.88	45.92	53.81				
84.44	130.94	147.67	173.23	248.75	260.63	313.55	294.90
55.70	92.40	98.57	122.25				
28.74	38.55	49.10	50.98				
247.68	**366.13**	**417.40**	**497.00**	**649.75**	**904.10**	**992.14**	**1232.02**
83.84	130.63	150.78	168.66	228.03	438.33	391.47	462.96
42.53	62.02	72.87	89.84	101.69	140.91	218.91	224.42
18.45	24.07	27.37	36.66	50.91	57.28	57.48	101.87
102.86	149.41	166.39	201.84	269.12	267.58	324.27	442.77
181.21	**285.73**	**345.16**	**544.32**	**1008.62**	**935.07**	**927.59**	**1297.49**
38.90	55.90	63.51	100.46	219.61	225.39	152.39	287.84
35.11	55.27	59.76	89.58	181.57	143.83	191.22	261.28
42.35	68.59	94.86	123.94	161.55	194.83	196.71	228.99
33.78	51.41	63.65	93.25	143.20	155.60	153.02	244.65
31.08	54.57	63.38	137.08	302.69	215.42	234.26	274.73
125.20	**165.25**	**193.84**	**265.88**	**356.71**	**401.07**	**432.03**	**586.09**
22.52	27.37	36.91	45.20	64.27	84.48	80.79	134.51
28.06	40.61	48.00	54.65	78.26	87.02	91.41	129.24
25.00	30.82	34.27	53.43	80.32	86.21	90.20	104.10
27.94	37.42	41.31	64.67	78.81	83.22	97.65	126.66
21.67	29.03	33.33	47.93	55.04	60.13	71.98	91.57

2-7 全社会固定资产投资额(2005–2013年)

区　县	2005	2006	2007	2008
全　市	**2827.2**	**3371.5**	**3966.6**	**3848.5**
首都功能核心区	**522.4**	**633.0**	**655.9**	**591.0**
东 城 区	242.2	270.0	299.7	262.4
原东城区	157.5	155.0	214.9	198.7
原崇文区	84.7	114.9	84.8	63.7
西 城 区	280.2	363.0	356.2	328.6
原西城区	201.7	275.5	266.8	253.5
原宣武区	78.4	87.5	89.4	75.1
城市功能拓展区	**1466.6**	**1677.9**	**1999.7**	**1872.4**
朝 阳 区	729.5	930.2	1180.4	1096.3
丰 台 区	232.2	270.5	346.0	306.3
石景山区	76.5	71.6	76.5	84.4
海 淀 区	428.3	405.6	396.8	385.4
城市发展新区	**665.4**	**848.6**	**1038.9**	**1077.2**
房 山 区	127.0	159.7	180.2	159.6
通 州 区	112.3	143.6	156.2	157.1
顺 义 区	133.8	174.3	296.4	255.0
昌 平 区	120.5	169.2	190.3	221.5
大 兴 区	87.1	88.1	122.6	169.0
北京经济技术开发区	84.8	113.7	93.2	115.0
生态涵养发展区	**172.8**	**212.1**	**272.1**	**308.1**
门头沟区	22.8	22.7	52.4	71.0
怀 柔 区	54.9	62.9	79.1	71.6
平 谷 区	33.5	41.6	42.8	52.0
密 云 县	44.8	59.6	65.8	80.7
延 庆 县	16.7	25.3	32.0	32.8

注：1.本表资料按项目所在建设地地址划分。

2.从2011年起，根据国家统计局相关规定，固定资产投资统计起点由50万元调整至500万元。

2-7 续表

单位：亿元

2009	2010	2011	2012	2013
4858.4	**5493.5**	**5910.6**	**6462.8**	**7032.2**
522.2	**362.4**	**362.5**	**381.0**	**408.1**
286.5	180.7	175.2	182.5	195.1
205.8				
80.7				
235.7	181.7	187.3	198.4	213.0
145.3				
90.4				
2120.0	**2456.9**	**2486.2**	**2689.3**	**2906.7**
1104.9	1230.7	1177.0	1195.5	1216.7
389.3	504.6	553.0	660.1	752.0
136.3	154.5	130.9	144.8	162.9
489.5	567.0	625.3	688.9	775.1
1805.8	**2216.0**	**2504.6**	**2725.3**	**2947.4**
349.8	403.8	454.5	490.1	493.7
310.2	364.7	415.8	506.1	590.8
343.9	413.7	436.0	418.6	429.7
290.5	374.4	412.6	490.1	551.9
354.2	422.7	465.5	480.5	506.2
157.2	236.6	320.2	339.9	375.2
410.4	**458.3**	**557.2**	**667.2**	**769.9**
85.5	94.8	142.3	190.7	230.1
93.3	103.6	119.9	138.3	156.0
70.6	82.4	100.6	122.5	141.2
112.7	121.7	132.1	145.3	165.1
48.2	55.7	62.3	70.4	77.6

2-8　社会消费品零售总额(2000-2013年)

区　县	2000	2001	2002	2003	2004	2005
全　市	**1658.70**	**1831.40**	**2005.20**	**2296.90**	**2626.60**	**2911.66**
首都功能核心区	**391.73**	**410.44**	**432.30**	**477.12**	**524.83**	**583.47**
东 城 区	176.53	190.36	202.39	233.69	264.91	293.88
原东城区	123.95	134.62	142.91	167.40	188.36	205.31
原崇文区	52.58	55.74	59.48	66.28	76.55	88.58
西 城 区	215.20	220.08	229.91	243.44	259.92	289.59
原西城区	144.43	147.32	153.38	166.38	182.10	207.09
原宣武区	70.76	72.76	76.53	77.06	77.82	82.50
城市功能拓展区	**1000.61**	**1123.39**	**1243.29**	**1433.55**	**1662.92**	**1821.96**
朝 阳 区	404.88	475.34	508.93	582.66	722.67	795.81
丰 台 区	164.40	183.70	236.80	295.51	305.17	317.32
石景山区	41.99	53.60	66.87	99.54	120.23	132.38
海 淀 区	389.34	410.75	430.68	455.84	514.85	576.46
城市发展新区	**195.02**	**217.74**	**240.90**	**283.71**	**321.42**	**377.29**
房 山 区	34.46	37.11	41.30	48.86	56.31	63.31
通 州 区	44.84	47.11	52.72	61.54	69.74	82.33
顺 义 区	35.04	39.77	45.37	50.38	57.25	68.19
昌 平 区	27.34	33.09	35.08	41.78	48.39	56.17
大 兴 区	36.88	39.76	39.88	51.45	56.49	64.64
北京经济技术开发区	16.45	20.90	26.54	29.70	33.24	42.66
生态涵养发展区	**71.35**	**79.82**	**88.71**	**102.51**	**117.44**	**128.94**
门头沟区	7.75	8.36	9.04	10.29	11.48	12.84
怀 柔 区	18.90	20.35	22.68	26.53	30.06	32.89
平 谷 区	12.24	13.31	14.26	16.29	18.30	20.29
密 云 县	15.82	17.92	21.09	26.04	32.27	35.94
延 庆 县	16.64	19.89	21.64	23.35	25.33	26.97

注：1.2005—2010年数据按法人在地原则核算，2011年开始数据按产业在地原则核算。

2.2005—2007年社会消费品零售总额数据根据第二次全国经济普查进行了修订，2008年数据为第二次全国经济普查数据。

2–8 续表

单位：亿元

2006	2007	2008	2009	2010	2011	2012	2013
3295.33	**3835.26**	**4645.52**	**5309.89**	**6229.30**	**6900.32**	**7702.82**	**8375.12**
642.11	**756.98**	**924.59**	**1007.16**	**1197.87**	**1380.18**	**1558.98**	**1679.64**
325.35	394.55	473.29	532.48	645.01	691.28	794.64	839.17
227.27	278.76	332.87	374.08				
98.08	115.79	140.42	158.40				
316.76	362.43	451.31	474.68	552.86	688.90	764.34	840.47
225.47	257.06	317.63	329.39				
91.29	105.38	133.68	145.28				
2074.58	**2372.84**	**2862.35**	**3315.68**	**3861.34**	**3935.59**	**4345.64**	**4672.75**
931.83	1074.98	1290.23	1478.33	1737.50	1651.91	1829.54	1962.43
353.40	398.95	517.14	635.04	722.02	738.53	826.80	889.24
140.56	140.98	152.32	175.92	217.58	162.05	184.54	207.04
648.79	757.93	902.66	1026.38	1184.25	1383.09	1504.76	1614.04
439.31	**551.96**	**680.43**	**786.88**	**940.03**	**1241.06**	**1409.15**	**1588.63**
69.82	76.29	90.82	99.05	119.79	156.73	182.53	205.35
95.41	122.35	147.16	161.85	187.69	207.95	239.28	268.92
84.88	108.55	133.51	155.20	180.50	217.29	254.14	297.35
66.64	86.06	114.95	144.95	168.35	249.98	280.44	297.20
75.74	85.18	100.70	115.25	133.70	173.26	200.90	232.96
46.81	73.54	93.30	110.57	150.01	235.85	251.86	286.85
139.33	**153.48**	**178.14**	**200.17**	**230.06**	**343.49**	**389.05**	**434.10**
14.78	16.14	19.49	21.66	25.36	37.99	43.71	48.98
32.62	35.18	42.78	48.65	56.16	79.19	89.84	101.66
22.71	24.36	27.81	31.97	38.21	58.12	66.94	75.02
39.80	45.41	51.15	56.98	64.29	94.12	105.56	116.25
29.42	32.38	36.91	40.91	46.04	74.07	83.00	92.19

2-9 农林牧渔业总产值(2000-2013年)

单位：亿元

区 县	2000	2001	2002	2003	2004	2005	2006	2007	2008	2009	2010	2011	2012	2013
全 市	**188.61**	**202.15**	**213.54**	**224.73**	**234.89**	**239.30**	**240.19**	**272.30**	**303.90**	**314.95**	**328.02**	**363.14**	**395.71**	**421.78**
城市功能拓展区	**15.28**	**13.59**	**12.62**	**12.63**	**11.98**	**9.99**	**10.72**	**10.78**	**11.40**	**11.57**	**11.13**	**10.94**	**13.69**	**13.68**
朝 阳 区	6.32	6.17	5.37	5.22	4.71	3.91	4.24	4.17	4.36	4.19	4.08	3.55	4.51	4.25
丰 台 区	3.84	3.64	3.44	2.96	2.76	2.71	2.69	2.74	2.91	3.05	3.03	2.63	3.45	3.64
海 淀 区	5.12	3.77	3.81	4.45	4.51	3.38	3.78	3.86	4.13	4.33	4.02	4.76	5.73	5.79
城市发展新区	**122.67**	**132.21**	**141.32**	**148.45**	**153.88**	**154.69**	**155.54**	**175.22**	**194.32**	**199.64**	**206.02**	**226.95**	**246.32**	**263.41**
房 山 区	21.49	22.72	23.94	25.65	27.95	31.41	32.87	37.09	39.74	41.26	42.64	45.02	46.45	50.58
通 州 区	21.50	22.94	25.87	27.18	27.89	28.94	30.60	33.20	37.96	38.46	39.79	45.37	51.54	55.41
顺 义 区	44.17	48.00	50.27	51.01	52.51	49.55	44.42	50.20	54.49	56.65	58.58	65.17	67.55	68.34
昌 平 区	11.99	12.40	12.53	12.88	11.80	10.08	11.34	12.49	14.69	15.38	16.80	19.83	25.99	27.85
大 兴 区	23.52	26.15	28.72	31.73	33.72	34.71	36.31	42.24	47.44	47.89	48.21	51.56	54.79	61.24
生态涵养发展区	**45.98**	**51.37**	**54.47**	**58.18**	**63.40**	**68.78**	**73.93**	**86.30**	**98.18**	**103.41**	**109.92**	**124.50**	**134.74**	**143.79**
门头沟区	1.26	1.38	1.73	1.70	1.77	2.06	2.19	2.52	3.13	3.63	3.93	5.06	5.32	5.33
怀 柔 区	7.83	8.55	8.84	9.53	10.73	12.07	13.56	15.45	16.38	16.58	17.08	18.26	19.13	20.33
平 谷 区	13.98	14.71	14.92	15.55	16.69	17.65	18.67	21.74	25.08	26.39	29.44	34.42	39.71	44.70
密 云 县	11.58	15.04	16.86	19.50	21.54	24.01	25.53	30.69	35.29	36.91	39.17	44.06	45.61	47.34
延 庆 县	11.34	11.70	12.11	11.91	12.67	12.99	13.98	15.90	18.29	19.90	20.30	22.69	24.97	26.09

注：1.总产值按现价计算，农林牧渔业总产值中含农林牧渔服务业产值。

2.农林牧渔业总产值使用的价格为农产品生产价格。

3.2006年为与农业普查衔接的数据，2000—2005年为历史修订数据。

4.全市总产值中2000—2002年包含石景山区的数据；2009年及以后年份包含远洋渔业的数据。

2-10 规模以上工业总产值(2001–2013年)

单位：亿元

区 县	2001	2002	2003	2004	2005	2006	2007	2008	2009	2010	2011	2012	2013
全 市	**3270.1**	**3620.2**	**4410.8**	**5733.4**	**6946.2**	**8210.0**	**9648.4**	**10413.1**	**11039.1**	**13699.8**	**14513.6**	**15596.2**	**17370.9**
首都功能核心区	**286.7**	**260.8**	**232.7**	**461.5**	**424.3**	**471.7**	**510.2**	**598.6**	**646.0**	**753.3**	**883.4**	**942.7**	**1006.7**
东 城 区	113.0	82.5	74.3	169.3	89.3	89.9	82.2	66.8	62.0	67.1	106.6	109.6	123.5
原东城区	92.7	61.7	50.2	134.3	48.9	53.0	45.6	38.0	38.2				
原崇文区	20.3	20.9	24.1	35.0	40.4	36.8	36.5	28.8	23.8				
西 城 区	173.7	178.3	158.4	292.2	334.9	381.8	428.1	531.8	584.0	686.3	776.8	833.1	883.2
原西城区	65.9	62.7	72.2	257.0	302.3	347.9	395.2	488.7	535.7				
原宣武区	107.8	115.6	86.2	35.2	32.6	33.9	32.9	43.1	48.3				
城市功能拓展区	**1577.1**	**1435.6**	**1693.6**	**2240.1**	**2429.4**	**2520.8**	**2774.8**	**2874.7**	**2920.8**	**3447.4**	**3419.7**	**3418.4**	**3496.6**
朝 阳 区	660.1	458.9	552.7	700.6	707.7	675.2	674.5	667.4	822.3	1040.5	1188.9	1239.2	1093.2
丰 台 区	140.3	146.1	164.1	245.2	268.9	290.9	329.0	387.4	370.1	433.5	407.8	386.4	418.6
石景山区	327.8	332.9	420.4	553.8	602.3	616.6	676.3	691.9	539.7	630.5	379.2	303.5	276.5
海 淀 区	448.8	497.6	556.4	740.4	850.4	938.1	1095.0	1127.9	1188.8	1343.0	1443.7	1489.3	1708.3
城市发展新区	**971.2**	**1239.5**	**1621.4**	**2532.8**	**3466.4**	**4259.6**	**5111.0**	**5537.2**	**5809.0**	**7065.2**	**7520.9**	**7879.3**	**8698.0**
房 山 区	257.8	292.2	335.6	500.2	611.1	568.5	637.1	821.3	756.1	949.6	1025.7	1019.9	970.7
通 州 区	88.5	80.1	92.5	183.5	228.7	286.2	348.2	418.1	426.4	593.0	586.7	610.0	667.7
顺 义 区	191.6	194.8	376.2	656.5	864.3	1028.1	1089.4	1215.7	1525.4	1851.6	2066.8	2299.0	2862.5
昌 平 区	140.0	197.5	296.3	490.6	438.6	481.7	633.8	704.8	775.2	987.8	1077.9	1191.7	1271.0
大 兴 区	91.4	93.8	115.2	169.6	204.2	244.5	291.2	348.6	365.8	455.1	479.2	570.9	633.1
北京经济技术开发区	201.9	381.1	405.6	532.4	1119.5	1650.6	2111.2	2028.7	1960.2	2228.1	2284.7	2187.9	2292.9
生态涵养发展区	**219.5**	**237.6**	**262.7**	**293.6**	**366.4**	**492.0**	**614.3**	**663.2**	**795.0**	**976.6**	**1077.1**	**1091.5**	**1234.6**
门头沟区	28.0	28.2	30.0	39.7	48.4	48.6	56.0	68.9	65.0	78.7	89.7	104.6	80.7
怀 柔 区	86.8	100.7	100.2	102.8	120.0	221.5	302.7	302.3	394.7	484.8	499.1	440.4	553.2
平 谷 区	49.7	41.8	56.8	62.9	86.2	100.1	114.5	129.8	148.9	184.7	199.1	216.8	242.6
密 云 县	47.2	59.0	68.7	73.4	92.9	100.8	113.1	126.1	145.6	177.0	223.4	262.0	293.1
延 庆 县	7.8	7.8	7.0	14.8	19.0	20.9	27.9	36.1	40.8	51.4	65.8	67.7	65.0

注：1.规模以上工业范围：2001—2006年为全部国有和年主营业务收入在500万元及以上非国有工业口径；2007—2010年调整为年主营业务收入500万元及以上的全部工业法人企业；2011年及以后调整为年主营业务收入2000万元及以上的全部工业法人企业。

2.根据有关规定，自2004年起，国家电网公司、华北电网有限公司、冀北电力有限公司的"工业总产值(当年价格)"由市统计局统一核算，故表中"工业总产值(当年价格)"指标分区县数据之和不等于全市合计。

3.全市规模以上工业总产值2001—2003年数据根据第一次经济普查数据进行了调整，分功能区和分区县数据未进行调整。

2-11　建筑业总产值(2000-2013年)

区　县	2000	2001	2002	2003	2004	2005
全　市	**812.5**	**1055.4**	**1211.3**	**1521.2**	**1659.8**	**1894.0**
首都功能核心区	**157.4**	**182.0**	**212.7**	**263.9**	**300.7**	**327.5**
东 城 区	49.9	65.8	85.7	97.9	128.0	137.3
原东城区	29.0	32.3	52.6	60.4	81.6	82.9
原崇文区	20.9	33.5	33.1	37.5	46.4	54.4
西 城 区	107.5	116.2	127.0	166.0	172.7	190.2
原西城区	75.5	83.6	93.9	104.7	105.0	116.5
原宣武区	32.0	32.6	33.1	61.3	67.7	73.7
城市功能拓展区	**402.5**	**453.8**	**524.0**	**614.3**	**803.2**	**929.0**
朝 阳 区	185.5	211.7	201.5	225.3	271.1	285.0
丰 台 区	62.8	84.2	108.2	103.7	145.4	174.3
石景山区	11.8	16.1	24.3	44.8	63.4	80.0
海 淀 区	142.4	141.8	190.0	240.5	323.3	389.7
城市发展新区	**109.6**	**175.4**	**225.5**	**299.6**	**406.2**	**446.0**
房 山 区	32.0	50.8	52.8	82.6	132.9	145.7
通 州 区	30.0	32.8	40.6	56.8	76.0	78.1
顺 义 区	15.8	20.6	27.4	42.3	50.8	68.5
昌 平 区	10.0	34.0	57.6	47.2	63.1	68.5
大 兴 区	21.8	37.2	47.1	70.7	79.0	82.4
北京经济技术开发区					4.4	2.8
生态涵养发展区	**58.0**	**76.7**	**92.9**	**128.9**	**149.7**	**191.5**
门头沟区	7.5	9.5	10.6	14.5	29.0	41.3
怀 柔 区	13.7	12.5	14.5	29.5	35.5	54.1
平 谷 区	9.6	15.0	25.0	24.9	29.2	25.4
密 云 县	9.7	19.4	22.3	31.1	31.7	35.5
延 庆 县	17.5	20.3	20.5	28.9	24.3	35.2

注：1.建筑业相关数据是按照建筑业企业经营地划分，统计范围为施工总承包、专业承包建筑业企业。

2.表内2000—2003年全市数据根据第一次经济普查数据进行了调整，而分功能区和分区县数据未进行调整。

2–11 续表

单位：亿元

2006	2007	2008	2009	2010	2011	2012	2013
2167.9	**2576.8**	**3066.2**	**4059.7**	**5196.0**	**6046.3**	**6588.3**	**7459.6**
341.0	**424.8**	**469.7**	**571.4**	**739.6**	**956.0**	**1005.9**	**1081.5**
145.1	202.2	232.5	281.2	350.3	431.7	445.9	503.1
92.0	128.2	143.6	195.3				
53.1	74.0	88.9	85.9				
195.9	222.6	237.2	290.2	389.3	524.3	560.0	578.4
117.7	127.5	147.4	174.8				
78.2	95.1	89.8	115.4				
1179.9	**1414.9**	**1718.0**	**2104.4**	**2769.9**	**3126.1**	**3394.4**	**3828.9**
354.2	419.7	476.0	556.4	703.7	816.9	879.2	1012.0
256.0	327.7	366.8	469.5	622.1	777.7	819.7	981.4
87.8	118.5	160.7	171.6	311.5	342.1	358.5	391.0
481.9	549.0	714.5	906.9	1132.6	1189.4	1337.0	1444.5
495.1	**568.8**	**704.3**	**1145.3**	**1403.6**	**1607.7**	**1801.6**	**2158.6**
154.0	145.5	168.2	221.7	260.0	291.8	294.0	329.0
100.2	121.4	157.5	225.5	324.2	421.8	478.2	757.1
88.4	118.5	97.6	112.8	151.3	198.7	220.8	244.0
77.0	91.3	122.2	159.3	197.2	234.5	260.7	293.3
73.0	82.7	105.5	123.5	190.1	225.3	284.7	301.2
2.5	9.4	53.3	302.5	280.8	235.6	263.2	234.0
151.9	**168.3**	**174.2**	**238.6**	**282.9**	**356.5**	**386.4**	**390.6**
25.0	22.1	23.8	33.1	50.8	58.8	71.7	80.9
47.2	54.0	54.9	64.6	75.0	84.7	84.9	71.6
23.5	32.2	41.2	52.6	44.1	79.2	83.1	79.8
34.0	35.5	34.2	49.9	71.0	87.9	96.4	100.9
22.2	24.5	20.1	38.4	42.0	45.9	50.3	57.4

2-12　地区进出口总值(2000–2013年)

区　县	2000	2001	2002	2003	2004	2005
全　市	**4940041**	**5149809**	**5250529**	**6850017**	**9457572**	**12550643**
首都功能核心区	**1861486**	**2024268**	**1935539**	**2489662**	**3402083**	**3993484**
东 城 区	581843	648938	577859	624578	952110	883813
原东城区	559158	631059	562391	608302	928837	845975
原崇文区	22685	17879	15468	16276	23273	37838
西 城 区	1279643	1375330	1357680	1865084	2449973	3109671
原西城区	1137515	1228991	1194177	1633934	2214141	2865216
原宣武区	142128	146339	163503	231150	235832	244455
城市功能拓展区	**2882070**	**2812359**	**2976102**	**3826688**	**5094159**	**7246984**
朝 阳 区	1949376	1713021	1717681	2223947	3280734	4964633
丰 台 区	40092	54015	64739	81676	147160	206799
石景山区	28978	14721	9689	14376	25718	40662
海 淀 区	863624	1030602	1183993	1506689	1640547	2034890
城市发展新区	**167132**	**280341**	**301076**	**473010**	**861415**	**1169743**
房 山 区	11135	10831	9519	12147	16825	22847
通 州 区	17017	29148	30942	40370	61392	88888
顺 义 区	53768	49260	51508	117117	209269	263902
昌 平 区	14660	16949	20688	49029	62681	68028
大 兴 区	70552	174153	188419	254347	511248	726078
生态涵养发展区	**28603**	**32352**	**37320**	**60121**	**99404**	**140099**
门头沟区	4693	3925	7756	9083	15977	24399
怀 柔 区	8885	9575	12301	17184	26745	38387
平 谷 区	6862	8418	6346	17048	25086	44048
密 云 县	7629	9904	10406	15697	26386	28034
延 庆 县	534	530	511	1109	5210	5231
其　他	**750**	**489**	**492**	**536**	**511**	**333**

注：“其他”是指外商常驻机构、外国驻华使领馆、国际组织和外籍专家等进出口单位。

资料来源：中华人民共和国北京海关。

2-12 续表

单位：万美元

2006	2007	2008	2009	2010	2011	2012	2013
15803663	**19299976**	**27169290**	**21479103**	**30166129**	**38958314**	**40810735**	**42994169**
4605301	**5735210**	**8509423**	**6037754**	**8266412**	**11996212**	**13993567**	**15449405**
932884	1205322	1595317	1293913	1397766	1598123	1707461	1661688
886721	1145319	1518436	1220371	1309341			
46163	60003	76881	73542	88426			
3672417	4529888	6914106	4743841	6868646	10398089	12286106	13787717
3408614	4227450	6554309	4392970	6482038			
263803	302438	359797	350871	386609			
9545088	**11452985**	**16134859**	**13180004**	**18760537**	**23305245**	**23220772**	**23970562**
6934664	8201607	12469799	9498172	13552098	17172246	17664690	18406674
364655	540084	560669	705512	947791	1171394	1362957	1467058
59610	59000	82681	52096	63789	76178	62625	70511
2186159	2652295	3021710	2924224	4196859	4885427	4130499	4026320
1482427	**1919877**	**2323169**	**2048804**	**2863055**	**3350568**	**3259255**	**3242529**
22148	30198	42274	45145	64141	67882	69606	69982
121972	166668	192381	175035	236368	243641	208324	208980
343574	426734	522285	494459	758057	977104	1023909	1069200
89394	125410	152671	181305	190905	217121	259974	356310
905339	1170868	1413558	1152860	1613585	1844819	1697442	1538057
169889	**179873**	**193475**	**204827**	**253681**	**293707**	**325495**	**319812**
24685	27921	24136	25894	31745	31714	47357	44330
48854	57174	61704	60020	65318	68816	74394	74406
48533	45889	51324	52400	72677	83676	83683	86060
38464	38177	43121	49084	68187	76826	94903	95449
9353	10712	13190	17429	15754	32673	25157	19566
958	**12031**	**8364**	**7714**	**22443**	**12582**	**11647**	**11861**

2-13 实际利用外商直接投资额(2000–2013年)

区 县	2000	2001	2002	2003	2004	2005
全 市	**245799**	**177000**	**178964**	**214675**	**308354**	**352638**
首都功能核心区	**78393**	**18315**	**25031**	**25633**	**27360**	**41171**
东 城 区	75112	15816	19014	23427	20122	29433
原东城区	74437	12864	16373	21414	17809	22333
原崇文区	675	2952	2641	2013	2313	7100
西 城 区	3281	2499	6017	2206	7238	11738
原西城区	2017	1394	3213	1198	6364	11019
原宣武区	1264	1105	2804	1008	874	719
城市功能拓展区	**132066**	**84911**	**86601**	**91445**	**176059**	**194140**
朝 阳 区	125312	78792	76688	84281	134545	140029
丰 台 区	3052	2084	3045	2360	3498	5734
石景山区	506	652	4181	2850	1450	841
海 淀 区	3196	3383	2687	1954	36566	47536
城市发展新区	**19571**	**50619**	**32164**	**56917**	**93476**	**104042**
房 山 区	1512	270	266	526	1196	1415
通 州 区	4339	5253	5069	8533	10142	8419
顺 义 区	5659	24347	9151	20880	14202	25217
昌 平 区	1123	1101	2561	3917	4514	3909
大 兴 区	4572	5457	2847	3740	4319	4878
北京经济技术开发区	2366	14191	12270	19321	59103	60204
生态涵养发展区	**8353**	**4933**	**6458**	**13201**	**11459**	**13285**
门头沟区	209	350	159	277	453	430
怀 柔 区	2808	2495	2039	6040	2046	5713
平 谷 区	696	607	1238	1866	3461	4202
密 云 县	1194	1366	3002	4498	3831	2569
延 庆 县	3446	115	20	520	1668	371

注：1.2000—2003年数据由北京市统计局收集，当时“北京市新技术产业开发区管委会”、“北京天竺出口加工区管理委员会”作为单列项，不包含在任何一个区县内，故2000—2003年分区县数据之和小于全市的数据。

2.“*”表示2012—2013年大兴区实际利用外商直接投资额中包含北京经济技术开发区数据。

资料来源：北京市商务委员会。

2–13 续表

单位：万美元

2006	2007	2008	2009	2010	2011	2012	2013
455191	**506572**	**608172**	**612094**	**636358**	**705447**	**804160**	**852418**
67051	**69032**	**121959**	**139728**	**115126**	**109453**	**124282**	**116194**
52734	32655	46018	69529	53592	55256	63634	66149
43198	25789	35011	58520				
9536	6866	11007	11009				
14317	36377	75941	70199	61534	54197	60648	50045
12259	34121	73404	67577				
2058	2256	2537	2622				
268679	**327158**	**347090**	**368687**	**395982**	**421030**	**494678**	**529621**
193163	201275	215696	217761	240298	264703	320073	342225
10029	13443	11625	10587	12758	7304	16632	18637
703	1366	2361	11994	6583	6767	7809	8748
64784	111074	117408	128345	136343	142256	150164	160011
100950	**92413**	**119550**	**86012**	**107725**	**140409**	**151746**	**140400**
2571	2364	572	2718	7455	4903	7998	1014
7726	10330	13754	8088	9042	9017	10376	12004
28086	29769	38213	39586	40014	40491	42053	36002
6530	7837	7140	8801	8894	9092	9288	9865
5085	5351	5837	10205	11554	13088	82031*	81515*
50952	36762	54034	16614	30766	63818	66923	63558
18511	**17969**	**19573**	**17667**	**17525**	**34555**	**33454**	**66203**
223	82	1008	1281	200	4204	4485	100
10788	12911	7136	7194	6575	5939	20659	37817
3670	790	6628	4074	5363	6023	7197	7206
2689	3750	3527	4504	4552	4455	587	984
1141	436	1274	614	835	13934	526	20096

2–14　入境旅游者人数(2005–2013年)

单位：万人次

区　县	2005	2006	2007	2008	2009	2010	2011	2012	2013
全　市	**362.9**	**390.3**	**435.5**	**379.0**	**412.5**	**490.1**	**520.4**	**500.9**	**450.1**
首都功能核心区	**137.1**	**153.5**	**181.6**	**153.9**	**143.0**	**157.2**	**165.9**	**164.0**	**151.7**
东 城 区	95.1	107.1	126.2	104.2	95.2	111.8	126.9	126.9	120.4
原东城区	84.3	89.5	111.7	96.6	88.7				
原崇文区	10.8	17.6	14.5	7.6	6.5				
西 城 区	42.0	46.4	55.4	49.7	47.8	45.3	39.0	37.1	31.3
原西城区	18.4	19.6	28.8	29.6	27.9				
原宣武区	23.6	26.8	26.6	20.1	19.9				
城市功能拓展区	**201.4**	**210.7**	**222.7**	**195.3**	**235.0**	**279.8**	**304.8**	**288.2**	**256.1**
朝 阳 区	153.9	160.3	165.8	147.1	171.9	214.0	229.4	215.3	195.3
丰 台 区	2.7	7.1	5.4	7.4	13.6	8.1	9.8	10.5	8.7
石景山区	0.2	0.2	0.5	1.1	3.0	4.7	8.4	11.3	6.3
海 淀 区	44.6	43.1	50.9	39.7	46.6	53.1	57.3	51.1	45.9
城市发展新区	**23.7**	**25.0**	**28.7**	**27.2**	**33.2**	**51.4**	**47.9**	**47.0**	**39.1**
房 山 区	0.1		…	0.1	0.04	0.04	0.05	0.07	0.04
通 州 区	2.3	3.7	4.2	3.1	1.8	4.4	3.9	2.6	1.6
顺 义 区	8.7	8.8	10.6	14.3	17.3	20.0	22.8	24.2	21.3
昌 平 区	12.0	7.8	10.0	6.6	4.5	6.8	4.7	4.6	3.5
大 兴 区	0.6	4.7	3.9	3.1	9.5	20.2	16.4	15.4	12.7
生态涵养发展区	**0.6**	**1.2**	**2.4**	**2.6**	**1.4**	**1.7**	**1.8**	**1.7**	**3.2**
门头沟区			…	0.1	0.01	0.03	0.11	0.05	1.36
怀 柔 区	0.2	0.1	0.2	0.3	0.2	0.1	0.2	0.2	0.4
平 谷 区	0.2	0.2	0.2	0.2	0.2	0.3	0.2	0.2	0.2
密 云 县	0.2	0.7	0.9	1.0	0.5	0.5	0.4	0.5	0.5
延 庆 县	…	0.2	1.1	1.0	0.6	0.8	0.8	0.8	0.7

2-15 城镇居民人均可支配收入(2005-2013年)

单位：元

区 县	2005	2006	2007	2008	2009	2010	2011	2012	2013
全 市	**17653**	**19978**	**21989**	**24725**	**26738**	**29073**	**32903**	**36469**	**40321**
首都功能核心区	**18035**	**20335**	**23548**	**26512**	**28750**	**31231**	**35280**	**39265**	
东 城 区				26037	28274	30684	34626	38559	41676
原东城区	18280	20665	23522	26151	28458	30814			
原崇文区	17805	20146	23281	25826	27941	30459			
西 城 区				26861	29099	31633	35740	39772	43479
原西城区	18515	21570	25204	28059	30442	33061			
原宣武区	17024	18249	21743	25289	27320	29719			
城市功能拓展区	**17204**	**19469**	**22487**	**25517**	**28003**	**30509**	**34495**	**38342**	
朝 阳 区	17506	19422	22377	25535	27608	30134	34044	37883	41035
丰 台 区	15795	18024	20574	23006	24835	27081	30682	34200	37886
石景山区	16183	18045	20745	23805	25736	28051	31936	35420	38657
海 淀 区	18479	21357	25312	28418	30677	33351	37746	41841	45953
城市发展新区	**15643**	**17010**	**18858**	**20800**	**22526**	**24352**	**27651**	**30337**	
房 山 区	15175	16987	18713	20329	21955	23769	26956	30025	32886
通 州 区	15603	17070	18887	20708	22455	24427	27713	30476	33662
顺 义 区	16167	17654	19843	21470	23179	24825	28163	30437	33329
昌 平 区	15684	17002	18874	20834	22556	24428	27669	29950	32495
大 兴 区	15179	16321	17899	20707	22548	24368	27786	31004	34128
生态涵养发展区	**15502**	**16866**	**18400**	**20537**	**22113**	**23994**	**27355**	**30354**	
门头沟区	16006	17650	19466	21613	23345	25313	29172	32369	35141
怀 柔 区	15661	16948	18628	20143	21540	23428	26647	29562	32519
平 谷 区	15050	16419	18018	20148	21757	23606	26842	29850	32933
密 云 县	15106	16548	17962	20135	21600	23438	26652	29551	32538
延 庆 县	15596	16703	17955	20120	21573	23329	26080	28644	31132

注：自2013年起，国家统计局对城镇住户调查和农村住户调查实施了一体化改革，正式开展了城乡一体的住户收支与生活状况调查。按照新的调查制度，北京市住户调查样本量城乡共计1万户。由于调查方法制度变化，本资料公布的2013年相关数据均由之前的样本数据调整为根据样本推算的全市数据。

2-16 城镇居民人均消费支出(2005-2013年)

单位：元

区 县	2005	2006	2007	2008	2009	2010	2011	2012	2013
全 市	**13244**	**14825**	**15330**	**16460**	**17893**	**19934**	**21984**	**24046**	**26275**
首都功能核心区	**14068**	**15544**	**17406**	**18725**	**20577**	**22243**	**24244**	**26622**	
东 城 区				18934	20434	22196	23813	25887	26994
原东城区	14392	16163	18345	18821	20683	22436			
原崇文区	13337	15077	17707	19142	19983	21778			
西 城 区				19265	20682	22277	24547	27149	29474
原西城区	14458	16105	18472	20528	21970	23732			
原宣武区	13841	14583	15082	17608	18977	20327			
城市功能拓展区	**12618**	**14170**	**15587**	**17132**	**18659**	**21017**	**23393**	**25462**	
朝 阳 区	13257	14855	16710	18410	20330	22406	24799	26785	28315
丰 台 区	11988	13537	14305	16095	16962	18207	20548	22869	24783
石景山区	11636	12475	13526	15370	17081	18903	21343	20530	22411
海 淀 区	12942	14836	16787	16801	18218	21597	24000	26570	29430
城市发展新区	**10842**	**11488**	**12294**	**13121**	**14324**	**15915**	**17432**	**19159**	
房 山 区	11648	12310	12734	12664	13886	15870	16540	19407	20386
通 州 区	11077	11666	12431	12741	14041	16046	17779	18972	20604
顺 义 区	10208	10853	11751	12701	13466	14257	16431	17463	18895
昌 平 区	10849	12157	13001	14108	15690	17123	18489	19872	20322
大 兴 区	10107	10127	11113	12872	14097	15805	17678	19852	22126
生态涵养发展区	**10741**	**11473**	**12127**	**13051**	**14285**	**15711**	**16921**	**18978**	
门头沟区	11975	13539	14118	14881	15953	17617	18578	20442	22313
怀 柔 区	10549	11372	11888	12457	13992	15137	16258	18590	20083
平 谷 区	10478	11279	11471	12360	13513	14895	16790	18961	20966
密 云 县	10175	10410	11381	12766	14090	15628	15971	17743	19079
延 庆 县	10384	10506	11084	11296	11823	13467	14756	16481	18155

2-17 农村居民人均纯收入(2000-2013年)

单位：元

区县	2000	2001	2002	2003	2004	2005	2006	2007	2008	2009	2010	2011	2012	2013
全市	**4687**	**5274**	**5880**	**6496**	**7172**	**7860**	**8620**	**9559**	**10747**	**11986**	**13262**	**14736**	**16476**	**18337**
城市功能拓展区					**9538**	**10179**	**10977**	**12196**	**13812**	**15393**	**16973**	**18954**	**21175**	
朝阳区	6451	7343	8259	9492	10261	11085	11941	13284	15090	16633	18331	19839	22152	24426
丰台区	5756	6367	6954	7787	8481	8995	9570	10350	11584	13179	14544	16554	18502	20442
海淀区	6733	7282	7945	8520	9238	9987	11002	12548	14319	16011	17661	20015	22364	24673
城市发展新区					**6757**	**7421**	**8163**	**9085**	**10179**	**11354**	**12574**	**13852**	**15473**	
房山区	4602	5047	5492	5966	6438	7205	8013	8981	10073	11315	12492	13527	15192	16916
通州区	4903	5379	5835	6445	7092	7661	8349	9115	10213	11361	12613	14273	15936	17925
顺义区	5110	5416	5850	6315	6785	7459	8298	9266	10402	11648	12898	14314	15960	17703
昌平区	4853	5156	5751	6256	6752	7416	8091	9037	10121	11318	12548	13441	14971	16756
大兴区	4462	5006	5538	6099	6724	7405	8093	9040	10103	11132	12335	13723	15329	17044
生态涵养发展区					**6543**	**7233**	**7894**	**8678**	**9738**	**10864**	**12024**	**13182**	**14764**	
门头沟区	4002	4506	5095	6015	6862	7556	8330	9198	10282	11475	12672	14031	15715	17408
怀柔区	4129	4583	5303	5814	6534	7201	7862	8805	9871	11013	12256	12991	14585	16356
平谷区	4029	4436	5102	5826	6553	7336	7985	8749	9790	10872	12036	13387	15067	16865
密云县	3706	4552	5171	5886	6550	7203	7814	8489	9529	10682	11858	12924	14590	16202
延庆县	3843	4378	5043	5658	6345	6985	7619	8311	9385	10470	11531	12761	14078	15504

注：1.自2013年起，国家统计局对城镇住户调查和农村住户调查实施了一体化改革，正式开展了城乡一体的住户收支与生活状况调查。按照新的调查制度，北京市住户调查样本量城乡共计1万户。由于调查方法制度变化，本资料公布的2013年相关数据均由之前的样本数据调整为根据样本推算的全市数据。

2.2011年农村居民人均纯收入及其分组数据按国家统计局方案进行了口径调整，2011年增长速度为同口径增速。

2-18 农村居民人均生活消费支出(2000-2013年)

单位：元

区 县	2000	2001	2002	2003	2004	2005	2006	2007	2008	2009	2010	2011	2012	2013
全 市	**3441**	**3871**	**4206**	**4655**	**4886**	**5515**	**6061**	**6828**	**7656**	**9141**	**10109**	**11078**	**11879**	**13553**
城市功能拓展区					**7204**	**7662**	**8414**	**9372**	**10702**	**12558**	**14150**	**15773**	**17447**	
朝阳区	5475	5892	6343	6814	7341	8017	8828	9872	11260	13297	15224	16888	18381	18593
丰台区	4933	5128	5873	6401	6402	6848	7670	8282	9385	10971	12089	13414	15340	16896
海淀区	6513	5940	6671	8371	7672	8069	8615	9868	11400	13305	14891	16498	18172	19307
城市发展新区					**4560**	**5278**	**5848**	**6468**	**7156**	**8594**	**9703**	**10249**	**10776**	
房山区	2755	3296	3627	4090	4630	5204	5813	6155	6889	8234	8915	9814	10934	11840
通州区	3209	3371	3593	3881	4216	4566	5472	5965	6766	8296	9840	10253	10623	11625
顺义区	3679	3928	4421	4690	5061	5450	5832	6266	6906	8056	8639	9926	10830	11634
昌平区	3841	4737	5306	5639	5366	6735	7217	7870	8667	9724	11379	11160	11932	13954
大兴区	2847	3823	3668	3864	3822	4426	4846	6086	6541	8671	9806	10230	9703	11523
生态涵养发展区					**4175**	**4610**	**4991**	**5840**	**6561**	**7886**	**8251**	**9119**	**9722**	
门头沟区	3508	4092	4468	4720	5124	5532	6120	6888	7444	8312	8632	9598	9750	11456
怀柔区	2588	2905	3172	3922	4138	4502	4795	5872	6960	8939	9106	9483	9046	10167
平谷区	2561	2686	3026	3394	3736	4231	4604	5927	6329	7626	8348	9555	10708	11867
密云县	2602	3123	3262	3842	4181	4716	5169	5926	7008	8831	8860	8970	9962	11153
延庆县	2463	3000	3158	3628	4088	4383	4669	5003	5536	6239	6754	8135	9017	10091

2-19 小学在校学生数(2000-2013年)

单位：万人

区 县	2000	2001	2002	2003	2004	2005	2006	2007	2008	2009	2010	2011	2012	2013
全 市	**74.31**	**66.44**	**59.42**	**54.65**	**51.60**	**49.45**	**47.33**	**66.66**	**65.95**	**64.71**	**65.33**	**68.05**	**71.87**	**78.93**
首都功能核心区	**11.79**	**10.47**	**9.43**	**8.89**	**8.50**	**8.12**	**7.81**	**9.58**	**9.53**	**9.47**	**9.56**	**9.97**	**10.24**	**10.98**
东 城 区	5.61	5.00	4.55	4.30	4.16	3.99	3.88	4.63	4.63	4.57	4.57	4.65	4.67	4.91
原东城区	3.47	3.14	2.92	2.80	2.74	2.68	2.65	3.12	3.15	3.13				
原崇文区	2.14	1.85	1.63	1.50	1.42	1.31	1.22	1.51	1.48	1.44				
西 城 区	6.18	5.47	4.88	4.59	4.33	4.13	3.93	4.94	4.89	4.91	4.99	5.32	5.56	6.07
原西城区	3.68	3.33	3.01	2.89	2.76	2.63	2.56	3.15	3.14	3.15				
原宣武区	2.50	2.15	1.87	1.70	1.57	1.50	1.37	1.79	1.75	1.75				
城市功能拓展区	**23.32**	**21.57**	**20.07**	**19.03**	**18.18**	**17.64**	**17.20**	**28.36**	**28.69**	**28.58**	**28.99**	**30.63**	**31.74**	**35.20**
朝 阳 区	7.15	6.44	5.79	5.20	4.90	4.78	4.58	8.28	8.22	8.17	8.41	9.10	9.85	11.88
丰 台 区	4.96	4.55	4.18	3.97	3.67	3.28	2.93	6.34	6.42	6.44	6.43	6.64	6.59	6.88
石景山区	1.77	1.64	1.50	1.44	1.39	1.33	1.28	1.94	2.06	2.09	2.07	2.10	2.14	2.29
海 淀 区	9.43	8.93	8.60	8.42	8.22	8.25	8.40	11.80	11.99	11.89	12.08	12.78	13.15	14.14
城市发展新区	**25.35**	**21.78**	**18.58**	**16.37**	**15.21**	**14.50**	**13.74**	**19.54**	**19.19**	**18.78**	**19.22**	**20.01**	**22.51**	**25.20**
房 山 区	6.67	5.65	4.85	4.34	3.99	3.80	3.56	4.09	3.96	3.74	3.71	3.81	4.20	4.48
通 州 区	5.40	4.73	3.99	3.38	3.07	2.87	2.69	4.51	4.46	4.58	4.79	5.08	5.42	5.94
顺 义 区	5.48	4.51	3.58	2.95	2.68	2.50	2.38	3.37	3.21	3.05	3.21	3.40	3.59	3.81
昌 平 区	2.66	2.44	2.30	2.27	2.23	2.22	2.15	3.40	3.44	3.37	3.50	3.65	5.07	5.36
大 兴 区	5.14	4.44	3.86	3.44	3.24	3.11	2.96	4.16	4.12	4.04	4.01	4.07	4.24	5.60
生态涵养发展区	**13.85**	**12.62**	**11.34**	**10.36**	**9.72**	**9.19**	**8.58**	**9.19**	**8.54**	**7.88**	**7.55**	**7.44**	**7.38**	**7.55**
门头沟区	1.45	1.33	1.25	1.21	1.13	1.07	1.02	1.41	1.33	1.24	1.19	1.15	1.11	1.11
怀 柔 区	2.23	2.17	2.05	1.92	1.75	1.65	1.51	1.71	1.62	1.52	1.48	1.51	1.55	1.61
平 谷 区	4.07	3.57	3.18	2.76	2.58	2.39	2.19	2.03	1.85	1.67	1.59	1.56	1.55	1.60
密 云 县	3.55	3.27	2.95	2.70	2.56	2.46	2.31	2.40	2.22	2.04	1.97	1.96	1.97	2.04
延 庆 县	2.56	2.28	1.91	1.78	1.69	1.61	1.55	1.63	1.52	1.40	1.32	1.26	1.19	1.18

注：从2007年开始，普通中学、小学、工读学校、特殊教育、学前教育在校学生数包括外省市户口借读学生。

资料来源：北京市教育委员会。

2-20 普通中学在校学生数(2000-2013年)

单位：万人

区 县	2000	2001	2002	2003	2004	2005	2006	2007	2008	2009	2010	2011	2012	2013
全 市	**69.14**	**72.01**	**73.07**	**70.44**	**66.13**	**59.99**	**54.77**	**57.68**	**54.43**	**52.24**	**50.83**	**49.73**	**49.90**	**49.82**
首都功能核心区	**15.31**	**15.31**	**15.35**	**14.57**	**13.84**	**12.89**	**11.96**	**11.76**	**10.80**	**10.30**	**9.92**	**9.72**	**9.59**	**9.45**
东 城 区	7.27	7.09	7.19	6.74	6.35	5.97	5.59	5.50	4.99	4.75	4.56	4.39	4.31	4.22
原东城区	4.65	4.61	4.70	4.48	4.29	4.02	3.77	3.63	3.31	3.15				
原崇文区	2.63	2.47	2.49	2.26	2.06	1.95	1.82	1.87	1.68	1.60				
西 城 区	8.03	8.22	8.16	7.83	7.48	6.92	6.37	6.26	5.81	5.54	5.36	5.33	5.28	5.22
原西城区	4.98	5.17	5.16	5.00	4.81	4.49	4.18	4.15	3.91	3.79				
原宣武区	3.05	3.06	3.00	2.83	2.67	2.43	2.19	2.11	1.90	1.76				
城市功能拓展区	**20.90**	**21.72**	**21.59**	**20.85**	**20.07**	**19.06**	**18.02**	**20.62**	**19.91**	**19.64**	**19.50**	**19.63**	**20.17**	**20.52**
朝 阳 区	6.39	6.55	6.47	6.06	5.66	5.29	4.86	5.66	5.26	5.05	5.00	5.19	5.49	5.63
丰 台 区	3.92	4.02	3.90	3.63	3.36	3.11	2.77	3.36	3.26	3.18	3.09	2.95	2.86	2.99
石景山区	1.71	1.74	1.66	1.56	1.48	1.42	1.35	1.52	1.48	1.47	1.46	1.44	1.47	1.52
海 淀 区	8.88	9.41	9.57	9.59	9.56	9.24	9.03	10.08	9.91	9.93	9.95	10.06	10.35	10.37
城市发展新区	**21.23**	**22.92**	**23.83**	**23.01**	**20.92**	**18.04**	**15.91**	**16.60**	**15.56**	**14.71**	**14.29**	**13.72**	**13.88**	**13.91**
房 山 区	5.53	6.14	6.35	5.97	5.27	4.52	3.94	3.75	3.44	3.26	3.14	2.96	2.89	2.81
通 州 区	3.90	4.31	4.77	4.90	4.61	4.06	3.58	3.74	3.50	3.20	3.06	2.94	2.88	2.83
顺 义 区	5.02	5.45	5.71	5.51	4.90	4.05	3.46	3.57	3.34	3.13	3.04	2.94	2.91	2.85
昌 平 区	2.66	2.68	2.62	2.40	2.18	1.98	1.87	2.30	2.24	2.18	2.19	2.20	2.46	2.58
大 兴 区	4.13	4.34	4.37	4.24	3.95	3.42	3.06	3.24	3.05	2.93	2.87	2.67	2.75	2.85
生态涵养发展区	**11.69**	**12.07**	**12.30**	**12.01**	**11.31**	**9.99**	**8.89**	**8.70**	**8.16**	**7.59**	**7.12**	**6.66**	**6.26**	**5.94**
门头沟区	1.43	1.38	1.29	1.14	1.09	1.01	0.94	0.99	0.94	0.88	0.82	0.76	0.73	0.73
怀 柔 区	1.88	1.87	1.90	1.83	1.77	1.63	1.53	1.59	1.52	1.47	1.38	1.30	1.22	1.17
平 谷 区	3.67	3.86	3.89	3.82	3.58	3.14	2.63	2.34	2.09	1.85	1.70	1.53	1.40	1.27
密 云 县	2.67	2.82	2.92	2.93	2.76	2.40	2.16	2.22	2.20	2.07	1.95	1.84	1.72	1.62
延 庆 县	2.04	2.14	2.29	2.29	2.12	1.81	1.63	1.56	1.41	1.33	1.27	1.23	1.19	1.15

注：普通中学范围为普通高中和普通初中。

资料来源：北京市教育委员会。

2-21 幼儿园在园幼儿数(2002-2013年)

单位：人

区 县	2002	2003	2004	2005	2006	2007	2008	2009	2010	2011	2012	2013
全 市	**213794**	**199390**	**205532**	**202301**	**197546**	**214423**	**226681**	**247778**	**276994**	**311417**	**331524**	**348681**
首都功能核心区	**29523**	**26311**	**23911**	**24547**	**20124**	**23410**	**22751**	**24812**	**27051**	**28003**	**28583**	**29107**
东 城 区	14022	12539	12637	11908	9344	10364	9948	11124	11877	12355	12061	12722
原东城区	8131	7382	7265	6641	5439	5680	5626	6403				
原崇文区	5891	5157	5372	5267	3905	4684	4322	4721				
西 城 区	15501	13772	11274	12639	10780	13046	12803	13688	15174	15648	16522	16385
原西城区	10525	9270	6935	8382	6831	7765	7456	8175				
原宣武区	4976	4502	4339	4257	3949	5281	5347	5513				
城市功能拓展区	**105776**	**99680**	**102850**	**99967**	**102095**	**105094**	**111165**	**120954**	**136649**	**154756**	**163886**	**169090**
朝 阳 区	32613	32185	34017	33662	32252	35329	37709	41365	48324	53915	56171	58653
丰 台 区	26051	20381	21198	19481	19702	24699	25341	27388	31410	37040	40252	40694
石景山区	9163	8603	7064	6703	6144	6504	8194	9040	9879	11232	12393	13319
海 淀 区	37949	38511	40571	40121	43997	38562	39921	43161	47036	52569	55070	56424
城市发展新区	**46935**	**44491**	**49722**	**49554**	**48041**	**58513**	**64674**	**71619**	**80139**	**90881**	**99203**	**110689**
房 山 区	12826	12114	13567	14136	13460	15459	17013	18407	22466	24794	25953	28752
通 州 区	8525	7937	9551	8951	8629	10900	11701	13259	13514	14692	16505	20894
顺 义 区	8629	7634	8312	8112	7497	6924	9181	10043	12545	14247	15199	16962
昌 平 区	9238	8813	9792	10076	9346	13851	14140	15929	16069	17285	19885	20579
大 兴 区	7717	7993	8500	8279	9109	11379	12639	13981	15545	19863	21661	23502
生态涵养发展区	**31560**	**28908**	**29049**	**28233**	**27286**	**27406**	**28091**	**30393**	**33155**	**37777**	**39852**	**39795**
门头沟区	4274	4119	4205	4285	4259	4492	4754	5097	5229	5066	5470	5442
怀 柔 区	5034	4880	4630	4874	4461	4591	4914	5749	6190	9272	9534	9547
平 谷 区	8618	7028	6964	6451	6129	5411	4966	5229	6448	7149	7760	8113
密 云 县	7784	7540	7285	6564	6783	7711	8223	8881	9473	10065	10433	10253
延 庆 县	5850	5341	5965	6059	5654	5201	5234	5437	5815	6225	6655	6440

资料来源：北京市教育委员会。

2-22 卫生机构数(2002-2013年)

单位：个

区 县	2002	2003	2004	2005	2006	2007	2008	2009	2010	2011	2012	2013
全 市	**4998**	**5075**	**4835**	**4818**	**4878**	**6189**	**6523**	**6603**	**6539**	**9699**	**9974**	**10141**
首都功能核心区	**1223**	**1244**	**1123**	**1102**	**1017**	**1087**	**1053**	**1065**	**1073**	**1163**	**1144**	**1159**
东 城 区	559	565	496	458	461	470	460	468	484	547	537	548
原东城区	383	372	365	327	338	335	318	324				
原崇文区	176	193	131	131	123	135	142	144				
西 城 区	664	679	627	644	556	617	593	597	589	616	607	611
原西城区	445	443	444	432	375	392	368	369				
原宣武区	219	236	183	212	181	225	225	228				
城市功能拓展区	**2144**	**2195**	**2184**	**2065**	**2153**	**2564**	**2718**	**2804**	**2773**	**2863**	**2938**	**3072**
朝 阳 区	851	866	883	798	842	1052	1247	1234	1185	1201	1239	1275
丰 台 区	455	409	366	248	278	434	452	467	482	502	516	541
石景山区	200	210	204	203	187	177	158	176	192	196	197	205
海 淀 区	638	710	731	816	846	901	861	927	914	964	986	1051
城市发展新区	**1093**	**1103**	**1015**	**1109**	**1154**	**1875**	**2040**	**2046**	**2001**	**3661**	**3777**	**3816**
房 山 区	307	308	201	227	220	434	494	516	472	1006	1009	1023
通 州 区	150	154	164	205	235	210	239	243	257	593	604	601
顺 义 区	121	124	144	165	170	209	229	233	275	502	606	608
昌 平 区	312	305	287	284	299	574	569	570	517	849	843	856
大 兴 区	203	212	219	228	230	448	509	484	480	711	715	728
生态涵养发展区	**538**	**533**	**513**	**542**	**554**	**663**	**712**	**688**	**692**	**2012**	**2100**	**2079**
门头沟区	151	150	122	117	118	119	122	126	110	255	261	265
怀 柔 区	151	150	123	146	142	192	192	159	175	453	479	487
平 谷 区	86	70	82	68	71	68	104	109	113	309	431	434
密 云 县	59	72	87	106	119	185	195	208	208	672	662	641
延 庆 县	91	91	99	105	104	99	99	86	86	323	267	252

注：1.2011年开始，卫生机构中包含村卫生室。

2.2012年的全市卫生机构数中包含驻京部队医院，分区县数据中不包含驻京部队医院，所以区县数据相加不等于全市合计。

资料来源：北京市卫生和计划生育委员会。

2-23 卫生机构床位数(2005-2013年)

单位：张

区 县	2005	2006	2007	2008	2009	2010	2011	2012	2013
全 市	**79067**	**81440**	**83736**	**86196**	**90100**	**92871**	**94735**	**100167**	**122754**
首都功能核心区	**23074**	**22927**	**22887**	**22864**	**22956**	**23925**	**23853**	**24591**	**25510**
东 城 区	10904	10766	10322	9999	9735	10106	10022	10440	10948
原东城区	8838	8709	8347	8027	7866				
原崇文区	2066	2057	1975	1972	1869				
西 城 区	12170	12161	12565	12865	13221	13819	13831	14151	14562
原西城区	7838	7870	8300	8608	8872				
原宣武区	4332	4291	4265	4257	4349				
城市功能拓展区	**30743**	**31807**	**32027**	**33021**	**36366**	**36946**	**37563**	**39719**	**41742**
朝 阳 区	12064	13037	12978	13821	14948	15709	16107	17493	18252
丰 台 区	6158	6194	6555	6518	7830	7876	7999	8275	8926
石景山区	2897	2869	2951	3196	3239	3529	3515	3647	4007
海 淀 区	9624	9707	9543	9486	10349	9832	9942	10304	10557
城市发展新区	**18102**	**19181**	**21408**	**22421**	**22686**	**23725**	**24672**	**26959**	**27841**
房 山 区	4569	4478	5097	5365	5587	6077	6152	6034	5864
通 州 区	2351	2449	2503	2538	2527	2608	2593	3170	3203
顺 义 区	2259	2313	3196	3120	3144	3149	3252	3202	3270
昌 平 区	5885	6569	6859	7209	7147	7457	7982	9085	9430
大 兴 区	3038	3372	3753	4189	4281	4434	4693	5468	6074
生态涵养发展区	**7148**	**7525**	**7414**	**7890**	**8092**	**8275**	**8647**	**8898**	**8941**
门头沟区	2381	2446	2376	2513	2534	2651	2653	2705	2842
怀 柔 区	1284	1447	1339	1441	1401	1377	1534	1584	1576
平 谷 区	1229	1339	1681	1863	1907	1900	1972	2043	2056
密 云 县	1182	1211	1022	1055	1207	1270	1440	1535	1485
延 庆 县	1072	1082	996	1018	1043	1077	1048	1031	982

资料来源：北京市卫生和计划生育委员会。

2014
北京区域统计年鉴

第三篇

BEIJING AREA STATISTICAL YEARBOOK

北京区县概览

BEIJING QUXIAN GAILAN

简要说明

一、本章资料的主要内容

本章分区县数据主要涉及国民经济核算、财政、税收、金融、进出口、利用外资、产业（农业、工业、建筑业、旅游、文化创意等）、投资、消费、房地产、人口、资源、环境、科技、教育、文化、卫生、体育、法律、社会保险、社会保障、就业、城乡居民收入支出、城市公用事业、城市安全等多个领域的主要情况，重点反映主要指标的总量和增速。

二、本章资料的数据来源

分区县数据主要来源于两个方面：

一是来源于北京市统计局、国家统计局北京调查总队，由其直接调查、获取生成的数据，主要包括国民经济核算、产业、投资、消费、房地产、常住人口、能源消费、城乡居民收入支出等指标。

二是来源于政府相关委办局，由其通过相关调查或行政记录等方式获取生成的数据，主要包括户籍人口、土地、财政、税收、金融、进出口、利用外资、教育、文化、卫生、体育、城市公用事业、环境、专利、社会保险、社会保障、城市安全、资源、环境等方面指标，分别由市公安局、市国土资源局、市财政局、市地税局、中国人民银行营管部、北京海关、市商务委、市教委、市文化局、市文物局、市档案局、市卫生局、市体育局、市交通委、市人力社会保障局、市水务局、市市政市容委、市环保局、市园林绿化局、市安监局、市知识产权局、市技术市场办公室和市司法局等部门提供。具体来源见每张表下注解。

3-1 土地利用状况(2012年)

单位:平方公里

区 县	耕 地	园 地	林 地	草 地	城镇村及工矿用地	交通运输用地	水域及水利设施用地
全 市	**2208.56**	**1371.18**	**7396.33**	**854.91**	**2977.59**	**463.28**	**790.88**
首都功能核心区					**92.15**		
东 城 区					41.82		
西 城 区					50.33		
城市功能拓展区	**71.42**	**42.16**	**211.40**	**1.52**	**817.07**	**67.09**	**54.09**
朝 阳 区	27.30	7.27	37.30	0.12	334.58	22.66	21.90
丰 台 区	22.50	7.80	43.59	0.82	189.52	26.80	12.33
石景山区	0.68	0.71	23.82	0.07	53.60	2.20	3.11
海 淀 区	20.95	26.38	106.69	0.51	239.38	15.43	16.76
城市发展新区	**1463.03**	**452.72**	**1543.32**	**494.70**	**1550.92**	**261.46**	**343.74**
房 山 区	252.53	157.22	607.53	456.70	305.17	50.74	70.46
通 州 区	340.84	35.81	80.56	1.24	293.11	47.75	87.57
顺 义 区	339.90	50.03	153.81	17.86	277.89	71.74	77.44
昌 平 区	118.43	127.18	635.51	15.32	333.57	50.83	42.13
大 兴 区	411.33	82.48	65.91	3.58	341.18	40.41	66.14
生态涵养发展区	**674.11**	**876.30**	**5641.61**	**358.69**	**517.45**	**134.73**	**393.06**
门头沟区	7.67	54.11	1002.68	229.87	81.17	14.59	15.76
怀 柔 区	101.35	178.30	1629.48	15.61	102.25	27.54	48.74
平 谷 区	118.85	235.15	348.94	61.20	102.45	25.04	40.37
密 云 县	164.70	301.52	1303.83	23.46	138.73	32.48	223.98
延 庆 县	281.54	107.22	1356.69	28.55	92.85	35.08	64.21

注：表内数据为2012年土地变更调查数据。

资料来源：北京市国土资源局。

3-2 行政区划(2013年)

单位：个

区 县	街道办事处	建制镇	建制乡	社区居委会	村民委员会
全 市	**143**	**144**	**38**	**2859**	**3938**
首都功能核心区	**32**			**442**	
东 城 区	17			187	
西 城 区	15			255	
城市功能拓展区	**70**	**9**	**22**	**1401**	**303**
朝 阳 区	23		19	388	154
丰 台 区	16	2	3	297	65
石景山区	9			146	
海 淀 区	22	7		570	84
城市发展新区	**28**	**72**	**7**	**698**	**2190**
房 山 区	8	14	6	124	459
通 州 区	4	10	1	110	475
顺 义 区	6	19		95	426
昌 平 区	5	15		192	303
大 兴 区	5	14		177	527
生态涵养发展区	**13**	**63**	**9**	**318**	**1445**
门头沟区	4	9		119	178
怀 柔 区	2	12	2	32	284
平 谷 区	2	14	2	29	273
密 云 县	2	17	1	92	334
延 庆 县	3	11	4	46	376

资料来源：北京市民政局。

3-3 规模（限额）以上法人单位情况(2013年)

单位：个

区 县	法人单位数合计	单产业法人	多产业法人	#企业法人
全 市	**43976**	**37153**	**6823**	**38385**
首都功能核心区	**8171**	**6771**	**1400**	**6547**
东 城 区	3697	3062	635	3017
西 城 区	4474	3709	765	3530
城市功能拓展区	**24460**	**20841**	**3619**	**22180**
朝 阳 区	11217	9375	1842	10345
丰 台 区	2912	2576	336	2616
石景山区	969	814	155	820
海 淀 区	9362	8076	1286	8399
城市发展新区	**8392**	**7132**	**1260**	**7364**
房 山 区	1243	1051	192	1037
通 州 区	1408	1246	162	1229
顺 义 区	1638	1360	278	1442
昌 平 区	1656	1360	296	1418
大 兴 区	1718	1500	218	1521
北京经济技术开发区	729	615	114	717
生态涵养发展区	**2953**	**2409**	**544**	**2294**
门头沟区	519	440	79	387
怀 柔 区	719	572	147	579
平 谷 区	681	592	89	556
密 云 县	661	523	138	515
延 庆 县	373	282	91	257

注：本表为2013年年报规模（限额）以上法人单位数据。

3-4 户籍人口数

单位：万人

区 县	2013	男	女	2012
全 市	**1316.3**	**660.4**	**655.9**	**1297.5**
首都功能核心区	**238.2**	**118.5**	**119.7**	**235.3**
东 城 区	97.4	48.2	49.2	96.8
西 城 区	140.8	70.3	70.5	138.5
城市功能拓展区	**585.4**	**295.1**	**290.3**	**574.9**
朝 阳 区	201.2	100.9	100.3	197.4
丰 台 区	111.4	56.5	54.9	109.7
石景山区	37.6	19.4	18.2	37.1
海 淀 区	235.3	118.3	116.9	230.7
城市发展新区	**328.8**	**164.2**	**164.6**	**323.9**
房 山 区	78.6	39.4	39.1	78.0
通 州 区	69.3	34.4	34.9	68.3
顺 义 区	60.1	29.8	30.3	59.4
昌 平 区	57.3	28.9	28.4	56.1
大 兴 区	63.6	31.7	31.9	62.2
生态涵养发展区	**163.9**	**82.6**	**81.3**	**163.4**
门头沟区	24.9	12.7	12.1	24.8
怀 柔 区	27.9	14.0	13.9	27.8
平 谷 区	39.9	20.1	19.8	39.8
密 云 县	43.1	21.6	21.5	43.0
延 庆 县	28.1	14.2	13.9	28.0

注：户籍人口是指公民依照《中华人民共和国户口登记条例》已在其经常居住地的公安户籍管理机关登记了常住户口的人。

资料来源：北京市公安局。

3-5　户籍人口户数

单位：万户

区　县	2013	2012
全　市	**516.2**	**509.2**
首都功能核心区	**82.1**	**81.7**
东 城 区	34.6	34.5
西 城 区	47.5	47.2
城市功能拓展区	**209.1**	**205.4**
朝 阳 区	78.1	76.5
丰 台 区	46.1	45.4
石景山区	14.2	14.0
海 淀 区	70.7	69.5
城市发展新区	**148.3**	**145.8**
房 山 区	36.7	36.1
通 州 区	33.7	33.2
顺 义 区	26.7	26.5
昌 平 区	25.4	24.7
大 兴 区	25.8	25.3
生态涵养发展区	**76.7**	**76.3**
门头沟区	11.9	11.9
怀 柔 区	13.4	13.4
平 谷 区	16.9	16.8
密 云 县	20.6	20.5
延 庆 县	13.9	13.8

资料来源：北京市公安局。

3–6 户籍人口机械变动情况

单位：人

区 县	市外迁入人数		迁往市外人数		机械增加人数	
	2013	2012	2013	2012	2013	2012
全 市	**198869**	**190510**	**89213**	**83438**	**109656**	**107072**
首都功能核心区	**23369**	**20627**	**3841**	**4498**	**19528**	**16129**
东 城 区	6317	5667	864	915	5453	4752
西 城 区	17052	14960	2977	3583	14075	11377
城市功能拓展区	**143741**	**140157**	**74364**	**69311**	**69377**	**70846**
朝 阳 区	31701	31873	14342	13410	17359	18463
丰 台 区	11403	9424	2407	2136	8996	7288
石景山区	3857	3779	1089	981	2768	2798
海 淀 区	96780	95081	56526	52784	40254	42297
城市发展新区	**25856**	**24531**	**9970**	**8849**	**15886**	**15682**
房 山 区	3174	3074	591	241	2583	2833
通 州 区	3509	3454	747	661	2762	2793
顺 义 区	2769	2497	854	768	1915	1729
昌 平 区	10481	10419	6262	5746	4219	4673
大 兴 区	5923	5087	1516	1433	4407	3654
生态涵养发展区	**5903**	**5195**	**1038**	**780**	**4865**	**4415**
门头沟区	961	1049	189	87	772	962
怀 柔 区	1055	973	165	151	890	822
平 谷 区	1261	954	223	189	1038	765
密 云 县	1473	1206	240	218	1233	988
延 庆 县	1153	1013	221	135	932	878

资料来源：北京市公安局。

3-7 户籍人口自然变动情况

单位：人

区 县	出生人数		死亡人数		自然增加人数	
	2013	2012	2013	2012	2013	2012
全 市	**135925**	**145067**	**57252**	**56867**	**78673**	**88200**
首都功能核心区	**23351**	**24702**	**9303**	**8806**	**14048**	**15896**
东 城 区	9426	9838	3884	3685	5542	6153
西 城 区	13925	14864	5419	5121	8506	9743
城市功能拓展区	**58501**	**62941**	**19046**	**18919**	**39455**	**44022**
朝 阳 区	22211	23581	7445	7324	14766	16257
丰 台 区	10819	11691	4641	4732	6178	6959
石景山区	3549	3882	1506	1460	2043	2422
海 淀 区	21922	23787	5454	5403	16468	18384
城市发展新区	**38863**	**41059**	**18197**	**18317**	**20666**	**22742**
房 山 区	8201	8623	4576	4653	3625	3970
通 州 区	7993	8370	4155	4099	3838	4271
顺 义 区	6670	7514	3629	3750	3041	3764
昌 平 区	7240	7856	2723	2796	4517	5060
大 兴 区	8759	8696	3114	3019	5645	5677
生态涵养发展区	**15210**	**16365**	**10706**	**10825**	**4504**	**5540**
门头沟区	2050	2358	1491	1760	559	598
怀 柔 区	2694	3160	1887	2019	807	1141
平 谷 区	4037	4100	2564	2504	1473	1596
密 云 县	3727	4223	2955	2742	772	1481
延 庆 县	2702	2524	1809	1800	893	724

资料来源：北京市公安局。

3-8　常住人口及常住外来人口

单位：万人

区　县	常住人口		#常住外来人口	
	2013	2012	2013	2012
全　市	**2114.8**	**2069.3**	**802.7**	**773.8**
首都功能核心区	**221.2**	**219.5**	**55.4**	**54.5**
东 城 区	90.9	90.8	21.0	21.2
西 城 区	130.3	128.7	34.4	33.3
城市功能拓展区	**1032.2**	**1008.2**	**426.0**	**413.0**
朝 阳 区	384.1	374.5	176.1	169.5
丰 台 区	226.1	221.4	85.0	83.7
石景山区	64.4	63.9	21.4	21.4
海 淀 区	357.6	348.4	143.5	138.4
城市发展新区	**671.5**	**653.0**	**289.6**	**275.1**
房 山 区	101.0	98.6	24.6	22.8
通 州 区	132.6	129.1	53.6	50.7
顺 义 区	98.3	95.3	37.3	34.5
昌 平 区	188.9	183.0	100.6	95.7
大 兴 区	150.7	147.0	73.5	71.4
生态涵养发展区	**189.9**	**188.6**	**31.7**	**31.2**
门头沟区	30.3	29.8	5.0	4.9
怀 柔 区	38.2	37.7	10.6	10.3
平 谷 区	42.2	42.0	5.3	5.2
密 云 县	47.6	47.4	7.2	7.1
延 庆 县	31.6	31.7	3.6	3.7

注：表内数据根据人口抽样调查数据推算，为年末数。

3-9 常住人口(按城乡分)

单位：万人

区 县	常住人口		城镇人口		乡村人口	
	2013	2012	2013	2012	2013	2012
全 市	**2114.8**	**2069.3**	**1825.1**	**1783.7**	**289.7**	**285.6**
首都功能核心区	**221.2**	**219.5**	**221.2**	**219.5**		
东 城 区	90.9	90.8	90.9	90.8		
西 城 区	130.3	128.7	130.3	128.7		
城市功能拓展区	**1032.2**	**1008.2**	**1022.4**	**999.2**	**9.8**	**9.0**
朝 阳 区	384.1	374.5	383.1	373.8	1.0	0.7
丰 台 区	226.1	221.4	224.6	220.1	1.5	1.3
石景山区	64.4	63.9	64.4	63.9		
海 淀 区	357.6	348.4	350.3	341.4	7.3	7.0
城市发展新区	**671.5**	**653.0**	**464.5**	**449.0**	**207.0**	**204.0**
房 山 区	101.0	98.6	70.4	67.2	30.6	31.4
通 州 区	132.6	129.1	84.5	81.6	48.1	47.5
顺 义 区	98.3	95.3	53.2	52.0	45.1	43.3
昌 平 区	188.9	183.0	154.4	146.6	34.5	36.4
大 兴 区	150.7	147.0	102.0	101.6	48.7	45.4
生态涵养发展区	**189.9**	**188.6**	**117.0**	**116.0**	**72.9**	**72.6**
门头沟区	30.3	29.8	26.0	25.5	4.3	4.3
怀 柔 区	38.2	37.7	26.2	25.8	12.0	11.9
平 谷 区	42.2	42.0	22.9	22.8	19.3	19.2
密 云 县	47.6	47.4	26.3	26.2	21.3	21.2
延 庆 县	31.6	31.7	15.6	15.7	16.0	16.0

注：表内数据根据人口抽样调查数据推算，为年末数。

3-10 常住人口(按性别分)

单位：万人

区 县	常住人口		男		女	
	2013	2012	2013	2012	2013	2012
全 市	**2114.8**	**2069.3**	**1090.7**	**1068.1**	**1024.1**	**1001.2**
首都功能核心区	**221.2**	**219.5**	**110.8**	**108.7**	**110.4**	**110.8**
东 城 区	90.9	90.8	45.9	44.5	45.0	46.3
西 城 区	130.3	128.7	64.9	64.2	65.4	64.5
城市功能拓展区	**1032.2**	**1008.2**	**529.9**	**518.8**	**502.3**	**489.4**
朝 阳 区	384.1	374.5	197.4	193.1	186.7	181.4
丰 台 区	226.1	221.4	115.1	112.6	111.0	108.8
石景山区	64.4	63.9	32.6	32.7	31.8	31.2
海 淀 区	357.6	348.4	184.8	180.4	172.8	168.0
城市发展新区	**671.5**	**653.0**	**351.8**	**343.6**	**319.7**	**309.4**
房 山 区	101.0	98.6	51.2	50.5	49.8	48.1
通 州 区	132.6	129.1	68.9	66.7	63.7	62.4
顺 义 区	98.3	95.3	50.7	50.0	47.6	45.3
昌 平 区	188.9	183.0	99.8	97.0	89.1	86.0
大 兴 区	150.7	147.0	81.2	79.4	69.5	67.6
生态涵养发展区	**189.9**	**188.6**	**98.2**	**97.0**	**91.7**	**91.6**
门头沟区	30.3	29.8	15.6	15.2	14.7	14.6
怀 柔 区	38.2	37.7	20.3	20.1	17.9	17.6
平 谷 区	42.2	42.0	21.5	21.4	20.7	20.6
密 云 县	47.6	47.4	24.5	24.1	23.1	23.3
延 庆 县	31.6	31.7	16.3	16.2	15.3	15.5

注：表内数据根据人口抽样调查数据推算，为年末数。

3-11 常住人口(按年龄分)

单位：万人

区 县	常住人口		0—14岁		15—64岁		65岁及以上	
	2013	2012	2013	2012	2013	2012	2013	2012
全 市	**2114.8**	**2069.3**	**200.1**	**194.5**	**1720.2**	**1684.4**	**194.5**	**190.4**
首都功能核心区	**221.2**	**219.5**	**18.6**	**18.5**	**172.5**	**171.1**	**30.1**	**29.9**
东 城 区	90.9	90.8	7.3	7.4	71.9	71.7	11.7	11.7
西 城 区	130.3	128.7	11.3	11.1	100.6	99.4	18.4	18.2
城市功能拓展区	**1032.2**	**1008.2**	**95.3**	**92.7**	**846.8**	**825.9**	**90.1**	**89.6**
朝 阳 区	384.1	374.5	35.9	34.5	313.2	306.0	35.0	34.0
丰 台 区	226.1	221.4	22.0	21.6	182.1	176.7	22.0	23.1
石景山区	64.4	63.9	5.7	5.8	52.1	51.7	6.6	6.4
海 淀 区	357.6	348.4	31.7	30.8	299.4	291.5	26.5	26.1
城市发展新区	**671.5**	**653.0**	**65.9**	**62.6**	**551.7**	**539.2**	**53.9**	**51.2**
房 山 区	101.0	98.6	11.1	10.7	79.7	78.7	10.2	9.2
通 州 区	132.6	129.1	12.2	11.7	109.0	106.5	11.4	10.9
顺 义 区	98.3	95.3	9.4	8.6	81.3	79.5	7.6	7.2
昌 平 区	188.9	183.0	18.0	16.5	156.8	152.8	14.1	13.7
大 兴 区	150.7	147.0	15.2	15.1	124.9	121.7	10.6	10.2
生态涵养发展区	**189.9**	**188.6**	**20.3**	**20.7**	**149.2**	**148.2**	**20.4**	**19.7**
门头沟区	30.3	29.8	3.1	3.3	23.5	23.1	3.7	3.4
怀 柔 区	38.2	37.7	4.3	4.3	30.2	29.8	3.7	3.6
平 谷 区	42.2	42.0	4.3	4.3	33.2	33.4	4.7	4.3
密 云 县	47.6	47.4	5.1	5.2	37.5	37.1	5.0	5.1
延 庆 县	31.6	31.7	3.5	3.6	24.8	24.8	3.3	3.3

注：表内数据根据人口抽样调查数据推算，为年末数。

3-12 常住人口密度(2013年)

区 县	土地面积 (平方公里)	常住人口 (万人)	常住人口密度 (人/平方公里)
全 市	**16410.54**	**2114.8**	**1289**
首都功能核心区	**92.39**	**221.2**	**23942**
东 城 区	41.86	90.9	21715
西 城 区	50.53	130.3	25787
城市功能拓展区	**1275.93**	**1032.2**	**8090**
朝 阳 区	455.08	384.1	8440
丰 台 区	305.80	226.1	7394
石景山区	84.32	64.4	7638
海 淀 区	430.73	357.6	8302
城市发展新区	**6295.57**	**671.5**	**1067**
房 山 区	1989.54	101.0	508
通 州 区	906.28	132.6	1463
顺 义 区	1019.89	98.3	964
昌 平 区	1343.54	188.9	1406
大 兴 区	1036.32	150.7	1454
生态涵养发展区	**8746.65**	**189.9**	**217**
门头沟区	1450.70	30.3	209
怀 柔 区	2122.62	38.2	180
平 谷 区	950.13	42.2	444
密 云 县	2229.45	47.6	214
延 庆 县	1993.75	31.6	158

注：表内人口数据根据人口抽样调查数据推算，为年末数。

资料来源：表内“土地面积”使用的是2008年数据，由北京市国土资源局提供。

3-13 城镇单位从业人员年末人数、工资总额

区 县	从业人员年末人数(人)			从业人员工资总额(万元)		
	2013	2012	增长速度(%)	2013	2012	增长速度(%)
全 市	**7422565**	**7173717**	**3.5**	**68697616**	**60124488**	**14.3**
首都功能核心区	**1575692**	**1547274**	**1.8**	**18126604**	**16305758**	**11.2**
东 城 区	631899	614751	2.8	6280545	5747896	9.3
西 城 区	943793	932523	1.2	11846059	10557862	12.2
城市功能拓展区	**3819130**	**3656354**	**4.5**	**36534382**	**31589685**	**15.7**
朝 阳 区	1423694	1302413	9.3	14872987	12402143	19.9
丰 台 区	609567	644883	-5.5	3929091	3658790	7.4
石景山区	200963	188964	6.3	1425505	1196119	19.2
海 淀 区	1584906	1520094	4.3	16306799	14332633	13.8
城市发展新区	**1595016**	**1544866**	**3.2**	**11614251**	**10062654**	**15.4**
房 山 区	165682	172672	-4.0	1007750	947768	6.3
通 州 区	223057	218442	2.1	1329255	1162388	14.4
顺 义 区	452398	445455	1.6	3604232	3134978	15.0
昌 平 区	291572	259815	12.2	2012309	1602874	25.5
大 兴 区	462307	448482	3.1	3660705	3214646	13.9
生态涵养发展区	**432727**	**425223**	**1.8**	**2422379**	**2166391**	**11.8**
门头沟区	60824	61670	-1.4	387606	362966	6.8
怀 柔 区	91033	91665	-0.7	580239	527484	10.0
平 谷 区	101770	103247	-1.4	539770	468877	15.1
密 云 县	109579	104083	5.3	596962	519308	15.0
延 庆 县	69521	64558	7.7	317802	287756	10.4

注：城镇单位是指不包括私营单位和个体工商户的独立核算法人单位。

3-14 城镇单位在岗职工年末人数、工资总额、平均工资

区县	在岗职工年末人数(人)			在岗职工工资总额(万元)			在岗职工平均工资(元)		
	2013	2012	增长速度(%)	2013	2012	增长速度(%)	2013	2012	增长速度(%)
全 市	**6954597**	**6703514**	**3.7**	**65020386**	**56579220**	**14.9**	**93997**	**85307**	**10.2**
首都功能核心区	**1420160**	**1382993**	**2.7**	**17153870**	**15341241**	**11.8**	**122149**	**111651**	**9.4**
东城区	562725	542391	3.7	5865670	5290039	10.9	105918	97531	8.6
西城区	857435	840602	2.0	11288200	10051202	12.3	132717	120861	9.8
城市功能拓展区	**3582970**	**3424250**	**4.6**	**34377899**	**29505360**	**16.5**	**96458**	**87529**	**10.2**
朝阳区	1328463	1215387	9.3	13513315	11222158	20.4	102100	93619	9.1
丰台区	583030	604947	-3.6	3817512	3455741	10.5	65533	58276	12.5
石景山区	186594	176111	6.0	1372821	1152395	19.1	74606	65300	14.3
海淀区	1484883	1427805	4.0	15674251	13675066	14.6	106341	97488	9.1
城市发展新区	**1539293**	**1490476**	**3.3**	**11140679**	**9626864**	**15.7**	**72551**	**64931**	**11.7**
房山区	161671	168582	-4.1	992005	932946	6.3	60668	55023	10.3
通州区	217510	212134	2.5	1300445	1135300	14.5	60068	52902	13.5
顺义区	438554	434106	1.0	3427701	2982461	14.9	79022	69728	13.3
昌平区	277363	245942	12.8	1941015	1544759	25.7	70910	63027	12.5
大兴区	444195	429712	3.4	3479513	3031398	14.8	77659	71221	9.0
生态涵养发展区	**412174**	**405795**	**1.6**	**2347938**	**2105755**	**11.5**	**56806**	**52008**	**9.2**
门头沟区	58598	58668	-0.1	378491	355074	6.6	65689	60111	9.3
怀柔区	88630	88764	-0.2	558033	507670	9.9	64099	58090	10.3
平谷区	98548	100836	-2.3	521789	455509	14.6	52251	45061	16.0
密云县	99950	95453	4.7	581089	506026	14.8	56540	52762	7.2
延庆县	66448	62074	7.0	308536	281476	9.6	46737	45820	2.0

注：城镇单位是指不包括私营单位和个体工商户的独立核算法人单位。

3-15 城镇登记失业人员

单位：人

区 县	2013	2012
全 市	**68144**	**71982**
首都功能核心区	**9993**	**11695**
东 城 区	4233	4296
西 城 区	5760	7399
城市功能拓展区	**27092**	**28680**
朝 阳 区	7015	8215
丰 台 区	8393	8604
石景山区	4077	3962
海 淀 区	7607	7899
城市发展新区	**19074**	**20075**
房 山 区	6533	6848
通 州 区	3674	3641
顺 义 区	2527	2087
昌 平 区	3248	4320
大 兴 区	3079	3164
北京经济技术开发区	13	15
生态涵养发展区	**11985**	**11532**
门头沟区	3966	3685
怀 柔 区	2125	2188
平 谷 区	2053	1789
密 云 县	1732	2013
延 庆 县	2109	1857

资料来源：北京市人力资源和社会保障局。

3-16 地区生产总值(2013年)

单位：万元

区 县	地区生产总值		第一产业	
	2013	增长速度(%)	2013	增长速度(%)
全 市	**195005600**	**7.7**	**1618300**	**3.0**
首都功能核心区	**43967423**	**8.7**		
东 城 区	15710690	8.3		
西 城 区	28256733	9.0		
城市功能拓展区	**91718038**	**9.1**	**47926**	**1.1**
朝 阳 区	39636262	9.1	14792	-5.5
丰 台 区	10077978	9.1	12457	7.3
石景山区	3651929	8.0		
海 淀 区	38351869	9.1	20677	2.7
城市发展新区	**41165919**	**10.4**	**976685**	**8.4**
房 山 区	4817631	7.2	175875	10.7
通 州 区	5002848	11.0	212498	9.7
顺 义 区	12322274	11.7	255982	1.7
昌 平 区	5572404	10.1	101389	10.1
大 兴 区	4316200	10.2	230941	12.8
北京经济技术开发区	9134562	10.4		
生态涵养发展区	**7807680**	**9.2**	**590378**	**7.3**
门头沟区	1241986	6.1	19854	1.9
怀 柔 区	2004344	10.1	80110	7.6
平 谷 区	1687467	10.2	188099	12.4
密 云 县	1951474	9.3	191612	4.2
延 庆 县	922409	10.0	110703	5.4

注：1. 行业按国家2002年国民经济行业分类标准核算(下同)。
2. 表内全市增长速度为可比价速度，区县为现价速度(续表同此)。
3. 地区生产总值区县合计数不等于全市是由于区县的数据中扣除了划归市一级核算部分。

3-16 续表1

单位：万元

区 县	地区生产总值中					
	第二产业		工业		建筑业	
	2013	增长速度(%)	2013	增长速度(%)	2013	增长速度(%)
全 市	**43523000**	**8.1**	**35368900**	**7.8**	**8154100**	**9.6**
首都功能核心区	**3411751**	**5.1**	**2471265**	**5.6**	**940486**	**3.9**
东 城 区	656333	6.5	340308	9.1	316025	3.8
西 城 区	2755418	4.8	2130957	5.1	624461	3.9
城市功能拓展区	**12717154**	**7.0**	**8391916**	**6.9**	**4325238**	**7.3**
朝 阳 区	3976899	1.3	2988421	0.1	988478	5.1
丰 台 区	2350586	10.7	1233580	11.6	1117006	9.7
石景山区	1333174	4.3	817225	6.0	515949	1.7
海 淀 区	5056495	11.0	3352690	12.2	1703805	8.8
城市发展新区	**21148709**	**10.8**	**18727351**	**10.8**	**2421358**	**10.8**
房 山 区	2808436	1.2	2421544	-0.4	386892	13.0
通 州 区	2481199	10.9	1740530	8.8	740669	16.2
顺 义 区	5649791	15.8	5258760	16.5	391031	7.2
昌 平 区	2547124	12.8	2250425	14.7	296699	0.6
大 兴 区	1696655	12.1	1370447	11.8	326208	13.1
北京经济技术开发区	5965504	10.1	5685645	10.1	279859	8.4
生态涵养发展区	**3734013**	**9.6**	**3017611**	**9.2**	**716402**	**11.2**
门头沟区	621071	3.6	537313	2.7	83758	9.8
怀 柔 区	1174321	11.1	1015383	8.9	158938	26.9
平 谷 区	788104	10.0	572742	12.5	215362	4.1
密 云 县	916062	12.2	726506	10.7	189556	18.4
延 庆 县	234455	7.4	165667	15.9	68788	-8.8

3-16 续表2

单位：万元

区 县	地区生产总值中					
	第三产业		交通运输、仓储和邮政业		信息传输、计算机服务和软件业	
	2013	增长速度(%)	2013	增长速度(%)	2013	增长速度(%)
全 市	**149864300**	**7.6**	**8835800**	**7.0**	**17495600**	**7.2**
首都功能核心区	**40555672**	**9.0**	**923324**	**8.5**	**2663802**	**6.2**
东 城 区	15054357	8.4	338335	7.1	1682721	5.4
西 城 区	25501315	9.4	584989	9.4	981081	7.6
城市功能拓展区	**78952958**	**9.4**	**2543395**	**8.6**	**12781372**	**7.5**
朝 阳 区	35644571	10.1	1814397	8.5	1970251	5.6
丰 台 区	7714935	8.6	331372	11.4	380607	4.8
石景山区	2318755	10.2	60516	7.3	533876	10.0
海 淀 区	33274697	8.8	337110	6.5	9896638	7.8
城市发展新区	**19040525**	**10.0**	**3841769**	**6.8**	**536251**	**6.0**
房 山 区	1833320	17.5	107290	8.1	24980	6.7
通 州 区	2309151	11.3	70707	8.8	11137	5.1
顺 义 区	6416501	8.8	3269500	6.5	10030	15.5
昌 平 区	2923891	7.7	31011	12.7	155819	6.4
大 兴 区	2388604	8.7	127547	6.4	15622	6.4
北京经济技术开发区	3169058	10.9	235714	7.9	318663	5.4
生态涵养发展区	**3483289**	**9.2**	**222540**	**14.4**	**9935**	**4.9**
门头沟区	601061	9.0	17806	3.9	931	5.2
怀 柔 区	749913	8.9	27419	7.1	3860	7.5
平 谷 区	711264	9.7	46642	7.8	2916	2.1
密 云 县	843800	7.4	15231	6.5	2109	4.2
延 庆 县	577251	12.1	115442	22.4	119	6.3

3-16 续表3

单位：万元

区 县	地区生产总值第三产业中					
	批发与零售业		住宿和餐饮业		金融业	
	2013	增长速度(%)	2013	增长速度(%)	2013	增长速度(%)
全 市	**23724300**	**6.6**	**3747500**	**-3.2**	**28220700**	**11.0**
首都功能核心区	**4695316**	**0.8**	**957379**	**-2.3**	**15483300**	**12.0**
东 城 区	2049593	-3.6	541720	-0.3	3416100	22.1
西 城 区	2645723	4.5	415659	-4.7	12067200	9.5
城市功能拓展区	**13895649**	**7.9**	**2033749**	**-1.2**	**9308076**	**11.2**
朝 阳 区	9640712	8.1	1018092	-1.0	4284356	12.0
丰 台 区	1039404	4.5	258492	3.9	990962	7.2
石景山区	226791	-1.6	60804	4.0	223806	12.8
海 淀 区	2988742	9.4	696361	-3.8	3808952	11.3
城市发展新区	**3307300**	**6.1**	**604504**	**9.3**	**1746550**	**18.2**
房 山 区	187971	10.3	50331	7.4	187202	24.9
通 州 区	375480	3.4	71360	9.6	293591	20.7
顺 义 区	534958	0.2	131801	10.4	593291	23.5
昌 平 区	225282	2.0	163049	0.0	266254	9.5
大 兴 区	284783	0.1	40312	13.1	205472	9.6
北京经济技术开发区	1698826	10.1	147651	19.9	200740	15.8
生态涵养发展区	**278517**	**6.6**	**148376**	**7.0**	**325350**	**8.5**
门头沟区	60773	12.8	16909	4.3	63792	2.1
怀 柔 区	44421	11.1	42375	8.8	77996	15.0
平 谷 区	61723	4.2	28075	13.1	68857	6.1
密 云 县	75371	2.5	41091	2.4	77594	8.9
延 庆 县	36229	4.4	19926	7.1	37111	10.8

3-16　续表4

单位：万元

区　县	地区生产总值第三产业中					
	房地产业		租赁和商务服务业		科学研究、技术服务和地质勘查业	
	2013	增长速度(%)	2013	增长速度(%)	2013	增长速度(%)
全　市	**13395200**	**3.4**	**15366400**	**9.5**	**14443300**	**11.2**
首都功能核心区	**2103762**	**9.1**	**4364466**	**12.0**	**2928430**	**11.9**
东 城 区	864925	10.1	1850189	5.6	1546379	10.3
西 城 区	1238837	8.5	2514277	17.3	1382051	13.8
城市功能拓展区	**7224553**	**8.2**	**9339833**	**15.4**	**9657368**	**11.9**
朝 阳 区	4029390	7.9	6629991	16.4	2659417	14.3
丰 台 区	903011	11.2	938505	14.6	1465039	11.4
石景山区	197708	13.0	159446	14.1	228816	19.2
海 淀 区	2094444	7.3	1611891	11.7	5304096	10.7
城市发展新区	**3219728**	**12.4**	**1073744**	**14.2**	**1340410**	**14.6**
房 山 区	500894	35.3	74662	13.9	130919	13.5
通 州 区	735448	13.5	72774	13.7	93966	15.1
顺 义 区	580024	10.1	502350	14.1	211067	13.4
昌 平 区	667310	3.3	204908	14.3	428339	15.6
大 兴 区	668766	8.7	100306	14.5	139963	14.9
北京经济技术开发区	67286	16.2	118744	15.2	336156	14.4
生态涵养发展区	**612704**	**8.0**	**161696**	**14.5**	**107409**	**15.0**
门头沟区	104065	9.7	28147	14.8	51548	15.4
怀 柔 区	124017	7.6	37463	17.7	16980	15.7
平 谷 区	136746	13.0	28523	12.0	12416	14.7
密 云 县	175008	6.2	55532	13.1	16217	13.2
延 庆 县	72868	2.2	12031	17.2	10248	14.7

3-16 续表5

单位：万元

区 县	地区生产总值第三产业中					
	水利、环境和公共设施管理业		居民服务和其他服务业		教 育	
	2013	增长速度(%)	2013	增长速度(%)	2013	增长速度(%)
全 市	**1129500**	**5.2**	**1333200**	**3.0**	**7582000**	**6.9**
首都功能核心区	**158633**	**10.0**	**212932**	**7.0**	**943029**	**11.6**
东 城 区	60106	10.4	88016	8.5	370917	11.0
西 城 区	98527	9.7	124916	6.1	572112	11.9
城市功能拓展区	**609433**	**7.3**	**731743**	**6.6**	**4555363**	**9.8**
朝 阳 区	221652	15.0	315853	6.8	1077534	11.0
丰 台 区	92018	-5.7	152120	5.6	324889	6.8
石景山区	26177	9.6	50651	8.0	174323	10.6
海 淀 区	269586	6.2	213119	6.5	2978617	9.6
城市发展新区	**160313**	**9.9**	**273996**	**7.2**	**1305324**	**10.9**
房 山 区	27155	12.4	30808	9.0	202609	10.5
通 州 区	25419	9.7	44169	8.2	188340	10.7
顺 义 区	27569	16.1	64475	9.1	221483	8.6
昌 平 区	48877	5.6	77810	3.2	341779	10.8
大 兴 区	20551	13.0	38761	11.9	344882	12.9
北京经济技术开发区	10742	4.0	17973	3.6	6231	11.3
生态涵养发展区	**109923**	**10.2**	**84637**	**8.8**	**475573**	**11.8**
门头沟区	7816	5.8	24502	8.2	60600	10.3
怀 柔 区	31657	11.7	13753	11.1	96346	8.2
平 谷 区	8074	18.0	19936	9.9	110748	10.6
密 云 县	35579	8.3	16337	5.1	119898	10.1
延 庆 县	26797	10.1	10109	11.2	87981	21.5

3-16 续表6

单位：万元

区 县	地区生产总值第三产业中					
	卫生、社会保障和社会福利业		文化、体育和娱乐业		公共管理和社会组织	
	2013	增长速度(%)	2013	增长速度(%)	2013	增长速度(%)
全 市	**4161200**	**11.5**	**4452700**	**6.1**	**5976900**	**2.4**
首都功能核心区	**1361330**	**12.7**	**1417662**	**9.4**	**2342307**	**4.6**
东 城 区	592717	11.3	634366	10.6	1018273	3.0
西 城 区	768613	13.7	783296	8.5	1324034	5.8
城市功能拓展区	**1772751**	**13.0**	**2508235**	**7.8**	**1991438**	**3.8**
朝 阳 区	697068	11.5	526157	9.3	759701	2.2
丰 台 区	226189	14.2	223111	9.4	389216	2.4
石景山区	116465	16.0	115700	11.6	143676	5.7
海 淀 区	733029	13.7	1643267	6.9	698845	6.1
城市发展新区	**539304**	**13.6**	**93580**	**9.4**	**997752**	**6.1**
房 山 区	111090	13.6	14362	9.5	183047	6.1
通 州 区	107504	16.5	12099	11.3	207157	5.6
顺 义 区	92116	13.1	18482	10.0	159355	5.9
昌 平 区	122279	14.0	23874	6.8	167300	6.4
大 兴 区	100275	10.2	23482	10.2	277882	6.5
北京经济技术开发区	6040	27.6	1281	14.7	3011	5.0
生态涵养发展区	**244483**	**12.3**	**118935**	**8.8**	**583211**	**5.4**
门头沟区	52156	13.3	9969	8.6	102047	5.5
怀 柔 区	50176	7.1	67993	8.9	115457	3.0
平 谷 区	57584	14.9	17358	9.5	111666	6.4
密 云 县	51392	13.2	7407	9.5	155034	5.8
延 庆 县	33175	13.5	16208	7.6	99007	6.2

3-17 地方财政收入

单位：万元

区 县	地方财政收入			#地方公共财政预算收入		
	2013	2012	增长速度(%)	2013	2012	增长速度(%)
全 市	**55660805**	**45737247**	**21.7**	**36611097**	**33149340**	**10.4**
首都功能核心区	**5010471**	**5095833**	**-1.7**	**4890775**	**4439459**	**10.2**
东 城 区	1555475	1462602	6.3	1471294	1348382	9.1
西 城 区	3454996	3633231	-4.9	3419481	3091077	10.6
城市功能拓展区	**10801391**	**9349265**	**15.5**	**7754563**	**7018997**	**10.5**
朝 阳 区	5214635	4725369	10.4	3764732	3451946	9.1
丰 台 区	1549474	1538341	0.7	769263	685834	12.2
石景山区	675383	259022	160.7	306090	250656	22.1
海 淀 区	3361899	2826533	18.9	2914478	2630561	10.8
城市发展新区	**9239191**	**5502492**	**67.9**	**3084924**	**2699543**	**14.3**
房 山 区	1923372	747961	157.1	450807	400318	12.6
通 州 区	2195562	1105321	98.6	529114	459539	15.1
顺 义 区	1639132	1300134	26.1	980255	862440	13.7
昌 平 区	1546998	814454	89.9	600821	522138	15.1
大 兴 区	1934127	1534622	26.0	523927	455108	15.1
生态涵养发展区	**2192820**	**1334917**	**64.3**	**1068357**	**946638**	**12.9**
门头沟区	689836	336940	104.7	207234	190740	8.6
怀 柔 区	515972	330239	56.2	267025	234591	13.8
平 谷 区	352707	268135	31.5	239711	210124	14.1
密 云 县	495164	295799	67.4	254207	221785	14.6
延 庆 县	139141	103804	34.0	100180	89398	12.1

注：1.地方财政收入是指国家财政参与社会产品分配所得的收入，是实现国家职能的财力保证,包括地方公共财政预算收入和基金预算收入。

2.分区县财政收入为区县级财政收入。

3.2012年开始，地方财政收入中增加国有资本经营预算收入。

资料来源：北京市财政局。

3–17 续表1

单位：万元

区 县	地方公共财政预算收入中					
	#税收收入			#增值税		
	2013	2012	增长速度(%)	2013	2012	增长速度(%)
全 市	**35145169**	**31247503**	**12.5**	**5748900**	**3139994**	**83.1**
首都功能核心区	**4745685**	**4287977**	**10.7**	**511139**	**270021**	**89.3**
东 城 区	1432406	1305873	9.7	201736	100119	101.5
西 城 区	3313279	2982104	11.1	309403	169902	82.1
城市功能拓展区	**7407648**	**6628544**	**11.8**	**1584662**	**782692**	**102.5**
朝 阳 区	3616201	3276501	10.4	706009	355356	98.7
丰 台 区	719054	636248	13.0	104401	65952	58.3
石景山区	292749	237145	23.4	55677	32725	70.1
海 淀 区	2779644	2478650	12.1	718575	328659	118.6
城市发展新区	**2811983**	**2383650**	**18.0**	**454954**	**305166**	**49.1**
房 山 区	363214	315454	15.1	35605	34323	3.7
通 州 区	499900	395018	26.6	86041	58157	47.9
顺 义 区	912206	786839	15.9	189924	116405	63.2
昌 平 区	547155	475435	15.1	80397	54649	47.1
大 兴 区	489508	410904	19.1	62987	41632	51.3
生态涵养发展区	**869406**	**766694**	**13.4**	**141999**	**97426**	**45.8**
门头沟区	177692	167658	6.0	27341	21132	29.4
怀 柔 区	237668	196593	20.9	50640	33384	51.7
平 谷 区	194423	176738	10.0	27129	16714	62.3
密 云 县	193554	165535	16.9	28786	19802	45.4
延 庆 县	66069	60170	9.8	8103	6394	26.7

3–17　续表2

单位：万元

区　县	地方财政收入中								
	地方公共财政预算收入中						#政府性基金预算收入		
	税收收入中								
	#营业税			#企业所得税					
	2013	2012	增长速度(%)	2013	2012	增长速度(%)	2013	2012	增长速度(%)
全　市	**10347918**	**11527384**	**-10.2**	**8021152**	**7524673**	**6.6**	**18417585**	**11979238**	**53.7**
首都功能核心区	**1603259**	**1810436**	**-11.4**	**1519807**	**1218967**	**24.7**	**102718**	**653663**	**-84.3**
东 城 区	444350	570000	-22.0	377269	260185	45.0	81700	111509	-26.7
西 城 区	1158909	1240436	-6.6	1142538	958782	19.2	21018	542154	-96.1
城市功能拓展区	**2131316**	**2642440**	**-19.3**	**1534151**	**1363246**	**12.5**	**3046828**	**2330268**	**30.8**
朝 阳 区	1040262	1205288	-13.7	752765	758906	-0.8	1449903	1273423	13.9
丰 台 区	287569	288459	-0.3	103047	99041	4.0	780211	852507	-8.5
石景山区	106504	101005	5.4	45983	36667	25.4	369293	8366	4314.2
海 淀 区	696981	1047688	-33.5	632356	468632	34.9	447421	195972	128.3
城市发展新区	**1003857**	**905709**	**10.8**	**475221**	**411073**	**15.6**	**6147097**	**2800226**	**119.5**
房 山 区	147735	113356	30.3	32827	24855	32.1	1472565	347643	323.6
通 州 区	199167	152286	30.8	64328	55283	16.4	1666448	645782	158.1
顺 义 区	237694	254960	-6.8	221154	203391	8.7	655105	437694	49.7
昌 平 区	199534	193820	2.9	86697	79657	8.8	944930	291808	223.8
大 兴 区	219727	191287	14.9	70215	47887	46.6	1408049	1077299	30.7
生态涵养发展区	**274572**	**267744**	**2.6**	**136352**	**126216**	**8.0**	**1124165**	**388063**	**189.7**
门头沟区	63746	62883	1.4	22171	25359	-12.6	482602	146200	230.1
怀 柔 区	64665	64248	0.6	44216	34374	28.6	248947	95648	160.3
平 谷 区	60410	62057	-2.7	31394	30690	2.3	112753	57805	95.1
密 云 县	60064	55351	8.5	30119	25865	16.4	240957	74014	225.6
延 庆 县	25687	23205	10.7	8452	9928	-14.9	38906	14396	170.3

3-18 地方财政支出

单位：万元

区 县	地方财政支出			#地方公共财政预算支出		
	2013	2012	增长速度(%)	2013	2012	增长速度(%)
全 市	**60394197**	**48664329**	**24.1**	**41736563**	**36853076**	**13.3**
首都功能核心区	**4803745**	**4811533**	**-0.2**	**4556026**	**4136919**	**10.1**
东 城 区	1854748	1676009	10.7	1689572	1546975	9.2
西 城 区	2948997	3135524	-5.9	2866454	2589944	10.7
城市功能拓展区	**12320167**	**9921398**	**24.2**	**9170004**	**7748619**	**18.3**
朝 阳 区	4629591	3914738	18.3	3167743	2751023	15.1
丰 台 区	2244166	2189080	2.5	1506250	1423622	5.8
石景山区	1018679	574844	77.2	612543	518188	18.2
海 淀 区	4427731	3242736	36.5	3883468	3055786	27.1
城市发展新区	**12974925**	**9275928**	**39.9**	**6754525**	**5405140**	**25.0**
房 山 区	2878444	1523860	88.9	1448118	1141099	26.9
通 州 区	2612820	1912161	24.1	1254555	993376	26.3
顺 义 区	2289880	1967068	16.4	1466880	1303469	12.5
昌 平 区	2446479	1530202	59.9	1232493	953606	29.2
大 兴 区	2747302	2342637	17.3	1352479	1013590	33.4
生态涵养发展区	**5860852**	**4320309**	**35.7**	**4235933**	**3431526**	**23.4**
门头沟区	1345111	807936	66.5	761000	601000	26.6
怀 柔 区	1292411	914133	41.4	964695	755521	27.7
平 谷 区	1041024	901969	15.4	823623	708766	16.2
密 云 县	1266645	976499	29.7	896248	769018	16.5
延 庆 县	915661	719772	27.2	790367	597221	32.3

注：1.地方财政支出是以国家为主体，以财政的事权为依据进行的一种财政资金分配活动，集中反映了国家的职能活动范围及其所发生的耗费，包括地方公共财政预算支出和基金预算支出。

2.分区县财政支出为区县级实际支出，含市级下拨部分。

3.2012年开始，地方财政支出中增加国有资本经营预算支出。

资料来源：北京市财政局。

3-18 续表1

单位：万元

区 县	地方公共财政预算支出中					
	#一般公共服务			#社会保障和就业		
	2013	2012	增长速度(%)	2013	2012	增长速度(%)
全 市	**2971203**	**2865685**	**3.7**	**4691317**	**4243122**	**10.6**
首都功能核心区	**362847**	**333849**	**8.7**	**743854**	**687591**	**8.2**
东 城 区	125733	132605	-5.2	348185	315972	10.2
西 城 区	237114	201244	17.8	395669	371619	6.5
城市功能拓展区	**621640**	**548084**	**13.4**	**1539223**	**1309026**	**17.6**
朝 阳 区	178332	182745	-2.4	612610	506481	21.0
丰 台 区	213122	134969	57.9	248218	235969	5.2
石景山区	48919	43946	11.3	118650	104540	13.5
海 淀 区	181267	186424	-2.8	559745	462036	21.1
城市发展新区	**576051**	**534667**	**7.7**	**864082**	**794510**	**8.8**
房 山 区	161757	152189	6.3	216837	186136	16.5
通 州 区	100078	85073	17.6	173132	157008	10.3
顺 义 区	112247	104001	7.9	180783	168029	7.6
昌 平 区	94584	91271	3.6	156898	147309	6.5
大 兴 区	107385	102133	5.1	136432	136028	0.3
生态涵养发展区	**358915**	**350443**	**2.4**	**478477**	**440294**	**8.7**
门头沟区	58021	60483	-4.1	95167	94583	0.6
怀 柔 区	80123	79657	0.6	86551	81384	6.3
平 谷 区	71323	67693	5.4	98827	95272	3.7
密 云 县	96695	92694	4.3	109666	93435	17.4
延 庆 县	52753	49916	5.7	88266	75620	16.7

3–18　续表2

单位：万元

区　县	地方公共财政预算支出中					
	#科学技术			#教　育		
	2013	2012	增长速度(%)	2013	2012	增长速度(%)
全　市	**2346742**	**1999444**	**17.4**	**6811775**	**6286510**	**8.4**
首都功能核心区	**38114**	**37493**	**1.7**	**852332**	**778412**	**9.5**
东 城 区	12056	11400	5.8	359299	325328	10.4
西 城 区	26058	26093	-0.1	493033	453084	8.8
城市功能拓展区	**266636**	**186359**	**43.1**	**1690839**	**1496213**	**13.0**
朝 阳 区	66237	56076	18.1	666885	597877	11.5
丰 台 区	48001	51901	-7.5	289538	264570	9.4
石景山区	13078	9274	41.0	92786	90678	2.3
海 淀 区	139320	69108	101.6	641630	543088	18.1
城市发展新区	**63672**	**33796**	**88.4**	**944004**	**891046**	**5.9**
房 山 区	12384	4764	159.9	194878	207600	-6.1
通 州 区	16753	9355	79.1	140901	147336	-4.4
顺 义 区	7091	1977	258.7	199072	189024	5.3
昌 平 区	22106	15335	44.2	172303	147494	16.8
大 兴 区	5338	2365	125.7	236850	199592	18.7
生态涵养发展区	**43656**	**38760**	**12.6**	**532836**	**497984**	**7.0**
门头沟区	4515	5092	-11.3	101929	78024	30.6
怀 柔 区	5872	5366	9.4	108276	98649	9.8
平 谷 区	11016	10450	5.4	99945	131460	-24.0
密 云 县	16586	14269	16.2	118109	100069	18.0
延 庆 县	5667	3583	58.2	104577	89782	16.5

3-18 续表3

单位：万元

区 县	地方公共财政预算支出中					
	#医疗卫生			#节能环保		
	2013	2012	增长速度(%)	2013	2012	增长速度(%)
全 市	**2761274**	**2560626**	**7.8**	**1381672**	**1135370**	**21.7**
首都功能核心区	**284419**	**260865**	**9.0**	**253177**	**116911**	**116.6**
东 城 区	109755	94975	15.6	132115	58059	127.6
西 城 区	174664	165890	5.3	121062	58852	105.7
城市功能拓展区	**557615**	**512674**	**8.8**	**262272**	**170904**	**53.5**
朝 阳 区	282569	238981	18.2	93706	58245	60.9
丰 台 区	82435	82922	-0.6	29704	33089	-10.2
石景山区	35928	32495	10.6	13998	14604	-4.1
海 淀 区	156683	158276	-1.0	124864	64966	92.2
城市发展新区	**509858**	**416052**	**22.5**	**201447**	**116762**	**72.5**
房 山 区	93094	81717	13.9	48115	20498	134.7
通 州 区	126769	93688	35.3	32609	26077	25.0
顺 义 区	116991	93276	25.4	51376	30716	67.3
昌 平 区	80241	69146	16.0	41007	21510	90.6
大 兴 区	92763	78225	18.6	28340	17961	57.8
生态涵养发展区	**302576**	**285920**	**5.8**	**130240**	**118251**	**10.1**
门头沟区	34143	28467	19.9	29912	29349	1.9
怀 柔 区	70355	87606	-19.7	26579	17168	54.8
平 谷 区	54186	50080	8.2	19849	22502	-11.8
密 云 县	103799	75303	37.8	38439	32002	20.1
延 庆 县	40093	44464	-9.8	15461	17230	-10.3

注：城六区交通运输财政支出统一包含在市本级支出中。

3-18 续表4

单位：万元

区 县	地方公共财政预算支出中					
	#交通运输			#农林水事务		
	2013	2012	增长速度(%)	2013	2012	增长速度(%)
全 市	**2317948**	**2437624**	**-4.9**	**2976191**	**2226932**	**33.6**
首都功能核心区	**1980**	**2119**	**-6.6**	**656**	**367**	**78.7**
东 城 区		2119		501	167	200.0
西 城 区	1980			155	200	-22.5
城市功能拓展区	**26099**			**482067**	**396536**	**21.6**
朝 阳 区	2499			259035	220238	17.6
丰 台 区	12260			98499	67795	45.3
石景山区				22255	20008	11.2
海 淀 区	11340			102278	88495	15.6
城市发展新区	**131709**	**126229**	**4.3**	**1045959**	**753357**	**38.8**
房 山 区	35939	29798	20.6	226529	127624	77.5
通 州 区	17646	13005	35.7	236135	153365	54.0
顺 义 区	34957	35661	-2.0	228734	183641	24.6
昌 平 区	31112	30177	3.1	154062	130806	17.8
大 兴 区	12055	17588	-31.5	200499	157921	27.0
生态涵养发展区	**51950**	**70611**	**-26.4**	**678247**	**570661**	**18.9**
门头沟区	5819	3819	52.4	89332	82409	8.4
怀 柔 区	6303	7239	-12.9	119565	106102	12.7
平 谷 区	18922	19710	-4.0	117878	95349	23.6
密 云 县	8932	27952	-68.0	166515	151244	10.1
延 庆 县	11974	11891	0.7	184957	135557	36.4

注：城六区交通运输财政支出统一包含在市本级支出中。

3–18 续表5

单位：万元

区 县	地方财政支出中					
	地方公共财政预算支出中 #城乡社区事务			#政府性基金预算支出		
	2013	2012	增长速度(%)	2013	2012	增长速度(%)
全 市	**5106691**	**4307560**	**18.6**	**17988141**	**11184472**	**60.8**
首都功能核心区	**1219677**	**1145453**	**6.5**	**232517**	**672974**	**-65.4**
东 城 区	277999	276055	0.7	161624	127394	26.9
西 城 区	941678	869398	8.3	70893	545580	-87.0
城市功能拓展区	**1498634**	**1394012**	**7.5**	**3150163**	**2172779**	**45.0**
朝 阳 区	384346	331483	15.9	1461848	1163715	25.6
丰 台 区	261934	307785	-14.9	737916	765458	-3.6
石景山区	119120	81194	46.7	406136	56656	616.8
海 淀 区	733234	673550	8.9	544263	186950	191.1
城市发展新区	**891219**	**666229**	**33.8**	**6216908**	**3868573**	**60.7**
房 山 区	161189	126198	27.7	1430326	382761	273.7
通 州 区	141351	95573	47.9	1358265	918785	47.8
顺 义 区	167183	136935	22.1	822800	663599	24.0
昌 平 区	223112	144709	54.2	1212412	576596	110.3
大 兴 区	198384	162814	21.8	1393105	1326832	5.0
生态涵养发展区	**731437**	**412030**	**77.5**	**1624670**	**888577**	**82.8**
门头沟区	133661	92270	44.9	584111	206936	182.3
怀 柔 区	258707	106092	143.9	327716	158612	106.6
平 谷 区	90334	62640	44.2	217202	192997	12.5
密 云 县	91232	66236	37.7	370397	207481	78.5
延 庆 县	157503	84792	85.8	125244	122551	2.2

3-19　地税税费收入情况(2013年)

单位：万元

区　县	各项税费收入	#营业税	#交通运输仓储及邮政业	#信息传输、软件和信息技术服务业	#房地产业	#租赁和商务服务业	#居民服务、修理和其他服务业	#文化体育和娱乐业
全　市	**30616496**	**10323466**	**93238**	**278923**	**2564720**	**668119**	**690487**	**127721**
首都功能核心区	**8424722**	**3217655**	**16489**	**151987**	**304945**	**189796**	**141955**	**26562**
东 城 区	3037632	894839	7074	60915	133831	84655	31571	15050
西 城 区	5387090	2322816	9415	91072	171114	105141	110384	11512
城市功能拓展区	**14108378**	**4267416**	**28231**	**108294**	**1089142**	**322800**	**305071**	**85019**
朝 阳 区	6867421	2082619	8271	14604	648189	176507	103806	43993
丰 台 区	1494591	575567	14069	1563	173267	53619	59422	3431
石景山区	565673	213575	497	21770	39424	12683	17117	3545
海 淀 区	5180693	1395655	5394	70357	228262	79991	124726	34050
城市发展新区	**6140225**	**2167231**	**41502**	**11968**	**982646**	**100537**	**166439**	**12549**
房 山 区	676996	280928	515	904	149799	9785	18091	1689
通 州 区	892130	398790	2756	1725	223701	16244	53761	2076
顺 义 区	1359214	475894	34078	1356	149636	30681	13284	3011
昌 平 区	1118753	399530	983	1771	178078	10417	10015	3306
大 兴 区	978804	439658	2806	1380	222092	27413	60926	1768
北京经济技术开发区	1003743	157493	335	4832	58737	5810	9160	669
燕　　山	110585	14938	29		603	187	1202	30
生态涵养发展区	**1604118**	**550459**	**6159**	**6670**	**186642**	**26528**	**62613**	**3578**
门头沟区	330388	127610	379	1402	48658	3917	9525	511
怀 柔 区	438260	129543	573	499	35972	7835	23839	2216
平 谷 区	352006	121039	2878	1642	43143	5657	5295	362
密 云 县	355276	120745	643	2506	48424	7646	14118	372
延 庆 县	128188	51522	1686	621	10445	1473	9836	117
其 他	**339053**	**120705**	**857**	**4**	**1345**	**28458**	**14409**	**13**
西　　站	54000	40715	847		1281	443	13110	3
涉　　外	285053	79990	10	4	64	28015	1299	10

注：统计范围为北京地区上缴地方税务局税费的全部单位及自然人。

资料来源：北京市地方税务局。

3-20 全社会固定资产投资额

单位：亿元

区 县	全社会固定资产投资			#基础设施投资		
	2013	2012	增长速度(%)	2013	2012	增长速度(%)
全 市	**7032.2**	**6462.8**	**8.8**	**1785.7**	**1789.2**	**-0.2**
首都功能核心区	**408.1**	**381.0**	**7.1**	**138.8**	**131.6**	**5.4**
东 城 区	195.1	182.5	6.9	87.8	83.6	5.0
西 城 区	213.0	198.4	7.3	51.0	48.0	6.2
城市功能拓展区	**2906.7**	**2689.3**	**8.1**	**787.3**	**823.9**	**-4.4**
朝 阳 区	1216.7	1195.5	1.8	372.0	387.4	-4.0
丰 台 区	752.0	660.1	13.9	197.6	259.7	-23.9
石景山区	162.9	144.8	12.5	62.4	47.4	31.6
海 淀 区	775.1	688.9	12.5	155.3	129.4	20.0
城市发展新区	**2947.4**	**2725.3**	**8.2**	**609.5**	**670.7**	**-9.1**
房 山 区	493.7	490.1	0.7	146.6	165.7	-11.5
通 州 区	590.8	506.1	16.7	134.6	103.4	30.2
顺 义 区	429.7	418.6	2.6	94.0	77.0	22.1
昌 平 区	551.9	490.1	12.6	113.7	167.0	-31.9
大 兴 区	506.2	480.5	5.4	93.2	123.5	-24.5
北京经济技术开发区	375.2	339.9	10.4	27.3	34.1	-20.1
生态涵养发展区	**769.9**	**667.2**	**15.4**	**250.1**	**162.9**	**53.5**
门头沟区	230.1	190.7	20.7	63.4	48.2	31.5
怀 柔 区	156.0	138.3	12.8	42.3	28.4	49.1
平 谷 区	141.2	122.5	15.2	29.7	22.1	34.2
密 云 县	165.1	145.3	13.6	77.3	43.0	79.7
延 庆 县	77.6	70.4	10.2	37.5	21.2	76.3

注：本资料按项目所在建设地地址划分。

3-20 续表

单位：亿元

区　县	城镇固定资产投资			#房地产开发投资			农村投资		
	2013	2012	增长速度(%)	2013	2012	增长速度(%)	2013	2012	增长速度(%)
全　市	**6352.6**	**5853.1**	**8.5**	**3483.4**	**3153.4**	**10.5**	**679.6**	**609.8**	**11.5**
首都功能核心区	**408.1**	**381.0**	**7.1**	**190.9**	**192.5**	**-0.8**			
东 城 区	195.1	182.5	6.9	76.2	62.7	21.5			
西 城 区	213.0	198.4	7.3	114.8	129.9	-11.6			
城市功能拓展区	**2851.0**	**2642.8**	**7.9**	**1536.9**	**1388.7**	**10.7**	**55.7**	**46.6**	**19.7**
朝 阳 区	1197.5	1161.4	3.1	656.9	610.4	7.6	19.2	34.1	-43.8
丰 台 区	730.3	653.4	11.8	444.2	358.9	23.8	21.7	6.7	225.6
石景山区	162.9	144.8	12.5	82.6	74.8	10.4			
海 淀 区	760.2	683.2	11.3	353.3	344.7	2.5	14.9	5.8	158.2
城市发展新区	**2526.0**	**2356.2**	**7.2**	**1505.9**	**1343.9**	**12.1**	**421.5**	**369.1**	**14.2**
房 山 区	350.0	390.5	-10.4	183.3	181.9	0.8	143.7	99.6	44.2
通 州 区	504.8	418.0	20.7	360.9	296.4	21.8	86.0	88.0	-2.3
顺 义 区	371.7	371.8	0.0	195.8	195.3	0.3	58.0	46.8	24.0
昌 平 区	520.6	467.3	11.4	314.8	276.5	13.9	31.3	22.8	37.3
大 兴 区	403.8	368.7	9.5	309.3	288.1	7.4	102.4	111.8	-8.4
北京经济技术开发区	375.2	339.9	10.4	141.9	105.8	34.1			
生态涵养发展区	**567.5**	**473.1**	**19.9**	**249.6**	**228.3**	**9.3**	**202.4**	**194.1**	**4.3**
门头沟区	199.1	154.0	29.3	96.0	73.4	30.8	31.0	36.7	-15.5
怀 柔 区	125.2	114.3	9.6	50.6	52.9	-4.3	30.8	24.0	28.2
平 谷 区	89.0	68.4	30.1	54.5	39.6	37.7	52.2	54.1	-3.6
密 云 县	105.1	86.1	22.0	37.5	43.1	-12.9	60.0	59.2	1.4
延 庆 县	49.1	50.3	-2.4	10.9	19.3	-43.4	28.5	20.1	41.7

注：城镇固定资产投资中包括房地产开发投资。

3-21 全社会房屋建筑施工及竣工面积

单位：万平方米

区 县	房屋建筑施工面积			本年房屋建筑竣工面积		
	2013	2012	增长速度(%)	2013	2012	增长速度(%)
全 市	**21526.0**	**20045.4**	**7.4**	**3989.7**	**3723.5**	**7.1**
首都功能核心区	**501.3**	**665.1**	**-24.6**	**93.4**	**153.3**	**-39.1**
东 城 区	232.2	374.9	-38.1	37.1	82.8	-55.2
西 城 区	269.1	290.2	-7.3	56.3	70.5	-20.2
城市功能拓展区	**7905.8**	**7552.9**	**4.7**	**1137.8**	**1352.5**	**-15.9**
朝 阳 区	3866.8	3864.6	0.1	551.7	704.8	-21.7
丰 台 区	1885.8	1460.3	29.1	198.1	220.6	-10.2
石景山区	363.4	365.0	-0.4	118.1	80.8	46.2
海 淀 区	1789.9	1862.9	-3.9	269.9	346.3	-22.1
城市发展新区	**10983.6**	**9792.0**	**12.2**	**2181.9**	**1710.1**	**27.6**
房 山 区	1452.8	1373.5	5.8	254.8	207.7	22.6
通 州 区	1908.6	1730.4	10.3	322.5	342.2	-5.8
顺 义 区	1883.7	1632.2	15.4	318.3	224.8	41.6
昌 平 区	2184.3	1857.4	17.6	579.6	305.3	89.9
大 兴 区	1949.2	1831.1	6.5	341.5	558.8	-38.9
北京经济技术开发区	1605.0	1367.4	17.4	365.2	71.3	412.2
生态涵养发展区	**2135.3**	**2035.4**	**4.9**	**576.6**	**507.6**	**13.6**
门头沟区	684.4	624.5	9.6	142.1	21.8	553.3
怀 柔 区	449.7	426.5	5.5	116.2	109.9	5.7
平 谷 区	446.0	344.8	29.4	122.5	150.4	-18.6
密 云 县	402.8	465.8	-13.5	151.2	130.2	16.1
延 庆 县	152.2	173.8	-12.4	44.7	95.4	-53.2

注：此表为全社会口径，包括城镇、房地产开发、农村农户和非农户数据。

3-22 商品房基本情况

单位：万平方米

区 县	商品房施工面积			本年商品房竣工面积		
	2013	2012	增长速度(%)	2013	2012	增长速度(%)
全 市	**13886.9**	**13122.5**	**5.8**	**2666.4**	**2390.9**	**11.5**
首都功能核心区	**325.3**	**430.6**	**-24.5**	**65.9**	**107.1**	**-38.5**
东 城 区	151.9	240.9	-36.9	27.3	50.1	-45.6
西 城 区	173.4	189.8	-8.6	38.6	57.0	-32.2
城市功能拓展区	**5417.4**	**5455.0**	**-0.7**	**962.0**	**1050.1**	**-8.4**
朝 阳 区	2693.8	2732.4	-1.4	494.0	560.1	-11.8
丰 台 区	1382.5	1288.8	7.3	155.6	214.6	-27.5
石景山区	285.1	307.1	-7.1	98.1	66.5	47.5
海 淀 区	1056.0	1126.8	-6.3	214.4	208.9	2.6
城市发展新区	**7037.2**	**6290.7**	**11.9**	**1331.6**	**1070.2**	**24.4**
房 山 区	752.4	705.3	6.7	138.7	117.1	18.5
通 州 区	1367.5	1199.3	14.0	173.0	165.6	4.5
顺 义 区	1257.3	1039.0	21.0	230.1	100.8	128.3
昌 平 区	1524.5	1319.7	15.5	405.8	176.2	130.3
大 兴 区	1320.4	1409.0	-6.3	221.7	481.5	-54.0
北京经济技术开发区	815.0	618.4	31.8	162.3	29.2	456.4
生态涵养发展区	**1107.0**	**946.2**	**17.0**	**306.9**	**163.5**	**87.7**
门头沟区	366.1	305.9	19.7	112.4	10.6	957.0
怀 柔 区	169.9	203.3	-16.4	58.6	42.1	39.0
平 谷 区	252.4	138.5	82.2	28.0	39.9	-29.9
密 云 县	262.2	225.3	16.4	97.1	45.8	112.1
延 庆 县	56.4	73.2	-22.9	10.8	25.0	-56.8

3-22 续表

单位：万平方米

区　县	本年商品房销售面积			#住宅销售面积		
	2013	2012	增长速度(%)	2013	2012	增长速度(%)
全　市	**1903.1**	**1943.7**	**-2.1**	**1363.7**	**1483.4**	**-8.1**
首都功能核心区	**48.4**	**67.3**	**-28.1**	**30.8**	**30.2**	**2.0**
东 城 区	14.3	21.9	-34.9	5.1	9.5	-47.0
西 城 区	34.2	45.4	-24.7	25.7	20.6	24.6
城市功能拓展区	**635.9**	**805.3**	**-21.0**	**411.2**	**568.5**	**-27.7**
朝 阳 区	371.8	472.7	-21.3	233.8	334.3	-30.1
丰 台 区	130.0	142.1	-8.5	94.1	93.5	0.6
石景山区	54.2	26.6	104.0	33.8	9.7	247.3
海 淀 区	80.0	164.0	-51.2	49.4	130.9	-62.3
城市发展新区	**1053.0**	**900.6**	**16.9**	**771.2**	**724.4**	**6.5**
房 山 区	185.0	138.9	33.2	165.0	125.1	31.9
通 州 区	257.0	189.8	35.4	183.0	152.4	20.1
顺 义 区	217.2	129.9	67.2	164.7	99.3	65.9
昌 平 区	149.1	190.7	-21.8	124.9	167.6	-25.4
大 兴 区	201.5	220.5	-8.6	133.2	174.2	-23.5
北京经济技术开发区	43.1	30.8	39.9	0.3	5.9	-94.5
生态涵养发展区	**165.8**	**170.5**	**-2.8**	**150.5**	**160.3**	**-6.1**
门头沟区	22.5	48.0	-53.1	16.9	43.1	-60.8
怀 柔 区	45.2	23.2	95.0	39.9	22.1	80.7
平 谷 区	23.4	30.2	-22.5	22.9	29.5	-22.6
密 云 县	64.1	52.9	21.1	62.4	49.4	26.1
延 庆 县	10.6	16.3	-34.7	8.4	16.1	-47.6

注：销售面积为期房与现房销售面积之和。

3-23 能源消费基本情况(2013年)

区 县	能源消费总量 (万吨标准煤)	万元地区生产总值能耗下降率 (%)
全 市	**7354.2**	
首都功能核心区	**734.9**	**4.08**
东 城 区	289.2	3.56
西 城 区	445.7	4.44
城市功能拓展区	**2671.5**	**5.74**
朝 阳 区	1109.2	5.76
丰 台 区	416.1	5.43
石景山区	326.5	8.24
海 淀 区	819.7	4.92
城市发展新区	**3033.1**	**6.89**
房 山 区	887.5	10.20
通 州 区	310.6	4.70
顺 义 区	1016.2	4.16
昌 平 区	376.4	6.06
大 兴 区	284.1	5.92
北京经济技术开发区	158.3	5.00
生态涵养发展区	**457.6**	**5.17**
门头沟区	69.7	8.74
怀 柔 区	112.8	4.31
平 谷 区	110.9	3.46
密 云 县	109.3	5.34
延 庆 县	54.9	5.23

注：1.能源消费总量、万元地区生产总值能耗下降率为初步核算数据。

2.万元地区生产总值能耗下降率按可比价计算。

3.根据有关核算原则，在进行能源核算时，对部分无法进行区县分解的数据，由市统计局统一核算，故表中各区县及北京经济技术开发区能源消费量之和不等于全市能源消费量。

3-24 全社会用电量情况(2013年)

单位：万千瓦时

区 县	合 计	第一产业	第二产业	工 业	建筑业	第三产业	居民生活
全 市	**9131113**	**185749**	**3345854**	**3110626**	**235229**	**4029145**	**1570365**
首都功能核心区	**984369**		**45158**	**33343**	**11814**	**727354**	**211857**
东 城 区	440807		15719	12476	3243	339177	85911
西 城 区	543561		29438	20868	8571	388177	125946
城市功能拓展区	**3626525**	**26204**	**513846**	**408583**	**105263**	**2322009**	**764466**
朝 阳 区	1533200	4685	237994	186626	51368	972478	318043
丰 台 区	699334	5713	122059	99223	22836	405129	166434
石景山区	154929	314	33144	29709	3435	84702	36770
海 淀 区	1239062	15493	120650	93026	27624	859700	243220
城市发展新区	**3046546**	**128692**	**1628243**	**1528555**	**99689**	**807644**	**481966**
房 山 区	535477	25149	371612	357931	13682	80351	58364
通 州 区	472190	29619	225450	203149	22301	113619	103502
顺 义 区	586044	27605	283305	266695	16609	182954	92180
昌 平 区	594654	19217	232758	210724	22034	221593	121086
大 兴 区	468693	27093	210667	194806	15861	137798	93135
北京经济技术开发区	389488	8	304452	295250	9202	71328	13699
生态涵养发展区	**592880**	**30852**	**277814**	**259351**	**18463**	**172138**	**112075**
门头沟区	93673	1362	36849	31719	5131	32473	22989
怀 柔 区	157800	6990	87094	82676	4418	40186	23530
平 谷 区	123833	11544	65263	62183	3080	22790	24237
密 云 县	143405	6184	78101	73967	4134	32002	27118
延 庆 县	74167	4772	10507	8807	1700	44688	14201

注：表内全市合计中包括输送损失，各区县及北京经济技术开发区用电量不含输送损失，故表中各区县及北京经济技术开发区用电量之和不等于全市。

资料来源：北京市电力公司。

3-25 农村基本情况

区 县	乡镇及行政村常住户数(万户)			乡镇及行政村常住人口(万人)			乡镇及行政村从业人员(万人)			乡镇及行政村农林牧渔业从业人员(万人)		
	2013	2012	增长速度(%)	2013	2012	增长速度(%)	2013	2012	增长速度(%)	2013	2012	增长速度(%)
全 市	**221.9**	**215.2**	**3.1**	**599.5**	**582.5**	**2.9**	**353.5**	**341.7**	**3.5**	**54.4**	**56.3**	**-3.4**
城市功能拓展区	**59.0**	**59.0**	**0.1**	**158.2**	**157.4**	**0.5**	**98.3**	**96.8**	**1.5**	**3.0**	**3.0**	**-2.6**
朝 阳 区	31.2	31.5	-0.9	80.6	80.7	-0.1	50.6	49.9	1.5	0.6	0.6	-7.9
丰 台 区	12.7	12.6	0.4	36.0	36.0		22.9	22.9	0.2	1.2	1.2	-1.6
海 淀 区	15.1	14.8	1.7	41.7	40.7	2.3	24.7	24.0	2.9	1.2	1.2	-0.7
城市发展新区	**115.8**	**110.1**	**5.2**	**324.3**	**309.1**	**4.9**	**189.4**	**179.5**	**5.5**	**29.4**	**30.6**	**-4.0**
房 山 区	25.9	24.6	5.3	58.4	56.4	3.4	30.3	29.6	2.3	7.2	7.3	-1.4
通 州 区	26.3	25.8	2.0	72.5	70.5	2.8	41.2	39.7	3.9	5.8	6.4	-9.0
顺 义 区	21.3	20.6	3.6	59.7	57.3	4.1	32.9	31.9	3.0	4.0	4.1	-3.0
昌 平 区	23.2	20.0	16.3	71.6	61.5	16.5	45.8	38.9	17.8	4.1	4.0	2.7
大 兴 区	19.1	19.2	-0.6	62.1	63.3	-1.9	39.2	39.4	-0.7	8.2	8.8	-6.0
生态涵养发展区	**47.1**	**46.2**	**2.1**	**117.1**	**116.1**	**0.9**	**65.8**	**65.3**	**0.8**	**22.1**	**22.7**	**-2.7**
门头沟区	4.2	4.1	1.1	8.8	8.9	-1.2	4.3	4.6	-5.2	0.9	1.0	-4.4
怀 柔 区	9.5	9.1	3.6	23.5	22.9	2.4	12.8	12.5	2.2	3.8	3.9	-1.8
平 谷 区	11.1	11.0	0.8	32.0	31.4	1.9	18.2	17.8	2.1	5.5	5.7	-2.7
密 云 县	13.0	12.6	3.7	31.7	31.5	0.6	18.4	18.2	1.1	7.1	7.3	-2.3
延 庆 县	9.3	9.3	0.4	21.1	21.4	-1.1	12.1	12.2	-0.7	4.7	4.9	-3.9

3-25 续表

区 县	农业机械总动力(万千瓦)			化肥施用量(折纯量)(吨)			农村用电量(万千瓦小时)			有效灌溉面积(千公顷)		
	2013	2012	增长速度(%)	2013	2012	增长速度(%)	2013	2012	增长速度(%)	2013	2012	增长速度(%)
全 市	**207.7**	**241.1**	**-13.8**	**127808.9**	**136707.0**	**-6.5**	**485319.6**	**473120.8**	**2.6**	**154.42**	**159.24**	**-3.0**
城市功能拓展区	**11.3**	**14.5**	**-21.7**	**1691.2**	**1563.7**	**8.2**	**152910.1**	**153481.7**	**-0.4**	**4.64**	**5.73**	**-19.1**
朝阳区	0.9	1.0	-2.7	332.8	319.3	4.2	76995.8	76342.1	0.9	2.46	3.41	-27.9
丰台区	5.2	5.3	-2.1	139.7	124.1	12.6	43918.6	45426.1	-3.3	1.24	1.45	-14.2
海淀区	5.2	8.2	-36.5	1218.7	1120.3	8.8	31995.7	31713.5	0.9	0.93	0.87	7.2
城市发展新区	**112.6**	**138.4**	**-18.6**	**93311.6**	**100896.7**	**-7.5**	**243728.2**	**234489.5**	**3.9**	**115.93**	**118.26**	**-2.0**
房山区	23.8	31.2	-23.7	11947.8	13374.1	-10.7	46568.8	45477.4	2.4	19.24	19.17	0.4
通州区	18.8	25.7	-26.8	25412.4	27321.3	-7.0	61029.4	58437.5	4.4	27.08	27.81	-2.7
顺义区	32.1	37.8	-15.2	22869.5	24302.4	-5.9	44320.7	42604.5	4.0	28.58	28.46	0.4
昌平区	7.9	6.9	14.7	3436.4	3882.3	-11.5	58929.3	55057.6	7.0	5.74	5.74	
大兴区	30.0	36.8	-18.4	29645.5	32016.6	-7.4	32880.0	32912.5	-0.1	35.29	37.08	-4.8
生态涵养发展区	**78.4**	**88.2**	**-11.1**	**32806.1**	**34246.6**	**-4.2**	**88681.3**	**85149.6**	**4.1**	**33.85**	**35.25**	**-4.0**
门头沟区	2.0	2.0	-1.1	140.3	132.7	5.7	8275.4	8087.2	2.3	0.08	0.13	-36.5
怀柔区	11.9	15.1	-21.2	5020.1	4846.8	3.6	17850.4	16981.8	5.1	6.66	7.07	-5.9
平谷区	22.7	27.0	-16.0	8586.7	8753.8	-1.9	32713.7	31787.8	2.9	9.66	10.15	-4.8
密云县	23.8	23.8	-0.1	6933.8	7203.4	-3.7	19511.6	18286.9	6.7	5.71	5.85	-2.3
延庆县	18.0	20.2	-11.0	12125.2	13309.9	-8.9	10330.2	10005.9	3.2	11.74	12.05	-2.6

注：全市2013年农业机械总动力包含首农集团未分配到各区县的农机具数据，故分区县数据相加不等于全市。

资料来源：北京市农业局。

3-26 农林牧渔业总产值

单位：万元

区 县	农林牧渔业总产值			农 业			林 业		
	2013	2012	增长速度(%)	2013	2012	增长速度(%)	2013	2012	增长速度(%)
全 市	**4217827.9**	**3957128.8**	**6.6**	**1704065.2**	**1662890.9**	**2.5**	**758857.3**	**548252.5**	**38.4**
城市功能拓展区	**136767.8**	**136907.1**	**-0.1**	**37076.9**	**40052.7**	**-7.4**	**63432.7**	**57595.5**	**10.1**
朝 阳 区	42471.0	45142.2	-5.9	7764.0	7826.6	-0.8	21461.9	22951.3	-6.5
丰 台 区	36377.1	34454.1	5.6	10440.8	13891.3	-24.8	20367.7	14424.4	41.2
海 淀 区	57919.7	57310.8	1.1	18872.1	18334.8	2.9	21603.1	20219.8	6.8
城市发展新区	**2634126.4**	**2463257.8**	**6.9**	**1059380.9**	**1053378.8**	**0.6**	**485567.2**	**322769.4**	**50.4**
房 山 区	505758.3	464499.0	8.9	169092.4	167929.8	0.7	122251.5	79450.6	53.9
通 州 区	554136.5	515362.3	7.5	257769.7	248618.6	3.7	110130.2	70951.2	55.2
顺 义 区	683390.3	675548.2	1.2	250407.8	261831.8	-4.4	74923.5	60915.7	23.0
昌 平 区	278450.1	259915.4	7.1	96286.7	99453.1	-3.2	86666.1	58803.9	47.4
大 兴 区	612391.2	547932.9	11.8	285824.3	275545.5	3.7	91595.9	52648.0	74.0
生态涵养发展区	**1437933.7**	**1347463.9**	**6.7**	**607607.4**	**569459.4**	**6.7**	**209857.4**	**167887.6**	**25.0**
门头沟区	53307.9	53219.3	0.2	11310.4	11189.8	1.1	28381.6	26420.6	7.4
怀 柔 区	203304.0	191308.1	6.3	70651.2	70455.8	0.3	31800.7	24806.8	28.2
平 谷 区	447042.5	397091.7	12.6	238691.3	222272.1	7.4	38847.1	25727.1	51.0
密 云 县	473384.4	456101.8	3.8	208385.5	193925.1	7.5	55396.1	40641.1	36.3
延 庆 县	260894.9	249743.0	4.5	78569.0	71616.6	9.7	55431.9	50292.0	10.2

注：全市渔业产值含远洋捕捞，区县不包括远洋捕捞数据，故分区县数据相加不等于全市。

3-26 续表

单位：万元

区 县	牧业			渔业			农林牧渔服务业		
	2013	2012	增长速度(%)	2013	2012	增长速度(%)	2013	2012	增长速度(%)
全 市	**1547519.2**	**1541607.2**	**0.4**	**127809.5**	**129778.2**	**-1.5**	**79576.7**	**74600.0**	**6.7**
城市功能拓展区	**18465.5**	**21882.8**	**-15.6**	**7410.7**	**7642.9**	**-3.0**	**10382.0**	**9733.2**	**6.7**
朝 阳 区	5052.0	5984.6	-15.6	5394.0	5580.6	-3.3	2799.1	2799.1	
丰 台 区	2613.1	3258.0	-19.8	1658.1	1684.2	-1.5	1297.4	1196.2	8.5
海 淀 区	10800.4	12640.2	-14.6	358.6	378.1	-5.2	6285.5	5737.9	9.5
城市发展新区	**973470.5**	**971130.4**	**0.2**	**62705.9**	**66130.7**	**-5.2**	**53001.9**	**49848.5**	**6.3**
房 山 区	194553.9	190084.4	2.4	7304.4	15163.4	-51.8	12556.1	11870.8	5.8
通 州 区	148952.8	162435.6	-8.3	28251.8	24760.4	14.1	9032.0	8596.5	5.1
顺 义 区	321373.5	317407.7	1.2	20403.9	20004.1	2.0	16281.6	15388.9	5.8
昌 平 区	85244.7	92041.8	-7.4	3396.8	3253.1	4.4	6855.8	6363.5	7.7
大 兴 区	223345.6	209160.9	6.8	3349.0	2949.7	13.5	8276.4	7628.8	8.5
生态涵养发展区	**555583.2**	**548594.0**	**1.3**	**48692.9**	**46504.6**	**4.7**	**16192.8**	**15018.3**	**7.8**
门头沟区	12796.3	14867.3	-13.9				819.6	741.6	10.5
怀 柔 区	86540.2	82081.0	5.4	13496.0	13198.4	2.3	815.9	766.1	6.5
平 谷 区	148221.9	129264.9	14.7	19985.0	18669.4	7.0	1297.2	1158.2	12.0
密 云 县	190047.0	202944.3	-6.4	11430.9	11002.5	3.9	8124.9	7588.8	7.1
延 庆 县	117977.8	119436.5	-1.2	3781.0	3634.3	4.0	5135.2	4763.6	7.8

3-27 农作物播种面积

单位：公顷

区 县	农作物播种面积			#粮食作物			#蔬菜及食用菌		
	2013	2012	增长速度(%)	2013	2012	增长速度(%)	2013	2012	增长速度(%)
全 市	**242458**	**282715**	**-14.2**	**158911**	**193875**	**-18.0**	**61985**	**64090**	**-3.3**
城市功能拓展区	**2549**	**3049**	**-16.4**	**808**	**1089**	**-25.8**	**1400**	**1402**	**-0.2**
朝 阳 区	519	785	-33.9	90	266	-66.0	364	414	-12.0
丰 台 区	687	820	-16.2	250	307	-18.6	255	192	32.9
海 淀 区	1343	1444	-7.0	468	516	-9.4	781	797	-2.0
城市发展新区	**163513**	**196430**	**-16.8**	**100434**	**129354**	**-22.4**	**47968**	**49142**	**-2.4**
房 山 区	25464	32990	-22.8	18938	26044	-27.3	4787	4957	-3.4
通 州 区	34999	43903	-20.3	19692	28025	-29.7	13824	14046	-1.6
顺 义 区	43499	50572	-14.0	29184	34931	-16.5	9596	10090	-4.9
昌 平 区	6074	7708	-21.2	3284	4560	-28.0	1608	1514	6.2
大 兴 区	53477	61258	-12.7	29336	35795	-18.0	18153	18534	-2.1
生态涵养发展区	**76397**	**83236**	**-8.2**	**57669**	**63431**	**-9.1**	**12617**	**13546**	**-6.9**
门头沟区	2935	3109	-5.6	1543	1631	-5.4	143	122	16.9
怀 柔 区	11126	11784	-5.6	9442	10055	-6.1	1115	1161	-3.9
平 谷 区	15814	17435	-9.3	10406	11909	-12.6	4959	5075	-2.3
密 云 县	23037	25022	-7.9	17360	18703	-7.2	4098	4644	-11.7
延 庆 县	23485	25886	-9.3	18919	21133	-10.5	2302	2544	-9.5

3-28 主要农产品产量

单位：吨

区 县	粮食			蔬菜及食用菌			禽蛋		
	2013	2012	增长速度(%)	2013	2012	增长速度(%)	2013	2012	增长速度(%)
全 市	**961260**	**1137734**	**-15.5**	**2668593**	**2799020**	**-4.7**	**175020**	**152409**	**14.8**
城市功能拓展区	**4485**	**5661**	**-20.8**	**35430**	**35436**	**-0.02**	**1193**	**1196**	**-0.2**
朝阳区	514	1574	-67.3	6668	7582	-12.1			
丰台区	1012	1004	0.8	6072	4044	50.2	721	852	-15.4
海淀区	2959	3084	-4.1	22689	23810	-4.7	472	344	37.3
城市发展新区	**599820**	**757714**	**-20.8**	**2044511**	**2106602**	**-2.9**	**58615**	**60317**	**-2.8**
房山区	98649	128838	-23.4	164158	169814	-3.3	10974	11766	-6.7
通州区	121831	169521	-28.1	617605	632417	-2.3	8030	7546	6.4
顺义区	174458	208784	-16.4	426514	446153	-4.4	14392	14794	-2.7
昌平区	14291	21082	-32.2	43931	41646	5.5	8511	9081	-6.3
大兴区	190591	229489	-16.9	792304	816572	-3.0	16709	17130	-2.5
生态涵养发展区	**343770**	**352418**	**-2.5**	**588652**	**656982**	**-10.4**	**115212**	**90896**	**26.8**
门头沟区	2332	2580	-9.6	4668	3058	52.7	235	296	-20.8
怀柔区	49098	57430	-14.5	37491	37495	-0.01	1783	2463	-27.6
平谷区	60278	68856	-12.5	238624	252673	-5.6	52315	30714	70.3
密云县	88470	97686	-9.4	216098	257585	-16.1	23526	21476	9.5
延庆县	143593	125866	14.1	91772	106171	-13.6	37354	35947	3.9

注：全市粮食产量为抽样调查推算数据，故与区县数据合计数不等。

3-28 续表1

单位：吨

区 县	干鲜果品						瓜类及草莓		
				#鲜 果					
	2013	2012	增长速度(%)	2013	2012	增长速度(%)	2013	2012	增长速度(%)
全 市	**795071**	**842580**	**-5.6**	**741135**	**795836**	**-6.9**	**297352**	**340211**	**-12.6**
城市功能拓展区	**7324**	**9017**	**-18.8**	**7307**	**9001**	**-18.8**	**297**	**357**	**-17.0**
朝 阳 区	561	960	-41.5	561	960	-41.5	95	84	13.6
丰 台 区	1571	1490	5.4	1565	1484	5.4	56	69	-17.9
海 淀 区	5192	6567	-20.9	5181	6557	-21.0	145	205	-29.2
城市发展新区	**316841**	**353620**	**-10.4**	**312967**	**350332**	**-10.7**	**292252**	**334143**	**-12.5**
房 山 区	52275	62589	-16.5	50717	61155	-17.1	10758	8420	27.8
通 州 区	54180	62004	-12.6	54103	61914	-12.6	23750	29306	-19.0
顺 义 区	69409	73210	-5.2	69325	73134	-5.2	86347	98070	-12.0
昌 平 区	34547	40921	-15.6	32414	39271	-17.5	9262	12154	-23.8
大 兴 区	106430	114896	-7.4	106408	114857	-7.4	162136	186193	-12.9
生态涵养发展区	**470905**	**479943**	**-1.9**	**420862**	**436503**	**-3.6**	**4804**	**5710**	**-15.9**
门头沟区	3149	3900	-19.3	2644	3447	-23.3	2	2	20.0
怀 柔 区	36244	36561	-0.9	18993	21271	-10.7	425	691	-38.5
平 谷 区	320696	327132	-2.0	315664	322671	-2.2	2666	2749	-3.0
密 云 县	82297	83122	-1.0	59529	63642	-6.5	888	1026	-13.5
延 庆 县	28520	29228	-2.4	24032	25472	-5.7	822	1244	-33.9

3–28 续表2

单位：吨

区 县	肉类			#猪牛羊肉			牛奶		
	2013	2012	增长速度(%)	2013	2012	增长速度(%)	2013	2012	增长速度(%)
全　市	**418037**	**431926**	**-3.2**	**278772**	**273172**	**2.0**	**614618**	**650522**	**-5.5**
城市功能拓展区	**2469**	**2946**	**-16.2**	**2245**	**2377**	**-5.6**	**23930**	**34904**	**-31.4**
朝阳区	6	11	-48.1	6	11	-48.1	12302	16946	-27.4
丰台区	488	553	-11.8	421	431	-2.2	893	2977	-70.0
海淀区	1976	2381	-17.0	1818	1935	-6.1	10734	14981	-28.3
城市发展新区	**268463**	**269629**	**-0.4**	**201324**	**199754**	**0.8**	**399106**	**405883**	**-1.7**
房山区	49714	50613	-1.8	36940	34775	6.2	42733	34563	23.6
通州区	38137	45503	-16.2	26787	29360	-8.8	104329	103799	0.5
顺义区	102998	103000		85167	83796	1.6	56142	60138	-6.6
昌平区	11671	10161	14.9	8963	8077	11.0	51944	56034	-7.3
大兴区	65944	60352	9.3	43468	43747	-0.6	143958	151349	-4.9
生态涵养发展区	**147105**	**159351**	**-7.7**	**75203**	**71041**	**5.9**	**191583**	**209735**	**-8.7**
门头沟区	5608	6218	-9.8	649	850	-23.7	110	566	-80.5
怀柔区	27163	26567	2.2	10627	9972	6.6	43094	45246	-4.8
平谷区	44080	42135	4.6	32911	31049	6.0	2428	3383	-28.2
密云县	48351	56252	-14.0	20041	18974	5.6	78679	81573	-3.5
延庆县	21904	28179	-22.3	10975	10195	7.6	67271	78968	-14.8

3-28 续表3

单位：百枝、百盆

区 县	鲜切花			盆栽花			盆栽观叶植物		
	2013	2012	增长速度(%)	2013	2012	增长速度(%)	2013	2012	增长速度(%)
全 市	**386394**	**489388**	**-21.0**	**1264709**	**1408332**	**-10.2**	**12512**	**9761**	**28.2**
城市功能拓展区	**500**	**4850**	**-89.7**	**56040**	**96040**	**-41.6**	**7671**	**3955**	**93.9**
朝 阳 区		450		407	540	-24.6	296	210	40.7
丰 台 区	500	4083	-87.8	38344	74608	-48.6	7300	3610	102.2
海 淀 区		317		17289	20892	-17.2	75	135	-44.3
城市发展新区	**266135**	**356578**	**-25.4**	**1077710**	**1152406**	**-6.5**	**4774**	**5733**	**-16.7**
房 山 区	6345	10479	-39.4	98945	94032	5.2	3936	3949	-0.3
通 州 区	190310	225225	-15.5	96911	112157	-13.6	208	216	-3.6
顺 义 区	25099	49779	-49.6	513534	589753	-12.9	35	261	-86.6
昌 平 区	33151	34835	-4.8	59328	72064	-17.7	140	198	-29.2
大 兴 区	11230	36260	-69.0	308992	284401	8.6	455	1109	-59.0
生态涵养发展区	**119759**	**127959**	**-6.4**	**130959**	**159886**	**-18.1**	**67**	**73**	**-8.1**
门头沟区				160	180	-11.1			
怀 柔 区	1954	949	105.9	13643	28202	-51.6	11	10	14.6
平 谷 区	35920	18490	94.3	610	113	438.8			
密 云 县	20845	33852	-38.4	445	1015	-56.2	2	5	-70.0
延 庆 县	61040	74668	-18.3	116101	130376	-10.9	54	58	-6.6

3–29　水产品产量

单位：吨

区　县	2013	2012	增长速度(%)
全　市	**63610**	**63842**	**-0.4**
城市功能拓展区	**1513**	**1635**	**-7.5**
朝 阳 区	450	493	-8.7
丰 台 区	644	623	3.4
海 淀 区	419	519	-19.3
城市发展新区	**28495**	**26561**	**7.3**
房 山 区	2944	2060	42.9
通 州 区	9409	8729	7.8
顺 义 区	11800	11704	0.8
昌 平 区	2200	2168	1.5
大 兴 区	2142	1900	12.7
生态涵养发展区	**26595**	**26066**	**2.0**
门头沟区			
怀 柔 区	3873	3756	3.1
平 谷 区	14816	14510	2.1
密 云 县	4800	4700	2.1
延 庆 县	3106	3100	0.2

注：全市合计数中含远洋捕捞数据(2013年为7007吨，2012年为9580吨)，分区县数据不包括，故分区县数据相加不等于全市。

数据来源：北京市农业局。

3-30 生猪饲养和产量情况(2013年)

区 县	年末生猪存栏 (头)	生猪出栏 (头)	猪肉产量 (吨)
全 市	**1892275**	**3143923**	**246257**
城市功能拓展区	**18826**	**27287**	**2092**
丰 台 区	2284	4948	371
海 淀 区	16542	22339	1721
城市发展新区	**1334466**	**2268005**	**179166**
房 山 区	302992	433499	33749
通 州 区	146552	285622	23110
顺 义 区	545354	951053	75173
昌 平 区	75583	105757	8160
大 兴 区	263985	492074	38974
生态涵养发展区	**538983**	**848631**	**65000**
门头沟区	4562	6061	471
怀 柔 区	81557	121365	9452
平 谷 区	245598	383073	29016
密 云 县	141047	222697	17024
延 庆 县	66219	115435	9037

3-31 农业观光园情况

区 县	农业观光园个数(个)		从业人员(人)		接待人次(人次)		经营总收入(万元)	
	2013	2012	2013	2012	2013	2012	2013	2012
全 市	**1299**	**1283**	**50406**	**48906**	**19443895**	**19399472**	**273600**	**268821**
城市功能拓展区	**84**	**85**	**5320**	**5511**	**2152930**	**2810589**	**51562.5**	**55253**
朝 阳 区	12	14	2181	2271	1173297	1325973	42229	45654
丰 台 区	12	13	636	853	632903	1164760	2283	2687
海 淀 区	60	58	2503	2387	346730	319856	7050	6912
城市发展新区	**532**	**528**	**27054**	**26306**	**7150437**	**7188397**	**122241**	**119603**
房 山 区	105	108	2973	3138	1628726	1596625	16905	16691
通 州 区	55	51	3248	2288	774100	655033	20573	15624
顺 义 区	59	58	2906	2510	948374	771332	13856	14216
昌 平 区	199	199	6868	7227	1883582	1991438	51226	53406
大 兴 区	114	112	11059	11143	1915655	2173969	19682	19666
生态涵养发展区	**682**	**669**	**17996**	**17049**	**10139728**	**9398586**	**99791**	**93955**
门头沟区	61	62	1477	1571	403925	492578	6290	7730
怀 柔 区	217	223	2247	2299	1891901	1774509	16287	14938
平 谷 区	213	207	8880	8364	3764873	3365214	29032	23790
密 云 县	155	142	4197	3505	3572952	3229420	42867	41942
延 庆 县	36	35	1195	1310	506077	536865	5315	5555

注：全市合计数中含石景山区数据，故分区县数据相加不等于合计。

3-32 民俗旅游情况

区 县	民俗旅游接待户数(户)		期末从业人员(人)		民俗旅游接待人次(人次)		民俗旅游总收入(万元)	
	2013	2012	2013	2012	2013	2012	2013	2012
全 市	**8530**	**8367**	**19578**	**18705**	**18065498**	**16957639**	**101959**	**90548**
城市功能拓展区	**43**	**63**	**66**	**69**	**47700**	**54775**	**330**	**331**
朝 阳 区	8	8	12	12	3308	5392	20	34
海 淀 区	35	55	54	57	44392	49383	310	297
城市发展新区	**1882**	**1845**	**4118**	**3909**	**3217706**	**3464885**	**17196**	**17653**
房 山 区	1294	1248	1987	1802	1578682	1725634	9023	9204
通 州 区	77	77	138	131	25435	31696	893	1003
顺 义 区	25	28	39	44	17965	22619	75	75
昌 平 区	314	326	1171	1183	1186321	1283966	5605	5924
大 兴 区	172	166	783	749	409303	400970	1601	1447
生态涵养发展区	**6605**	**6459**	**15394**	**14727**	**14800092**	**13437979**	**84433**	**72564**
门头沟区	568	564	1304	1463	649635	650135	5156	4893
怀 柔 区	1582	1598	3085	2933	2193056	2148578	14450	13807
平 谷 区	2213	2216	5681	5243	4018251	3716780	23724	19649
密 云 县	1438	1305	2875	2644	3450732	3144497	17914	15499
延 庆 县	804	776	2449	2444	4488418	3777989	23188	18716

注：民俗旅游接待户数为实际经营的户数。

3-33 设施农业生产情况(2013年)

区 县	设施农业播种面积（公顷）	设施农业总收入（万元）	#花卉苗木	设施农业产品产量		
				蔬菜及食用菌（吨）	瓜 果（吨）	水 果（吨）
全 市	**38763**	**573197**	**41930**	**1152600**	**222570**	**5738**
城市功能拓展区	**1092**	**19503**	**5435**	**21154**	**291**	**132**
朝 阳 区	237	3935	12	4309	93	
丰 台 区	258	8179	4768	3886	56	24
海 淀 区	597	7389	655	12959	141	108
城市发展新区	**33188**	**446264**	**31079**	**953309**	**218767**	**3024**
房 山 区	2818	42904	2381	78175	2071	106
通 州 区	7983	131319	6346	299679	9122	774
顺 义 区	6142	68476	9251	160322	59046	423
昌 平 区	1533	57439	6146	25054	8908	21
大 兴 区	14711	146125	6956	390078	139620	1700
生态涵养发展区	**4483**	**107430**	**5415**	**178138**	**3512**	**2582**
门头沟区	47	3994	13	3422	2	1
怀 柔 区	425	10952	524	13786	413	104
平 谷 区	1668	35763	894	63285	1432	1729
密 云 县	1714	42410	995	76870	888	657
延 庆 县	630	14310	2990	20775	777	92

3-34 种业发展情况(2013年)

区 县	种业收入(万元)	#销往外埠收入(万元)	种业产品产量						
			小麦种(公斤)	玉米种(公斤)	树 苗(百株)	种 猪(头)	种 羊(只)	种雏禽(万只)	种鱼苗(万尾)
全 市	**139808**	**82287**	**4434263**	**486735**	**13939**	**261970**	**1554**	**3037**	**5940**
城市功能拓展区	**1829**	**1409**			**197**	**4658**		**41**	**2760**
朝 阳 区	284	252							2760
海 淀 区	1545	1157			197	4658		41	
城市发展新区	**94788**	**56536**	**4434263**		**4460**	**234264**	**1554**	**1227**	**623**
房 山 区	8742	1305	455263			2495		162	
通 州 区	3572	2701	3727000		3877	2044	83		622
顺 义 区	53381	37062				192297	1300	479	
昌 平 区	16635	9315			583	3738	171	581	1
大 兴 区	12459	6154	252000			33690		5	
生态涵养发展区	**43190**	**24341**		**486735**	**9282**	**23048**		**1770**	**2557**
门头沟区	1035				3945			1	
怀 柔 区	4627	2537		81903	135	6500		524	2341
平 谷 区	14667	6332			292	3577		739	
密 云 县	10989	7724		404832	4140	8570		506	196
延 庆 县	11871	7748			770	4401			20

3-35 郊区县乡镇企业主要经济指标(2013年)

区 县	企业个数(个)	从业人员(人)	总收入(万元)	利润总额(万元)	上缴税金(万元)
全 市	**149544**	**1229627**	**52718678**	**3085543**	**2125271**
城市功能拓展区	**4108**	**128658**	**8413954**	**540717**	**286598**
朝 阳 区	398	41563	6173651	273280	184186
丰 台 区	398	41621	1005941	123147	49283
海 淀 区	3312	45474	1234362	144290	53129
城市发展新区	**100309**	**896666**	**37322545**	**2224217**	**1599419**
房 山 区	33856	294089	5968455	283658	147600
通 州 区	26513	183724	6933608	289630	334439
顺 义 区	25037	214876	13393628	760562	584733
昌 平 区	2320	63920	3491026	326244	138057
大 兴 区	12583	140057	7535828	564123	394590
生态涵养发展区	**45127**	**204303**	**6982179**	**320609**	**239254**
门头沟区	7383	19399	532777	56295	10638
怀 柔 区	9926	43962	2182142	169090	93487
平 谷 区	9262	56091	1570932	1736	22157
密 云 县	12021	58597	1767250	54501	41429
延 庆 县	6535	26254	929078	38987	71543

数据来源：北京市经济和信息化委员会。

3-36 郊区县乡镇个体、私营企业主要经济指标(2013年)

区 县	企业个数(个)	从业人员(人)	总收入(万元)	利润总额(万元)	上缴税金(万元)
全 市	**141074**	**701337**	**14435385**	**935613**	**576493**
城市功能拓展区	**2983**	**26315**	**1324389**	**75984**	**38283**
朝 阳 区	82	7004	795140	42578	24660
丰 台 区	1	929	35093	921	630
海 淀 区	2900	18382	494156	32485	12993
城市发展新区	**94250**	**547656**	**10403379**	**635899**	**423915**
房 山 区	33434	255534	3689267	198501	91903
通 州 区	23339	85391	1550201	91843	95882
顺 义 区	24511	111010	2075247	197286	126213
昌 平 区	1866	19451	406730	29618	17769
大 兴 区	11100	76270	2681934	118651	92148
生态涵养发展区	**43841**	**127366**	**2707617**	**223730**	**114295**
门头沟区	7272	15620	345777	46526	6264
怀 柔 区	9654	23834	888201	107975	27685
平 谷 区	8741	26709	274593	8339	5721
密 云 县	11757	40977	707610	32428	13495
延 庆 县	6417	20226	491436	28462	61130

数据来源：北京市经济和信息化委员会。

3-37 规模以上工业企业产值情况

单位：万元

区 县	工业总产值(当年价格)		#国有控股	
	2013	2012	2013	2012
全 市	**173708872**	**155962123**	**100544376**	**90858999**
首都功能核心区	**10067389**	**9427155**	**7148674**	**6909831**
东城区	1235472	1095985	500563	447271
西城区	8831916	8331170	6648111	6462560
城市功能拓展区	**34966254**	**34183914**	**20156252**	**20316776**
朝阳区	10931532	12392069	7971149	8999021
丰台区	4186163	3864183	2741000	2383984
石景山区	2765482	3034631	2340435	2521464
海淀区	17083078	14893031	7103668	6412307
城市发展新区	**86980193**	**78793334**	**41835142**	**38025633**
房山区	9707259	10198611	7964090	8954444
通州区	6677235	6100084	1595355	1524329
顺义区	28625277	22990146	15071131	11532225
昌平区	12709945	11917196	8359664	8517365
大兴区	6331090	5708719	1341018	1238434
北京经济技术开发区	22929388	21878578	7503883	6258836
生态涵养发展区	**12346094**	**10915240**	**2055366**	**2964278**
门头沟区	807085	1045874	426464	550471
怀柔区	5532219	4404012	540581	1334820
平谷区	2425858	2168076	76027	80157
密云县	2930625	2620273	780693	707365
延庆县	650307	677005	231601	291465

注：1. 统计范围为年主营业务收入2000万元及以上的工业法人单位。

2. 根据有关规定，国家电网公司、华北电网有限公司、冀北电力有限公司的“工业总产值(当年价格)”、“工业销售产值 (当年价格)”由北京市统计局统一核算，故表中“工业总产值(当年价格)”、“工业销售产值(当年价格)”指标分区县数据之和不等于全市合计。

3-37 续表1

单位：万元

区 县	工业总产值中					
	#内 资		#港澳台商投资企业		#外商投资企业	
	2013	2012	2013	2012	2013	2012
全 市	**106143995**	**97361379**	**11689034**	**11232295**	**55875844**	**47368450**
首都功能核心区	**7674353**	**7321423**	**123113**	**119675**	**2269922**	**1986057**
东 城 区	811421	687866	70712	66419	353339	341699
西 城 区	6862932	6633557	52402	53256	1916583	1644358
城市功能拓展区	**25626396**	**25172026**	**6043293**	**5375421**	**3296565**	**3636468**
朝 阳 区	8917453	9712214	741047	1204183	1273032	1475672
丰 台 区	3559774	3333716	74691	74530	551698	455938
石景山区	2321972	2582144	63482	35711	380028	416776
海 淀 区	10827198	9543952	5164073	4060997	1091807	1288082
城市发展新区	**38343287**	**36487347**	**4560954**	**4700752**	**44075952**	**37605236**
房 山 区	9234824	9693183	57555	60644	414880	444784
通 州 区	4073897	3836376	288592	310549	2314746	1953159
顺 义 区	5456985	5166612	850188	1012355	22318103	16811179
昌 平 区	10902994	10237542	489162	405337	1317789	1274318
大 兴 区	4571019	4213469	688094	852463	1071977	642787
北京经济技术开发区	4103567	3340165	2187364	2059404	16638458	16479009
生态涵养发展区	**5151017**	**5738104**	**961672**	**1036447**	**6233405**	**4140690**
门头沟区	738841	970305	38647	46716	29597	28852
怀 柔 区	1567977	2118851	285237	311478	3679006	1973684
平 谷 区	765188	672152	98157	142866	1562513	1353058
密 云 县	1606929	1476605	446901	441606	876794	702063
延 庆 县	472082	500191	92730	93781	85495	83033

3-37 续表2

单位：万元

区 县	工业总产值中					
	#大型企业		#中型企业		#小型企业	
	2013	2012	2013	2012	2013	2012
全 市	**109655442**	**90946981**	**29757166**	**31448706**	**33539972**	**32683751**
首都功能核心区	**7984712**	**7420967**	**1055781**	**869391**	**1013114**	**1122211**
东 城 区	320748	302110	655361	500762	248577	283547
西 城 区	7663964	7118857	400420	368629	764537	838664
城市功能拓展区	**15228947**	**15017894**	**9602882**	**8772127**	**10044662**	**10198398**
朝 阳 区	3442973	3952624	2667984	2870776	4800005	5507815
丰 台 区	1371124	1247986	1295566	1411154	1493817	1174397
石景山区	2140780	2353908	363638	375358	261064	293226
海 淀 区	8274070	7463376	5275694	4114839	3489776	3222960
城市发展新区	**51710978**	**47195785**	**15824375**	**13170996**	**18884033**	**17856535**
房 山 区	7662825	8677017	442707	376830	1532958	1055281
通 州 区	554871	918894	3254852	2407008	2766789	2560960
顺 义 区	22476942	17921200	3112621	2415767	2981989	2630147
昌 平 区	4349907	3027798	1996126	2266847	6275120	6546343
大 兴 区	959340	1011708	1932263	1388280	3229414	3181486
北京经济技术开发区	15707093	15639168	5085807	4316264	2097762	1882318
生态涵养发展区	**5381865**	**4125707**	**3274127**	**2853678**	**3598163**	**3506609**
门头沟区	458088	707809	100024	47969	240646	284393
怀 柔 区	3487392	2491634	644985	695681	1373014	1186697
平 谷 区	408283	380886	1096743	953777	884519	805748
密 云 县	1028101	545378	1008685	849010	879174	868082
延 庆 县			423690	307241	220811	361689

注：2011年开始，企业大中小型划分标准执行国家统计局《关于统计上大中小微型企业划分办法》(国统字[2011]75号)。

3-37 续表3

单位：万元

区 县	工业总产值中			
	轻工业		重工业	
	2013	2012	2013	2012
全 市	**25415108**	**24021367**	**148293765**	**131940756**
首都功能核心区	**1589733**	**1484747**	**8477656**	**7942408**
东 城 区	659788	585465	575684	510520
西 城 区	929945	899282	7901971	7431888
城市功能拓展区	**4071768**	**3755361**	**30894486**	**30428553**
朝 阳 区	1529587	1440174	9401945	10951895
丰 台 区	748010	696173	3438153	3168010
石景山区	67689	54027	2697794	2980604
海 淀 区	1726483	1564987	15356594	13328044
城市发展新区	**16195947**	**15366417**	**70784246**	**63426918**
房 山 区	509378	488776	9197881	9709835
通 州 区	2519253	2399234	4157982	3700850
顺 义 区	3275790	3013840	25349487	19976307
昌 平 区	1692014	1557759	11017931	10359437
大 兴 区	2796224	2485147	3534866	3223572
北京经济技术开发区	5403289	5421661	17526100	16456917
生态涵养发展区	**3557659**	**3414844**	**8788435**	**7500398**
门头沟区	167075	167203	640011	878671
怀 柔 区	1654239	1499506	3877980	2904507
平 谷 区	589947	592367	1835911	1575709
密 云 县	875171	887354	2055454	1732919
延 庆 县	271227	268414	379079	408592

3-37 续表4

单位：万元

区 县	工业销售产值(当年价格)		#出口交货值	
	2013	2012	2013	2012
全　市	**171866014**	**154466492**	**15067218**	**15165151**
首都功能核心区	**10033198**	**9442754**	**216563**	**355464**
东 城 区	1226425	1057000	134359	163565
西 城 区	8806773	8385754	82204	191899
城市功能拓展区	**34140991**	**33499740**	**1543588**	**2057968**
朝 阳 区	10755867	12257420	447205	886902
丰 台 区	4151747	3874466	90298	145378
石景山区	2751576	3022030	179970	178001
海 淀 区	16481802	14345824	826116	847687
城市发展新区	**86142233**	**78035675**	**12497250**	**11855920**
房 山 区	9723055	10200138	119536	103123
通 州 区	6640026	6003765	529044	538882
顺 义 区	28350819	22738215	4114989	3560056
昌 平 区	12638697	11907442	458006	467626
大 兴 区	6003867	5480854	214989	215669
北京经济技术开发区	22785769	21705261	7060686	6970564
生态涵养发展区	**12200651**	**10845843**	**809818**	**895797**
门头沟区	793738	1014178	180839	239834
怀 柔 区	5489788	4471670	220696	213415
平 谷 区	2392520	2153378	80620	89135
密 云 县	2907706	2585263	221198	195049
延 庆 县	616899	621354	106464	158364

3–38 规模以上工业企业主要财务指标

单位：个

区 县	企业单位个数		在2013年企业单位个数中				
	2013	2012	#大 型	#中 型	#小 型	轻工业	重工业
全 市	**3641**	**3692**	**164**	**613**	**2735**	**1261**	**2380**
首都功能核心区	**101**	**108**	**9**	**19**	**70**	**47**	**54**
东 城 区	42	41	3	8	29	23	19
西 城 区	59	67	6	11	41	24	35
城市功能拓展区	**1044**	**1095**	**56**	**193**	**772**	**249**	**795**
朝 阳 区	313	336	13	60	235	91	222
丰 台 区	209	220	11	39	154	51	158
石景山区	59	62	7	12	40	8	51
海 淀 区	463	477	25	82	343	99	364
城市发展新区	**1987**	**1994**	**79**	**317**	**1509**	**763**	**1224**
房 山 区	170	169	10	17	131	50	120
通 州 区	450	457	6	71	353	176	274
顺 义 区	342	325	21	65	247	128	214
昌 平 区	310	303	7	45	250	102	208
大 兴 区	456	480	6	49	377	216	240
北京经济技术开发区	259	260	29	70	151	91	168
生态涵养发展区	**509**	**495**	**20**	**84**	**384**	**202**	**307**
门头沟区	46	47	2	5	35	17	29
怀 柔 区	168	155	8	18	138	73	95
平 谷 区	125	117	2	26	89	50	75
密 云 县	130	132	8	26	93	48	82
延 庆 县	40	44		9	29	14	26

注：1.统计范围为年主营业务收入2000万元及以上的工业法人单位。

2.2011年开始，企业大中小型划分标准执行国家统计局《关于统计上大中小微型企业划分办法》(国统字[2011]75号)。

3-38 续表1

单位：个

区　县	在2013年企业单位个数中			
	#国有控股	#内　资	#港澳台商投资	#外商投资
全　市	**775**	**2753**	**223**	**665**
首都功能核心区	**48**	**82**	**3**	**16**
东 城 区	17	33	1	8
西 城 区	31	49	2	8
城市功能拓展区	**349**	**871**	**52**	**121**
朝 阳 区	112	251	20	42
丰 台 区	81	181	6	22
石景山区	25	46	5	8
海 淀 区	131	393	21	49
城市发展新区	**306**	**1441**	**128**	**418**
房 山 区	32	149	3	18
通 州 区	57	347	20	83
顺 义 区	57	199	31	112
昌 平 区	56	256	17	37
大 兴 区	59	385	18	53
北京经济技术开发区	45	105	39	115
生态涵养发展区	**72**	**359**	**40**	**110**
门头沟区	6	40	4	2
怀 柔 区	19	110	15	43
平 谷 区	8	80	8	37
密 云 县	26	95	12	23
延 庆 县	13	34	1	5

3-38 续表2

单位：万元

区 县	资产总计		负债合计		所有者权益合计		营业收入	
	2013	2012	2013	2012	2013	2012	2013	2012
全 市	**308007299**	**286131557**	**162079598**	**148372202**	**145916320**	**137746559**	**190586792**	**172770950**
首都功能核心区	**119779619**	**113485097**	**58980408**	**55188087**	**60799211**	**58297009**	**39993389**	**32605837**
东 城 区	2004068	1861362	956463	897925	1047605	963437	1485914	1302102
西 城 区	117775551	111623735	58023945	54290162	59751606	57333572	38507475	31303736
城市功能拓展区	**84333037**	**81612175**	**46783437**	**43165887**	**37542908**	**38437764**	**44695026**	**45078119**
朝 阳 区	20676300	23387523	10846731	10706850	9829569	12677813	12176033	13658913
丰 台 区	7548503	6666416	4403625	3854029	3138187	2812384	5020675	4741218
石景山区	25395924	23700950	14251994	12991880	11143930	10708293	5996217	6812800
海 淀 区	30712310	27857286	17281087	15613128	13431222	12239274	21502101	19865188
城市发展新区	**88524883**	**76922182**	**47789755**	**42271525**	**40735128**	**34647928**	**91666061**	**82523016**
房 山 区	7375910	6930693	4321323	4211585	3054587	2719108	10352144	10694194
通 州 区	7320181	6647951	4278383	3945139	3041798	2702812	7640031	6784553
顺 义 区	25402779	20860691	14276438	11636457	11126341	9223725	29402991	23569508
昌 平 区	15764861	11557809	7683807	5951083	8081055	5605218	13431622	12432952
大 兴 区	7027539	6479048	4066018	3537185	2961520	2941804	6562871	5872038
北京经济技术开发区	25633613	24445990	13163786	12990076	12469827	11455261	24276402	23169771
生态涵养发展区	**15369760**	**14112103**	**8525998**	**7746704**	**6839073**	**6363859**	**14232317**	**12563978**
门头沟区	1663482	1526841	587425	527677	1076057	999096	859810	1057492
怀 柔 区	4748736	4677677	2709237	2611407	2039500	2065983	6350054	5171307
平 谷 区	2256009	2159638	1302107	1290971	953901	868391	2872796	2562069
密 云 县	3433071	2929201	2158090	1738138	1270292	1190154	3367332	3010750
延 庆 县	3268462	2818746	1769139	1578511	1499323	1240235	782325	762361

3-38 续表3

单位：万元

区 县	主营业务收入		利润总额		利税总额	
	2013	2012	2013	2012	2013	2012
全 市	**186886314**	**169051357**	**12828840**	**12678868**	**21252443**	**20104385**
首都功能核心区	**39817706**	**32442868**	**3592455**	**3787482**	**4997224**	**4775118**
东 城 区	1439325	1266495	127171	141495	197359	203838
西 城 区	38378381	31176373	3465284	3645987	4799865	4571280
城市功能拓展区	**43590604**	**43898334**	**2698119**	**3259478**	**4006884**	**4698706**
朝 阳 区	11677869	13125713	524234	691230	950955	1149940
丰 台 区	4933720	4665604	327132	285564	490874	430853
石景山区	5781046	6574342	383212	907458	560217	1121851
海 淀 区	21197969	19532675	1463541	1375226	2004838	1996062
城市发展新区	**89705520**	**80588530**	**5607036**	**4564625**	**10681364**	**8976134**
房 山 区	10011534	10413108	-258231	-10755	577782	978826
通 州 区	7514764	6659384	362168	267401	872656	726625
顺 义 区	28984448	23270468	2522265	1918396	4287222	3208661
昌 平 区	12982511	11828718	788438	532692	1205465	819613
大 兴 区	6442382	5714982	380745	330132	602763	535489
北京经济技术开发区	23769881	22701870	1811651	1526759	3135476	2706920
生态涵养发展区	**13772484**	**12121627**	**931230**	**1067283**	**1566971**	**1654429**
门头沟区	834887	1030446	111841	203003	213615	323432
怀 柔 区	6257825	5071412	350739	420129	630275	657719
平 谷 区	2698169	2421853	158674	138518	250831	226458
密 云 县	3234856	2890315	184910	175165	320058	288866
延 庆 县	746747	707601	125066	130468	152192	157954

3-38 续表4

区 县	应交税金合计(万元)		#应交增值税(万元)		从业人员年平均人数(人)	
	2013	2012	2013	2012	2013	2012
全 市	**10749532**	**9628722**	**5371656**	**4557614**	**1161413**	**1170041**
首都功能核心区	**1928023**	**1535440**	**1185795**	**724495**	**78874**	**84485**
东 城 区	100304	89388	56563	50197	13094	14460
西 城 区	1827719	1446052	1129232	674298	65780	70025
城市功能拓展区	**1703450**	**1851357**	**1031902**	**1159569**	**328306**	**363932**
朝 阳 区	555540	594684	327596	354116	104823	115878
丰 台 区	216382	198654	136146	120723	49686	61653
石景山区	205936	235938	146470	177438	44247	41706
海 淀 区	725592	822081	421690	507292	129550	144695
城市发展新区	**6272336**	**5482158**	**2659236**	**2229722**	**606233**	**579308**
房 山 区	845008	1008368	206059	206050	50192	49858
通 州 区	589701	534535	243689	211995	85512	87231
顺 义 区	2316577	1721002	859455	673528	150747	143707
昌 平 区	537562	424093	343919	231988	92268	63150
大 兴 区	296021	270449	183392	171364	79698	80773
北京经济技术开发区	1687467	1523712	822722	734797	147816	154589
生态涵养发展区	**845723**	**759767**	**494723**	**443827**	**148000**	**142316**
门头沟区	119707	159727	72693	84940	24023	24530
怀 柔 区	371656	284007	216855	177178	46259	39287
平 谷 区	140425	129584	77877	73636	30832	30633
密 云 县	177760	150692	105216	85429	37181	38124
延 庆 县	36175	35759	22082	22644	9705	9742

注：应交税金合计主要包括应交增值税、应交所得税、营业税金及附加和管理费用中的税金等。

3-39 建筑业主要指标

区 县	企业个数(个)			建筑施工企业年末从业人员 (人)			建筑施工企业总产值(亿元)		
	2013	2012	增长速度(%)	2012	2012	增长速度(%)	2013	2012	增长速度(%)
全 市	**3522**	**3572**	**-1.4**	**493201**	**492151**	**0.2**	**7459.6**	**6588.3**	**13.2**
首都功能核心区	**488**	**490**	**-0.4**	**63116**	**66839**	**-5.6**	**1081.5**	**1005.9**	**7.5**
东 城 区	173	167	3.6	24958	26562	-6.0	503.1	445.9	12.8
西 城 区	315	323	-2.5	38158	40277	-5.3	578.4	560.0	3.3
城市功能拓展区	**1605**	**1651**	**-2.8**	**241161**	**244054**	**-1.2**	**3828.9**	**3394.4**	**12.5**
朝 阳 区	694	704	-1.4	73280	72610	0.9	1012.0	879.2	15.1
丰 台 区	290	303	-4.3	59400	66672	-10.9	981.4	819.7	19.7
石景山区	84	82	2.4	25761	22674	13.6	391.0	358.5	9.1
海 淀 区	537	562	-4.4	82720	82098	0.8	1444.5	1337.0	7.2
城市发展新区	**1043**	**1060**	**-1.6**	**149096**	**143727**	**3.7**	**2158.6**	**1801.6**	**19.5**
房 山 区	129	126	2.4	26455	24520	7.9	329.0	294.0	11.9
通 州 区	225	225		31778	29035	9.4	757.1	478.2	58.3
顺 义 区	174	179	-2.8	41054	42199	-2.7	244.0	220.8	10.5
昌 平 区	150	154	-2.6	13952	12499	11.6	293.3	260.7	12.5
大 兴 区	337	352	-4.3	25385	24977	1.6	301.2	284.7	3.9
北京经济技术开发区	28	24	16.7	10472	10497	-0.2	234.0	263.2	-11.1
生态涵养发展区	**386**	**371**	**4.0**	**39828**	**37531**	**6.1**	**390.6**	**386.4**	**5.2**
门头沟区	76	74	2.7	4981	4994	-0.3	80.9	71.7	12.9
怀 柔 区	84	80	5.0	7445	8533	-12.8	71.6	84.9	2.4
平 谷 区	120	113	6.2	10624	10775	-1.4	79.8	83.1	-4.0
密 云 县	58	56	3.6	11605	8954	29.6	100.9	96.4	4.7
延 庆 县	48	48		5173	4275	21.0	57.4	50.3	13.8

注：建筑业的相关数据是按照建筑业企业经营地划分，统计范围为施工总承包、专业承包建筑业企业。

3-39 续表1

单位：亿元

区 县	营业收入			应交税金合计			#应交所得税		
	2013	2012	增长速度(%)	2013	2012	增长速度(%)	2013	2012	增长速度(%)
全 市	**9473.0**	**8194.5**	**15.6**	**306.0**	**263.0**	**16.3**	**53.9**	**41.8**	**29.0**
首都功能核心区	**1445.7**	**1291.4**	**12.0**	**46.0**	**42.0**	**9.4**	**8.8**	**6.8**	**29.2**
东 城 区	705.6	606.4	16.4	23.1	19.5	18.2	6.5	3.5	86.3
西 城 区	740.1	685.0	8.1	22.9	22.5	1.8	2.3	3.3	-30.2
城市功能拓展区	**5228.9**	**4525.6**	**15.5**	**158.5**	**136.3**	**16.3**	**26.9**	**20.5**	**31.3**
朝 阳 区	1308.2	1189.0	10.0	46.0	36.0	27.8	8.1	5.7	42.5
丰 台 区	1294.8	1065.4	21.5	35.8	29.4	21.8	5.7	3.6	58.8
石景山区	648.7	541.0	19.9	16.6	15.6	6.5	3.5	3.9	-10.8
海 淀 区	1977.2	1730.2	14.3	60.0	55.3	8.6	9.6	7.3	31.7
城市发展新区	**2378.2**	**1992.2**	**19.4**	**85.0**	**69.8**	**21.8**	**15.6**	**12.2**	**28.4**
房 山 区	364.4	337.1	8.1	14.8	13.0	13.4	2.9	2.0	42.0
通 州 区	790.8	578.1	36.8	27.7	20.3	36.3	6.0	4.4	37.9
顺 义 区	291.7	239.7	21.7	10.9	9.1	20.3	1.6	1.6	1.2
昌 平 区	319.4	265.1	20.5	11.9	9.9	20.2	1.8	1.6	14.2
大 兴 区	327.2	290.4	12.7	10.8	9.9	9.1	1.4	1.4	-0.3
北京经济技术开发区	284.8	281.8	1.0	8.9	7.6	17.5	1.9	1.2	58.1
生态涵养发展区	**420.2**	**385.3**	**9.1**	**16.5**	**14.9**	**10.9**	**2.6**	**2.3**	**11.5**
门头沟区	81.9	74.4	10.1	2.9	2.7	6.7	0.2	0.3	-15.3
怀 柔 区	88.2	80.9	9.1	3.2	2.8	15.7	0.3	0.2	36.6
平 谷 区	82.7	88.6	-6.7	3.3	3.4	-3.8	0.9	0.9	2.4
密 云 县	112.5	97.6	15.3	5.2	4.4	17.4	1.1	0.9	22.4
延 庆 县	54.9	43.8	25.1	1.9	1.6	23.2	0.1	0.1	20.6

注：应交税金合计主要包括应交增值税、应交所得税、营业税金及附加和管理费用中的税金等。

3-39 续表2

单位：亿元

区 县	利润总额			流动资产合计			在建工程		
	2013	2012	增长速度(%)	2013	2012	增长速度(%)	2013	2012	增长速度(%)
全 市	**385.8**	**293.0**	**31.6**	**9964.5**	**9056.9**	**10.0**	**61.1**	**53.5**	**14.1**
首都功能核心区	**40.6**	**38.7**	**5.0**	**1772.5**	**1529.9**	**15.9**	**6.3**	**2.6**	**134.8**
东 城 区	19.9	19.8	0.7	898.6	785.6	14.4	0.9	0.5	71.2
西 城 区	20.7	18.9	9.4	873.9	744.3	17.4	5.4	2.1	150.8
城市功能拓展区	**256.2**	**186.4**	**37.4**	**5789.6**	**5497.3**	**5.3**	**37.5**	**34.4**	**9.0**
朝 阳 区	50.4	27.7	81.9	1460.0	1160.4	25.8	8.1	6.0	36.1
丰 台 区	64.5	35.2	82.9	1540.5	1391.9	10.7	3.4	2.8	19.2
石景山区	18.2	20.5	-11.5	661.5	549.1	20.5	2.4	1.0	131.1
海 淀 区	123.1	103.0	19.6	2127.7	2395.9	-11.2	23.6	24.6	-3.9
城市发展新区	**77.2**	**59.4**	**30.0**	**2017.1**	**1698**	**18.8**	**14.9**	**14.0**	**6.0**
房 山 区	16.4	14.2	15.7	387.6	355.9	8.9	3.6	4.2	-16.0
通 州 区	31.1	17.1	81.8	532.5	387.3	37.5	1.9	1.4	38.1
顺 义 区	6.7	7.1	-6.4	281.8	261.2	7.9	1.6	1.6	1.0
昌 平 区	7.8	6.2	24.5	288.8	244.4	18.2	3.3	2.9	12.1
大 兴 区	5.4	6.0	-10.0	258.8	222.5	16.3	3.8	3.6	5.4
北京经济技术开发区	9.7	8.8	12.4	267.7	226.7	18.1	0.7	0.3	142.5
生态涵养发展区	**11.8**	**8.5**	**38.4**	**385.3**	**331.7**	**16.2**	**2.4**	**2.5**	**0.5**
门头沟区	1.1	0.9	17.3	63.9	48.0	33.1	0.1	0.1	-15.5
怀 柔 区	0.9	0.8	18.0	67.3	74.0	-9.0	0.1	0.2	-38.5
平 谷 区	5.4	3.3	61.6	123.0	97.7	25.9	1.5	1.3	14.0
密 云 县	4.5	3.4	33.5	83.5	68.4	22.1	0.3	0.5	-38.7
延 庆 县	-0.1	0.1	-146.0	47.7	43.6	9.1	0.3	0.4	47.5

3-39 续表3

单位：亿元

区县	资产总计			负债合计			所有者权益合计		
	2013	2012	增长速度(%)	2013	2012	增长速度(%)	2013	2012	增长速度(%)
全　　市	**15196.3**	**13605.9**	**11.7**	**10420.5**	**9172.3**	**13.6**	**4775.8**	**4433.7**	**7.7**
首都功能核心区	**2312.9**	**2019.4**	**14.5**	**1672.7**	**1443.3**	**15.9**	**640.2**	**576.1**	**11.1**
东 城 区	1103.4	969.6	13.8	775.2	679.7	14.0	328.2	289.9	13.2
西 城 区	1209.4	1049.8	15.2	897.5	763.6	17.5	311.9	286.2	9.0
城市功能拓展区	**9967.8**	**9149.5**	**8.9**	**6539.9**	**5873.9**	**11.3**	**3427.9**	**3275.6**	**4.6**
朝 阳 区	1772.9	1407.2	26.0	1481.0	1147.6	29.0	291.9	259.6	12.5
丰 台 区	2805.0	2597.5	8.0	1749.7	1627.3	7.5	1055.3	970.2	8.8
石景山区	735.1	604.0	21.7	625.1	507.6	23.1	110.0	96.4	14.1
海 淀 区	4654.7	4540.8	2.5	2684.2	2591.4	3.6	1970.5	1949.4	1.1
城市发展新区	**2471.1**	**2041.9**	**21.0**	**1888.5**	**1565.2**	**20.7**	**582.6**	**476.8**	**22.2**
房 山 区	459.3	421.3	9.0	319.7	298.9	6.9	139.6	122.4	14.1
通 州 区	689.5	464.7	48.4	547.3	376.4	45.4	142.2	88.3	60.9
顺 义 区	334.3	305.5	9.5	259.8	239.8	8.4	74.5	65.7	13.4
昌 平 区	341.2	289.1	18.0	259.3	225.4	15.0	81.9	63.6	28.6
大 兴 区	303.9	261.8	16.1	224.0	181.2	23.6	79.9	80.6	-0.9
北京经济技术开发区	342.9	299.5	14.5	278.3	243.5	14.3	64.6	56.2	15.1
生态涵养发展区	**444.5**	**395.1**	**12.5**	**319.4**	**289.9**	**10.2**	**125.1**	**105.2**	**18.9**
门头沟区	68.5	52.9	29.4	54.3	42.6	27.5	14.2	10.3	37.4
怀 柔 区	77.1	84.0	-8.2	56.5	64.4	-12.3	20.6	19.6	5.3
平 谷 区	147.4	128.5	14.7	101.2	89.8	12.7	46.2	38.7	19.4
密 云 县	99.4	81.1	22.6	68.0	57.2	19.0	31.4	23.9	31.1
延 庆 县	52.1	48.6	7.3	39.4	35.9	9.9	12.7	12.7	

3-40 民用汽车(2013年)

单位：辆

区 县	民用汽车拥有量	#私人汽车
全 市	**5189020**	**4265008**
首都功能核心区	**876770**	**677751**
东 城 区	423885	310686
西 城 区	452885	367065
城市功能拓展区	**2556819**	**2186341**
朝 阳 区	951511	801693
丰 台 区	596932	521075
石景山区	147044	123735
海 淀 区	861332	739838
城市发展新区	**1363847**	**1108086**
房 山 区	207361	170403
通 州 区	258377	202695
顺 义 区	210941	171533
昌 平 区	357047	303772
大 兴 区	330121	259683
生态涵养发展区	**391584**	**292830**
门头沟区	65446	47353
怀 柔 区	88705	62307
平 谷 区	99425	68751
密 云 县	81851	68925
延 庆 县	56157	45494

资料来源：北京市公安局公安交通管理局。

3-41 备案停车场情况(2013年)

单位：个

区 县	备案停车场个数	备案停车场车位总数
全 市	**5964**	**1574126**
首都功能核心区		
东 城 区	519	89638
西 城 区	739	117560
城市功能拓展区		
朝 阳 区	1555	443812
丰 台 区	625	200678
石景山区	201	46513
海 淀 区	1230	316412
城市发展新区		
房 山 区	124	44258
通 州 区	205	58049
顺 义 区	81	19868
昌 平 区	246	110627
大 兴 区	173	44289
北京经济技术开发区	62	33288
生态涵养发展区		
门头沟区	62	14788
怀 柔 区	28	11538
平 谷 区	30	6258
密 云 县	57	10799
延 庆 县	27	5751
西 客 站	–	–

注：统计范围指北京市辖区内全部备案停车场。

资料来源：北京市交通委员会。

3-42 限额以上批发和零售业基本情况(2013年)

区 县	单位个数(个)	年末从业人员(人)	商品购进额(亿元)	商品销售额(亿元)	批发额	零售额
全 市	**7648**	**735415**	**54618.3**	**57904.5**	**50745.2**	**7159.3**
首都功能核心区	**1425**	**171786**	**13206.6**	**13915.7**	**12444.1**	**1471.6**
东城区	685	87998	5814.6	6170.3	5389.8	780.5
西城区	740	83788	7391.9	7745.4	7054.3	691.1
城市功能拓展区	**4647**	**440034**	**35124.1**	**37374.7**	**33080.9**	**4293.8**
朝阳区	2083	242329	16765.3	18536.8	16396.6	2140.2
丰台区	532	51255	2357.8	2409.5	1850.4	559.1
石景山区	177	29323	1090.1	1130.8	835.4	295.4
海淀区	1855	117127	14910.9	15297.7	13998.5	1299.2
城市发展新区	**1273**	**108393**	**5746.3**	**6045.8**	**4730.6**	**1315.1**
房山区	310	9434	944.7	978.8	840.7	138.2
通州区	174	20107	598.0	670.0	497.4	172.6
顺义区	187	19146	632.8	721.7	515.0	206.8
昌平区	214	13697	1071.0	1067.1	918.0	149.1
大兴区	253	20435	690.1	713.0	558.4	154.6
北京经济技术开发区	135	25574	1809.8	1895.1	1401.2	493.9
生态涵养发展区	**303**	**15202**	**541.3**	**568.3**	**489.6**	**78.7**
门头沟区	97	2964	149.2	152.7	135.4	17.3
怀柔区	45	2939	103.3	106.1	87.7	18.3
平谷区	63	3000	148.1	153.6	135.9	17.6
密云县	72	4258	119.4	131.9	114.0	17.9
延庆县	26	2041	21.4	24.1	16.6	7.5

注：统计范围为限额以上批发和零售业法人单位、产业活动单位和个体经营户。

3-43 限额以上住宿和餐饮业基本情况(2013年)

区　县	单位个数(个)	年末从业人员(人)	营业额(亿元)		
				#客房收入	#餐饮收入
全　市	**3242**	**421482**	**980.4**	**237.5**	**641.0**
首都功能核心区	**867**	**136857**	**354.6**	**79.9**	**249.3**
东 城 区	394	86068	236.0	46.0	175.0
西 城 区	473	50789	118.7	33.9	74.3
城市功能拓展区	**1820**	**205627**	**484.1**	**131.2**	**294.4**
朝 阳 区	809	102080	269.4	71.7	165.2
丰 台 区	264	20655	41.3	9.9	26.8
石景山区	51	6589	8.4	2.1	5.2
海 淀 区	696	76303	165.0	47.5	97.2
城市发展新区	**373**	**62401**	**118.1**	**19.4**	**84.5**
房 山 区	61	4053	6.1	1.1	3.7
通 州 区	44	4029	5.3	1.0	3.4
顺 义 区	88	18042	35.0	6.6	23.8
昌 平 区	95	13486	23.8	6.7	10.8
大 兴 区	57	12637	24.4	1.4	22.1
北京经济技术开发区	28	10154	23.6	2.6	20.7
生态涵养发展区	**182**	**16597**	**23.5**	**7.0**	**12.8**
门头沟区	34	3888	6.2	2.2	3.5
怀 柔 区	57	4382	6.8	2.2	3.4
平 谷 区	31	2620	3.0	0.5	2.1
密 云 县	31	3154	4.1	1.3	1.7
延 庆 县	29	2553	3.4	0.8	2.1

注：统计范围为限额以上住宿和餐饮业法人单位、产业活动单位和个体经营户。

3-44 社会消费品零售总额

单位：亿元

区 县	社会消费品零售总额		增长速度 (%)
	2013	2012	
全 市	**8375.1**	**7702.8**	**8.7**
首都功能核心区	**1679.6**	**1559.0**	**7.7**
东 城 区	839.2	794.7	5.6
西 城 区	840.4	764.3	10.0
城市功能拓展区	**4672.8**	**4345.6**	**7.5**
朝 阳 区	1962.4	1829.5	7.3
丰 台 区	889.3	826.8	7.6
石景山区	207.0	184.5	12.2
海 淀 区	1614.1	1504.8	7.3
城市发展新区	**1588.6**	**1409.1**	**12.7**
房 山 区	205.3	182.5	12.5
通 州 区	268.9	239.3	12.4
顺 义 区	297.4	254.1	17.0
昌 平 区	297.2	280.4	6.0
大 兴 区	233.0	200.9	16.0
北京经济技术开发区	286.8	251.9	13.9
生态涵养发展区	**434.1**	**389.0**	**11.6**
门头沟区	49.0	43.7	12.1
怀 柔 区	101.7	89.8	13.2
平 谷 区	75.0	66.9	12.1
密 云 县	116.2	105.6	10.1
延 庆 县	92.2	83.0	11.1

注：社会消费品零售总额按产业在地原则核算。

3-45 商品交易市场情况

区 县	市场个数(个)		出租摊位数(个)		营业面积(平方米)		成交额(万元)	
	2013	2012	2013	2012	2013	2012	2013	2012
全 市	**821**	**835**	**231645**	**286613**	**14098054**	**12937808**	**34856233**	**31737204**
首都功能核心区	**104**	**107**	**37893**	**38834**	**870066**	**876775**	**1309394**	**1227527**
东 城 区	35	39	14028	15502	463263	455429	525755	490719
西 城 区	69	68	23865	23332	406803	421346	783639	736808
城市功能拓展区	**360**	**373**	**112870**	**133079**	**7892894**	**6811952**	**25417655**	**23325327**
朝 阳 区	141	147	40147	49896	2505698	2313425	7043762	6122862
丰 台 区	83	90	36204	41231	2678629	3092052	13356235	12395294
石景山区	42	40	5344	6457	239242	205839	256121	199492
海 淀 区	94	96	31175	35495	2469325	1200636	4761537	4607679
城市发展新区	**257**	**254**	**59145**	**83654**	**3588513**	**3521739**	**7142969**	**6300352**
房 山 区	56	56	7327	14194	415704	390031	163630	168613
通 州 区	47	46	11896	13527	603938	623088	947069	793388
顺 义 区	58	54	11060	12194	925132	908911	2101280	1780283
昌 平 区	35	35	15174	18683	782572	713786	3497049	3118972
大 兴 区	61	63	13688	25056	861167	885923	433941	439096
生态涵养发展区	**100**	**101**	**21737**	**31046**	**1746581**	**1727342**	**986215**	**883998**
门头沟区	11	12	1062	1322	36780	32574	26611	17071
怀 柔 区	18	18	4462	5250	300304	300187	269620	242427
平 谷 区	29	29	9031	14409	869260	865544	352772	311893
密 云 县	29	29	5394	7272	381315	381315	189698	175843
延 庆 县	13	13	1788	2793	158922	147722	147514	136764

3-46 对外经济基本情况(2013年)

单位：万美元

区 县	地区进出口总值	进口值	出口值	实际利用外商直接投资额
全 市	**42994169**	**36684413**	**6309757**	**852418**
首都功能核心区	**15449405**	**13500973**	**1948433**	**116194**
东 城 区	1661688	1264556	397132	66149
西 城 区	13787717	12236416	1551301	50045
城市功能拓展区	**23970562**	**20758604**	**3211958**	**529621**
朝 阳 区	18406674	16315827	2090847	342225
丰 台 区	1467058	1295891	171167	18637
石景山区	70511	36423	34087	8748
海 淀 区	4026320	3110463	915857	160011
城市发展新区	**3242529**	**2229982**	**1012547**	**140400**
房 山 区	69982	40334	29648	1014
通 州 区	208980	94186	114795	12004
顺 义 区	1069200	905626	163574	36002
昌 平 区	356310	216553	139757	9865
大 兴 区	1538057	973283	564774	81515
#北京经济技术开发区				63558
生态涵养发展区	**319812**	**188222**	**131590**	**66203**
门头沟区	44330	19617	24713	100
怀 柔 区	74406	39438	34969	37817
平 谷 区	86060	70531	15530	7206
密 云 县	95449	56263	39186	984
延 庆 县	19566	2374	17192	20096
其 他	**11861**	**6632**	**5228**	

注：1.进出口指标中的其他是指外商常驻机构、外国驻华使领馆、国际组织和外籍专家等进出口单位。

2.大兴区中包含北京经济技术开发区数据。

资料来源：中华人民共和国北京海关、北京市商务委员会。

3-47 入境旅游及星级饭店基本情况

区 县	入境旅游者人数(万人次)		#外国人		星级饭店个数(个)		出租率(%)	
	2013	2012	2013	2012	2013	2012	2013	2012
全 市	**450.13**	**500.86**	**387.62**	**434.40**	**614**	**612**	**58.4**	**60.0**
首都功能核心区	**151.73**	**164.01**	**133.22**	**144.73**	**154**	**154**	**65.8**	**68.5**
东 城 区	120.43	126.86	106.18	112.13	72	72	65.1	67.7
西 城 区	31.30	37.14	27.04	32.60	82	82	66.7	69.2
城市功能拓展区	**256.11**	**288.16**	**218.45**	**246.00**	**243**	**247**	**64.5**	**65.4**
朝 阳 区	195.26	215.27	173.56	189.92	114	114	65.3	67.0
丰 台 区	8.69	10.48	8.13	9.60	35	38	60.1	63.8
石景山区	6.27	11.29	5.29	9.88	5	6	59.9	56.2
海 淀 区	45.88	51.12	31.47	36.61	89	89	64.8	64.1
城市发展新区	**39.11**	**47.01**	**34.13**	**42.66**	**127**	**123**	**42.0**	**44.8**
房 山 区	0.04	0.07	0.03	0.07	43	41	25.4	27.2
通 州 区	1.60	2.64	1.48	2.54	7	7	37.8	43.7
顺 义 区	21.29	24.24	19.05	22.78	19	19	54.4	59.1
昌 平 区	3.51	4.62	2.93	3.90	45	44	43.1	44.6
大 兴 区	12.67	15.44	10.64	13.37	13	12	43.9	48.1
生态涵养发展区	**3.19**	**1.68**	**1.82**	**1.01**	**90**	**88**	**33.7**	**34.8**
门头沟区	1.36	0.05	0.76	0.05	15	15	29.6	33.8
怀 柔 区	0.40	0.16	0.23	0.07	29	27	38.0	38.1
平 谷 区	0.20	0.22	0.19	0.22	10	10	42.0	43.0
密 云 县	0.50	0.47	0.30	0.28	17	17	35.4	34.4
延 庆 县	0.73	0.76	0.33	0.38	19	19	25.5	28.3

3-47 续表

区 县	营业收入(万元)		利润总额(万元)		从业人员平均人数(人)	
	2013	2012	2013	2012	2013	2012
全 市	**2727974.3**	**3031115.8**	**111668.8**	**179495.4**	**112512**	**122379**
首都功能核心区	**838374.9**	**969187.6**	**44745.7**	**81370.9**	**29973**	**34034**
东 城 区	516957.4	578284.4	22879.9	51050.4	17608	19552
西 城 区	321417.5	390903.2	21865.8	30320.5	12365	14482
城市功能拓展区	**1463794.1**	**1553591.5**	**106025.6**	**124007.0**	**55387**	**58162**
朝 阳 区	858146.8	917104.9	74265.2	90417.2	29099	30020
丰 台 区	97260.5	103892.6	-984.9	828.1	4933	5255
石景山区	14215.5	14224.7	268.7	-87.8	760	803
海 淀 区	494171.3	518369.3	32476.6	32849.5	20595	22084
城市发展新区	**328596.2**	**396926.9**	**-27209.6**	**-17829.3**	**20430**	**22133**
房 山 区	31579.3	37659.7	-2984.2	-2292.9	2249	2544
通 州 区	19133.4	23010.3	-3499.7	-1661.6	1682	1724
顺 义 区	68232.8	82733.2	-10421.1	-5305.2	4550	4950
昌 平 区	175230.8	213102.2	-7394.6	-4503.1	9648	10310
大 兴 区	34419.9	40421.5	-2910.0	-4066.5	2301	2605
生态涵养发展区	**97209.1**	**111409.8**	**-11892.9**	**-8053.2**	**6722**	**8050**
门头沟区	17170.8	19465.4	-3925.5	-1855.1	809	869
怀 柔 区	23606.8	23325.2	-364.5	-616.1	1475	1695
平 谷 区	10730.9	12065.0	-419.5	-495.1	909	1064
密 云 县	24015.8	33599.2	-6925.8	-5758.3	1893	2599
延 庆 县	21684.8	22955.0	-257.6	671.4	1636	1823

3-48 银行、保险系统机构人员情况(2013年)

区 县	合 计		总行、总公司		分行、分公司		支行、支公司	
	机 构(个)	从业人员(人)	机 构(个)	从业人员(人)	机 构(个)	从业人员(人)	机 构(个)	从业人员(人)
全 市	**4552**	**273911**	**85**	**93496**	**162**	**42187**	**2367**	**74656**
首都功能核心区	**889**	**129753**	**44**	**63499**	**77**	**29540**	**483**	**18369**
东城区	361	33956	8	7300	24	10410	211	8271
西城区	528	95797	36	56199	53	19130	272	10098
城市功能拓展区	**2170**	**98953**	**31**	**29336**	**77**	**10503**	**1190**	**34201**
朝阳区	949	48118	25	15054	64	8290	526	14599
丰台区	346	8617	1	108	1	25	182	4573
石景山区	99	4257	2	1123			52	1587
海淀区	776	37961	3	13051	12	2188	430	13442
城市发展新区	**993**	**29852**	**6**	**525**	**7**	**1381**	**482**	**15621**
房山区	169	4024	1	27			67	1656
通州区	195	7999	1	31	2	390	92	4049
顺义区	228	7483	2	359	5	991	117	3550
昌平区	202	5114					102	3385
大兴区	199	5232	2	108			104	2981
生态涵养发展区	**500**	**15353**	**4**	**136**	**1**	**763**	**212**	**6465**
门头沟区	65	1502	1	27			24	593
怀柔区	136	6351	1	50	1	763	65	2001
平谷区	112	2395					44	1266
密云县	112	2928	1	33			48	1383
延庆县	75	2177	1	26			31	1222

3-48 续表

区　县	分理处		储蓄所		其　他	
	机　构 (个)	从业人员 (人)	机　构 (个)	从业人员 (人)	机　构 (个)	从业人员 (人)
全　市	**783**	**7864**	**422**	**3121**	**733**	**52587**
首都功能核心区	**62**	**1105**	**51**	**432**	**172**	**16808**
东 城 区	25	482	14	91	79	7402
西 城 区	37	623	37	341	93	9406
城市功能拓展区	**375**	**4380**	**176**	**1461**	**321**	**19072**
朝 阳 区	153	2039	55	529	126	7607
丰 台 区	69	636	34	265	59	3010
石景山区	16	150	8	65	21	1332
海 淀 区	137	1555	79	602	115	7123
城市发展新区	**206**	**1634**	**129**	**835**	**163**	**9856**
房 山 区	37	277	32	217	32	1847
通 州 区	45	339	24	145	31	3045
顺 义 区	38	373	28	165	38	2045
昌 平 区	45	317	21	183	34	1229
大 兴 区	41	328	24	125	28	1690
生态涵养发展区	**140**	**745**	**66**	**393**	**77**	**6851**
门头沟区	15	79	10	84	15	719
怀 柔 区	42	208	11	52	16	3277
平 谷 区	31	144	20	94	17	891
密 云 县	33	204	14	89	16	1219
延 庆 县	19	110	11	74	13	745

3–49 中资银行人民币存款余额(2013年)

单位：万元

区 县	各项存款	单位存款	个人存款	#储蓄存款	其他存款
全 市	**837612980**	**530764484**	**245757622**	**229043566**	**61090874**
首都功能核心区	**343875345**	**234378681**	**62429587**	**56065394**	**47067077**
东 城 区	105306694	67369328	24800482	23220794	13136883
西 城 区	238568651	167009352	37629105	32844600	33930194
城市功能拓展区	**393657674**	**248287216**	**131690021**	**122979595**	**13680438**
朝 阳 区	137796214	80376933	50322518	47257215	7096763
丰 台 区	47612996	22207203	24255091	23165271	1150702
石景山区	12289998	6327320	5926839	5648168	35840
海 淀 区	195958466	139375760	51185574	46908941	5397133
城市发展新区	**81807467**	**40072696**	**41429201**	**40162041**	**305569**
房 山 区	11152707	5158101	5994481	5772190	125
通 州 区	16910518	8009465	8883732	8719925	17321
顺 义 区	15887678	8888566	6978697	6713812	20415
昌 平 区	15420502	5979728	9342478	9079268	98297
大 兴 区	22436062	12036837	10229813	9876847	169412
生态涵养发展区	**18272494**	**8025891**	**10208813**	**9836536**	**37789**
门头沟区	3718389	1577369	2130395	2068927	10624
怀 柔 区	4376929	2112705	2254274	2172061	9949
平 谷 区	3650890	1624110	2018430	1946747	8350
密 云 县	4022778	1630481	2385812	2253419	6486
延 庆 县	2503508	1081226	1419901	1395381	2380

注：本表统计范围包括中国邮政储蓄银行北京分行、各国有商业银行北京市分行、各股份制商业银行在京营业机构、北京银行、北京农商银行。

资料来源：中国人民银行营业管理部。

3-50 中资银行人民币贷款余额(2013年)

单位：万元

区 县	各项贷款	境内贷款	短期贷款	#个人消费贷款	中长期贷款	#个人消费贷款	其他贷款	境外贷款
全 市	**382214492**	**381909614**	**127161564**	**3153738**	**244790282**	**47358520**	**9957768**	**304878**
首都功能核心区	**204923041**	**204804368**	**66595697**	**2030227**	**129714517**	**15983595**	**8494154**	**118673**
东城区	45612249	45558261	17715708	1192692	27517988	6471301	324565	53988
西城区	159310792	159246107	48879989	837535	102196529	9512294	8169589	64685
城市功能拓展区	**143313723**	**143149436**	**52467258**	**989501**	**89639495**	**24970156**	**1042683**	**164286**
朝阳区	58205338	58091770	18188648	397264	39654361	12149828	248761	113568
丰台区	26053789	26041343	8117461	193662	17453849	3433413	470034	12445
石景山区	4874234	4871119	1697180	17248	3105079	712796	68860	3115
海淀区	54180362	54145204	24463969	381327	29426206	8674119	255029	35158
城市发展新区	**28808746**	**28787929**	**6699662**	**102050**	**21785409**	**5209154**	**302858**	**20818**
房山区	2935768	2935601	752016	9625	2175519	590958	8067	167
通州区	4596716	4595672	546240	26703	4004093	1210231	45339	1044
顺义区	7984704	7975493	3120043	18458	4746540	1005252	108910	9211
昌平区	3235056	3227656	420881	16965	2785440	1175420	21336	7399
大兴区	10056502	10053506	1860483	30300	8073816	1227293	119207	2996
生态涵养发展区	**5168982**	**5167881**	**1398947**	**31960**	**3650861**	**1195615**	**118072**	**1101**
门头沟区	748373	747865	164344	1924	579740	147537	3780	508
怀柔区	1172238	1172075	319392	5814	796486	238976	56197	163
平谷区	1441045	1440716	319461	14709	1113647	265289	7608	329
密云县	1363155	1363053	513166	4613	826065	400201	23822	102
延庆县	444171	444171	82584	4899	334923	143612	26665	

3-51 限额以上第三产业基本情况(2013年)

区 县	收入合计(亿元)	资产总计(亿元)	企业利润总额(亿元)	应交税金合计(亿元)	从业人员平均人数(万人)
全 市	**103398.8**	**1093973.1**	**18410.6**	**5415.4**	**565.2**
首都功能核心区	**32967.6**	**837001.8**	**12770.5**	**2512.7**	**137.1**
东城区	16132.1	125117.6	7659.9	554.1	58.6
西城区	16835.4	711884.3	5110.6	1958.6	78.5
城市功能拓展区	**58356.6**	**229758.5**	**5102.3**	**2485.1**	**331.1**
朝阳区	27833.5	95306.4	3392.4	1108.2	129.6
丰台区	4282.6	12730.5	200.1	126.5	47.9
石景山区	1725.9	4048.9	164.5	53.4	13.0
海淀区	24514.6	117672.7	1345.3	1197.0	140.6
城市发展新区	**10611.9**	**23238.9**	**496.3**	**369.2**	**76.6**
房山区	1231.8	2063.4	15.6	29.0	8.1
通州区	1008.1	3172.0	39.5	42.7	8.1
顺义区	2758.9	7453.9	166.2	106.7	24.0
昌平区	2298.0	5114.1	167.6	92.4	15.0
大兴区	1241.2	2883.1	21.8	43.8	11.9
北京经济技术开发区	2073.8	2552.4	85.7	54.7	9.4
生态涵养发展区	**1462.8**	**3973.8**	**41.4**	**48.4**	**20.5**
门头沟区	369.8	1017.8	9.9	10.0	3.0
怀柔区	327.5	813.2	16.5	12.9	4.5
平谷区	268.2	1062.9	5.0	8.6	4.4
密云县	358.9	791.2	2.9	12.4	4.5
延庆县	138.4	288.7	7.0	4.5	4.1

注：应交税金合计主要包括应交增值税、应交所得税、营业税及附加和管理费用中的税金等。

3-52 规模以上文化创意产业情况

区 县	收入合计(万元)		利润总额(万元)		应交税金合计(万元)		从业人员平均人数(人)	
	2013	2012	2013	2012	2013	2012	2013	2012
全 市	**104987704**	**92858253**	**8520963**	**7217976**	**4680619**	**4566468**	**1105459**	**1043172**
首都功能核心区	**22413666**	**20919779**	**1579962**	**1404184**	**834549**	**764178**	**190890**	**173496**
东 城 区	14391240	13317155	790433	670139	488572	419792	88949	85049
西 城 区	8022426	7602624	789529	734045	345977	344386	101941	88447
城市功能拓展区	**71658056**	**65515913**	**6522437**	**5503388**	**3499294**	**3511317**	**804320**	**767019**
朝 阳 区	23303003	21190395	1090825	723248	803109	826551	230190	220693
丰 台 区	3413428	2863753	218862	230699	159238	134320	37725	32202
石景山区	2720189	2317399	351679	345601	151270	131645	29072	26531
海 淀 区	42221436	39144367	4861070	4203840	2385678	2418800	507333	487593
城市发展新区	**9756946**	**5527505**	**339880**	**210924**	**295593**	**241923**	**92558**	**85651**
房 山 区	890282	873280	20917	30955	25283	17502	6519	6059
通 州 区	1000702	927425	9835	16907	29805	29993	15277	16266
顺 义 区	959026	939370	72686	73269	50270	49797	12741	12805
昌 平 区	1140025	1028180	113752	75963	87039	55153	19312	19768
大 兴 区	733006	560859	20000	19668	23630	21009	12135	11822
北京经济技术开发区	5033906	1198392	102690	-5837	79565	68468	26574	18931
生态涵养发展区	**1159036**	**895056**	**78684**	**99480**	**51184**	**49050**	**17691**	**17006**
门头沟区	111730	95137	5368	3758	4200	3247	1664	1322
怀 柔 区	463440	408019	59622	72626	21938	26855	5708	5908
平 谷 区	249703	120767	13395	11290	12679	6523	3771	3463
密 云 县	190144	147661	-1444	5832	8442	7619	3266	2982
延 庆 县	144020	123473	1743	5974	3925	4807	3282	3331

注：规模以上文化创意产业统计范围包括年营业收入500万元及以上的文化服务业法人单位；年主营业务收入2000万元及以上的文化制造业和文化批发业法人单位；年主营业务收入500万元及以上的文化零售业法人单位。

3-53 城镇居民收支情况

单位：元

区 县	人均可支配收入			人均消费性支出		
	2013	2012	增长速度(%)	2013	2012	增长速度(%)
全 市	**40321**	**36469**	**10.6**	**26275**	**24046**	**9.3**
东 城 区	41676	38559	8.1	26994	25887	4.3
西 城 区	43479	39772	9.3	29474	27149	8.6
朝 阳 区	41035	37883	8.3	28315	26785	5.7
丰 台 区	37886	34200	10.8	24783	22869	8.4
石景山区	38657	35420	9.1	22411	20530	9.2
海 淀 区	45953	41841	9.8	29430	26570	10.8
房 山 区	32886	30025	9.5	20386	19407	5.0
通 州 区	33662	30476	10.5	20604	18972	8.6
顺 义 区	33329	30437	9.5	18895	17463	8.2
昌 平 区	32495	29950	8.5	20322	19872	2.3
大 兴 区	34128	31004	10.1	22126	19852	11.5
门头沟区	35141	32369	8.6	22313	20442	9.2
怀 柔 区	32519	29562	10.0	20083	18590	8.0
平 谷 区	32933	29850	10.3	20966	18961	10.6
密 云 县	32538	29551	10.1	19079	17743	7.5
延 庆 县	31132	28644	8.7	18155	16481	10.2

注：自2013年起，国家统计局对城镇住户调查和农村住户调查实施了一体化改革，正式开展了城乡一体的住户收支与生活状况调查。按照新的调查制度，北京市住户调查样本量城乡共计1万户。由于调查方法制度变化，本资料公布的2013年相关数据均由之前的样本数据调整为根据样本推算的全市数据。

3-54 农村居民收支情况

区 县	人均纯收入(元)			人均生活消费支出(元)		
	2013	2012	增长速度(%)	2013	2012	增长速度(%)
全 市	**18337**	**16476**	**11.3**	**13553**	**11879**	**14.1**
朝 阳 区	24426	22152	10.3	18593	18381	1.2
丰 台 区	20442	18502	10.5	16896	15340	10.1
海 淀 区	24673	22364	10.3	19307	18172	6.2
房 山 区	16916	15192	11.3	11840	10934	8.3
通 州 区	17925	15936	12.5	11625	10623	9.4
顺 义 区	17703	15960	10.9	11634	10830	7.4
昌 平 区	16756	14971	11.9	13954	11932	16.9
大 兴 区	17044	15329	11.2	11523	9703	18.8
门头沟区	17408	15715	10.8	11456	9750	17.5
怀 柔 区	16356	14585	12.1	10167	9046	12.4
平 谷 区	16865	15067	11.9	11867	10708	10.8
密 云 县	16202	14590	11.0	11153	9962	12.0
延 庆 县	15504	14078	10.1	10091	9017	11.9

注：自2013年起，国家统计局对城镇住户调查和农村住户调查实施了一体化改革，正式开展了城乡一体的住户收支与生活状况调查。按照新的调查制度，北京市住户调查样本量城乡共计1万户。由于调查方法制度变化，本资料公布的2013年相关数据均由之前的样本数据调整为根据样本推算的全市数据。

3–55 普通中学学校基本情况

单位：人

区 县	普通中学校数(所)		普通中学招生数		普通中学毕业生数	
	2013	2012	2013	2012	2013	2012
全 市	**638**	**630**	**166709**	**171514**	**150445**	**151439**
首都功能核心区	**94**	**94**	**30751**	**32351**	**29736**	**31124**
东 城 区	43	43	13820	14465	13102	13536
西 城 区	51	51	16931	17886	16634	17588
城市功能拓展区	**227**	**224**	**70946**	**72230**	**58438**	**57594**
朝 阳 区	81	80	20044	20631	14267	14028
丰 台 区	46	44	10853	9722	9024	8930
石景山区	24	25	5064	5253	4197	4344
海 淀 区	76	75	34985	36624	30950	30292
城市发展新区	**215**	**210**	**46474**	**46734**	**41587**	**40472**
房 山 区	47	47	8944	9389	8865	8974
通 州 区	42	40	9448	9917	7862	8065
顺 义 区	38	38	9780	9715	9484	9310
昌 平 区	45	44	8829	9009	6985	6423
大 兴 区	43	41	9473	8704	8391	7700
生态涵养发展区	**102**	**102**	**18538**	**20199**	**20684**	**22249**
门头沟区	16	17	2400	2509	2344	2421
怀 柔 区	22	22	3793	4066	3674	4098
平 谷 区	20	20	3821	4278	5080	5606
密 云 县	23	23	4916	5396	5683	5954
延 庆 县	21	20	3608	3950	3903	4170

注：普通中学范围为普通高中和普通初中。

资料来源：北京市教育委员会。

3-55 续表

单位：人

区 县	普通中学在校学生数		普通中学教职工人数		普通中学专任教师人数	
	2013	2012	2013	2012	2013	2012
全 市	**498154**	**499015**	**80511**	**78730**	**58963**	**57379**
首都功能核心区	**94470**	**95933**	**14540**	**14486**	**10634**	**10445**
东 城 区	42248	43139	6421	6324	4600	4536
西 城 区	52222	52794	8119	8162	6034	5909
城市功能拓展区	**205206**	**201661**	**30086**	**28756**	**22911**	**21862**
朝 阳 区	56337	54899	9481	9074	7652	7244
丰 台 区	29903	28611	5367	5166	3770	3606
石景山区	15217	14686	2551	2390	1924	1796
海 淀 区	103749	103465	12687	12126	9565	9216
城市发展新区	**139124**	**138815**	**23799**	**23261**	**17742**	**17260**
房 山 区	28069	28938	4643	4678	3421	3401
通 州 区	28262	28751	4956	4788	3562	3387
顺 义 区	28484	29065	4329	4397	3273	3312
昌 平 区	25762	24599	4922	4606	3654	3416
大 兴 区	28547	27462	4949	4792	3832	3744
生态涵养发展区	**59354**	**62606**	**12086**	**12227**	**7676**	**7812**
门头沟区	7284	7330	1330	1285	946	893
怀 柔 区	11669	12205	2470	2529	1648	1689
平 谷 区	12653	13986	3334	3372	1731	1798
密 云 县	16226	17212	2602	2653	1817	1876
延 庆 县	11522	11873	2350	2388	1534	1556

3–56 小学教育基本情况

单位：人

区 县	小学校数(所)		小学招生数		小学毕业生数	
	2013	2012	2013	2012	2013	2012
全 市	**1093**	**1081**	**165807**	**141738**	**111839**	**109492**
首都功能核心区	**136**	**135**	**23453**	**19245**	**15871**	**16642**
东 城 区	64	63	10071	8162	7557	7962
西 城 区	72	72	13382	11083	8314	8680
城市功能拓展区	**357**	**353**	**75538**	**62980**	**49407**	**47916**
朝 阳 区	134	128	27021	21444	14914	13181
丰 台 区	84	87	14360	12186	10603	10277
石景山区	31	31	4613	4240	3269	3516
海 淀 区	108	107	29544	25110	20621	20942
城市发展新区	**429**	**415**	**52625**	**45807**	**34259**	**31175**
房 山 区	109	108	9271	8378	6620	6800
通 州 区	82	81	13070	11889	7373	7131
顺 义 区	42	39	7451	6890	5317	5224
昌 平 区	100	99	11304	10356	7301	5616
大 兴 区	96	88	11529	8294	7648	6404
生态涵养发展区	**171**	**178**	**14191**	**13706**	**12302**	**13759**
门头沟区	29	35	2017	1946	1846	2033
怀 柔 区	25	25	2980	3015	2345	2555
平 谷 区	43	44	3141	2974	2579	2925
密 云 县	40	40	3961	3739	3176	3640
延 庆 县	34	34	2092	2032	2356	2606

资料来源：北京市教育委员会。

3-56 续表

单位：人

区 县	小学在校学生数		小学教职工人数		小学专任教师人数	
	2013	2012	2013	2012	2013	2012
全 市	**789276**	**718655**	**57832**	**55710**	**48726**	**46783**
首都功能核心区	**109776**	**102357**	**9034**	**8794**	**7635**	**7278**
东 城 区	49091	46721	4390	4280	3532	3455
西 城 区	60685	55636	4644	4514	4103	3823
城市功能拓展区	**351952**	**317398**	**22054**	**20623**	**19871**	**18485**
朝 阳 区	118780	98530	8279	7241	7571	6553
丰 台 区	68840	65935	4750	4583	4014	3902
石景山区	22903	21386	1534	1600	1345	1386
海 淀 区	141429	131547	7491	7199	6941	6644
城市发展新区	**252025**	**225137**	**17692**	**16908**	**14788**	**14124**
房 山 区	44787	41979	3631	3644	2898	2925
通 州 区	59413	54212	3789	3584	3305	3081
顺 义 区	38146	35858	2815	2763	2283	2262
昌 平 区	53649	50670	3444	3388	2897	2844
大 兴 区	56030	42418	4013	3529	3405	3012
生态涵养发展区	**75523**	**73763**	**9052**	**9385**	**6432**	**6896**
门头沟区	11100	11106	1326	1506	1026	1203
怀 柔 区	16143	15483	1705	1775	1162	1195
平 谷 区	16037	15542	2522	2501	1578	1735
密 云 县	20436	19705	2042	2092	1481	1510
延 庆 县	11807	11927	1457	1511	1185	1253

3-57 幼儿教育情况

单位：人

区县	幼儿园数(所)		在园幼儿数		专任教师数	
	2013	2012	2013	2012	2013	2012
全 市	**1384**	**1266**	**348681**	**331524**	**28806**	**26330**
首都功能核心区	**120**	**117**	**29107**	**28583**	**2812**	**2722**
东 城 区	51	50	12722	12061	1274	1231
西 城 区	69	67	16385	16522	1538	1491
城市功能拓展区	**518**	**507**	**169090**	**163886**	**14651**	**14002**
朝 阳 区	191	183	58653	56171	6030	5573
丰 台 区	127	127	40694	40252	3134	3133
石景山区	47	44	13319	12393	1128	1059
海 淀 区	153	153	56424	55070	4359	4237
城市发展新区	**475**	**393**	**110689**	**99203**	**8512**	**7033**
房 山 区	103	102	28752	25953	2498	2176
通 州 区	126	79	20894	16505	1533	1076
顺 义 区	78	59	16962	15199	1229	1030
昌 平 区	103	93	20579	19885	1874	1501
大 兴 区	65	60	23502	21661	1378	1250
生态涵养发展区	**271**	**249**	**39795**	**39852**	**2831**	**2573**
门头沟区	23	16	5442	5470	406	305
怀 柔 区	68	70	9547	9534	621	562
平 谷 区	58	54	8113	7760	383	344
密 云 县	67	62	10253	10433	876	840
延 庆 县	55	47	6440	6655	545	522

数据来源：北京市教育委员会。

3-58 公共图书馆情况

区 县	个数(个)		总藏数(万册、万件)		总流通人次(万人次)		书刊文献外借册次(万册次)	
	2013	2012	2013	2012	2013	2012	2013	2012
全 市	**25**	**25**	**5316**	**5556**	**1452**	**1243**	**893**	**819**
首都功能核心区	**5**	**5**	**283**	**272**	**190**	**168**	**205**	**179**
东 城 区	2	2	122	114	55	56	65	65
西 城 区	3	3	161	158	135	112	140	114
城市功能拓展区	**9**	**9**	**4361**	**4556**	**1028**	**824**	**440**	**375**
朝 阳 区	3	3	862	800	491	334	338	244
丰 台 区	2	2	83	78	36	36	25	42
石景山区	2	2	104	101	63	52	49	55
海 淀 区	2	2	3312	3577	438	402	28	34
城市发展新区	**6**	**6**	**368**	**350**	**117**	**158**	**153**	**160**
房 山 区	2	2	92	97	25	24	33	32
通 州 区	1	1	59	40	8	19	12	22
顺 义 区	1	1	70	69	35	32	31	30
昌 平 区	1	1	63	63	28	63	47	48
大 兴 区	1	1	84	81	21	20	30	28
生态涵养发展区	**5**	**5**	**304**	**378**	**117**	**93**	**95**	**105**
门头沟区	1	1	65	64	2	4	9	11
怀 柔 区	1	1	58	81	71	43	29	38
平 谷 区	1	1	80	141	14	16	22	28
密 云 县	1	1	64	60	14	14	17	10
延 庆 县	1	1	37	32	16	16	18	18

资料来源：北京市文化局、国家图书馆。

3-59 文物局系统内博物馆情况

区 县	个数(个)		综合性		历史性		艺术类		自然科技类		其他类	
	2013	2012	2013	2012	2013	2012	2013	2012	2013	2012	2013	2012
全 市	**41**	**41**	**11**	**11**	**17**	**17**	**6**	**6**	**2**	**2**	**5**	**5**
首都功能核心区	**15**	**15**	**3**	**3**	**8**	**8**	**2**	**2**	**1**	**1**	**1**	**1**
东 城 区	7	7	1	1	5	5	1	1				
西 城 区	8	8	2	2	3	3	1	1	1	1	1	1
城市功能拓展区	**12**	**12**	**1**	**1**	**4**	**4**	**4**	**4**	**1**	**1**	**2**	**2**
朝 阳 区	3	3					2	2			1	1
丰 台 区	2	2			1	1					1	1
石景山区	2	2			1	1			1	1		
海 淀 区	5	5	1	1	2	2	2	2				
城市发展新区	**7**	**7**	**3**	**3**	**3**	**3**					**1**	**1**
房 山 区	2	2			1	1					1	1
通 州 区	1	1	1	1								
顺 义 区	1	1			1	1						
昌 平 区	3	3	2	2	1	1						
大 兴 区												
生态涵养发展区	**7**	**7**	**4**	**4**	**2**	**2**					**1**	**1**
门头沟区	1	1	1	1								
怀 柔 区	1	1	1	1								
平 谷 区	1	1			1	1						
密 云 县	1	1	1	1								
延 庆 县	3	3	1	1	1	1					1	1

资料来源：北京市文物局。

3-59 续表

区 县	文物藏品数(件)		#一级品		参观人次(千人次)		本年收入(万元)	
	2013	2012	2013	2012	2013	2012	2013	2012
全 市	**1163443**	**1155692**	**669**	**669**	**10209**	**10691**	**107408**	**108138**
首都功能核心区	**1041683**	**1038364**	**390**	**390**	**3241**	**3074**	**41411**	**24555**
东 城 区	5623	5622	29	29	1571	1628	5916	4947
西 城 区	1036060	1032742	361	361	1670	1446	35495	19608
城市功能拓展区	**91500**	**93402**	**66**	**66**	**632**	**1004**	**27180**	**45860**
朝 阳 区	6503	6438	15	15	184	230	17273	39498
丰 台 区	1535	1535	3	3	33	87	773	1045
石景山区	83	80			44	20	597	533
海 淀 区	83379	85349	48	48	371	667	8537	4784
城市发展新区	**14549**	**12845**	**212**	**212**	**5511**	**5877**	**33977**	**35760**
房 山 区	7795	7837	15	15	185	145	9509	10558
通 州 区	1658	1385			20	50	494	374
顺 义 区	373	365			366	375	801	698
昌 平 区	4723	3258	197	197	4940	5307	23173	24130
大 兴 区								
生态涵养发展区	**15711**	**11081**	**1**	**1**	**825**	**736**	**4840**	**1963**
门头沟区	8000	3370			65	65	404	373
怀 柔 区	1311	1311			12	27	284	397
平 谷 区	185	185			30	14	351	122
密 云 县	1591	1591				1	3055	476
延 庆 县	4624	4624	1	1	718	629	746	595

3-60 档案事业情况

区 县	档案馆个数(个)		建筑面积(平方米)		本年利用档案人次(人次)		本年利用资料人次(人次)	
	2013	2012	2013	2012	2013	2012	2013	2012
全 市	**18**	**18**	**101896**	**98879**	**235616**	**123073**	**2869**	**629**
首都功能核心区	**3**	**3**	**23547**	**23547**	**50788**	**26916**	**2457**	**245**
东 城 区	1	1	4915	4915	22089	9619		23
西 城 区	2	2	18632	18632	28699	17297	2457	222
城市功能拓展区	**5**	**5**	**35406**	**35406**	**67590**	**34989**	**141**	**130**
朝 阳 区	1	1	2800	2800	23933	12170		
丰 台 区	2	2	22304	22304	20473	10829	121	123
石景山区	1	1	3732	3732	2791	2685	5	7
海 淀 区	1	1	6570	6570	20393	9305	15	
城市发展新区	**5**	**5**	**19900**	**19900**	**55604**	**26923**	**168**	**111**
房 山 区	1	1	4731	4731	8131	3815	67	85
通 州 区	1	1	2651	2651	18387	6224	20	16
顺 义 区	1	1	6750	6750	3380	2603		5
昌 平 区	1	1	3800	3800	16913	10388	75	
大 兴 区	1	1	1968	1968	8793	3893	6	5
生态涵养发展区	**5**	**5**	**23043.3**	**20026**	**61634**	**34245**	**103**	**143**
门头沟区	1	1	4651	1634	9266	5188	30	4
怀 柔 区	1	1	3000	3000	5937	3198	16	34
平 谷 区	1	1	4280	4280	32578	14412	19	52
密 云 县	1	1	5440	5440	11177	8616	17	35
延 庆 县	1	1	5672	5672	2676	2831	21	18

注：本年利用档案人次数量为利用纸质档案和数字档案之和。

资料来源：北京市档案局。

3-61 规模以上工业与信息传输、软件和信息技术服务业企业研究与试验发展（R&D）经费情况

单位：万元

区 县	工 业		信息传输、软件和信息技术服务业	
	2013	2012	2013	2012
全 市	**2130617.5**	**1973442.3**	**1103589.9**	**1085034.1**
首都功能核心区				
东 城 区	11969.5	15759.0	6588.7	5468.2
西 城 区	32111.6	29463.0	54974.0	86688.6
城市功能拓展区				
朝 阳 区	227983.8	238597.6	390645.3	447273.5
丰 台 区	121059.8	112008.9	39045.6	35504.8
石景山区	25057.7	27137.4	11882.5	2174.4
海 淀 区	654868.6	672832.9	588380.6	501994.6
城市发展新区				
房 山 区	44576.3	24130.3		
通 州 区	94566.8	59823.4		
顺 义 区	174045.1	136799.5		
昌 平 区	210492.3	232329.2	8567.7	3594.6
大 兴 区	74778.9	52082.6	2014.0	
北京经济技术开发区	355256.0	265772.0	1491.5	2335.4
生态涵养发展区				
门头沟区	25152.5	22252.3		
怀 柔 区	43388.2	52558.3		
平 谷 区	6482.2	4272.7		
密 云 县	14636.3	9213.0		
延 庆 县	14191.9	18410.2		

3-62 技术合同成交情况(2013年)

区 县	合同数(项)	成交总额(万元)
全 市	**62743**	**28511954**
首都功能核心区	**8497**	**3660121**
东 城 区	2374	2497745
西 城 区	6123	1162377
城市功能拓展区	**49580**	**23447278**
朝 阳 区	6371	4262272
丰 台 区	2479	6295197
石景山区	553	404481
海 淀 区	40177	12485327
城市发展新区	**4398**	**1319689**
房 山 区	302	22163
通 州 区	305	74638
顺 义 区	362	32572
昌 平 区	1726	588662
大 兴 区	1703	601653
生态涵养发展区	**268**	**84866**
门头沟区	39	4078
怀 柔 区	93	53013
平 谷 区	69	4684
密 云 县	61	18187
延 庆 县	6	4904

资料来源：北京技术市场管理办公室。

3-63　专利申请及授权情况(2013年)

单位：件

区　县	专利申请量	#发明专利	专利授权量	#发明专利
全　市	**123336**	**67554**	**62671**	**20695**
首都功能核心区	**31112**	**14911**	**12834**	**2491**
东 城 区	7854	3790	5095	1403
西 城 区	23258	11121	7739	1088
城市功能拓展区	**72801**	**46123**	**38470**	**16430**
朝 阳 区	22916	12774	12707	4390
丰 台 区	6373	2829	3275	755
石景山区	2160	1219	1116	308
海 淀 区	41352	29301	21372	10977
城市发展新区	**17552**	**5906**	**10296**	**1660**
房 山 区	880	371	512	122
通 州 区	2450	533	1453	131
顺 义 区	2318	457	1212	76
昌 平 区	6575	2466	3899	740
大 兴 区	5329	2079	3220	591
生态涵养发展区	**1850**	**604**	**1063**	**113**
门头沟区	318	92	214	21
怀 柔 区	509	172	304	51
平 谷 区	273	63	221	18
密 云 县	667	247	281	15
延 庆 县	83	30	43	8
其　他	**21**	**10**	**8**	**1**

资料来源：北京市知识产权局。

3-64 卫生机构数(2013年)

单位：个

区 县	卫生机构	#医院	#社区卫生服务中心(站)	#门诊部	#妇幼保健院(所、站)	#疾病预防控制中心(防疫站)	#专科疾病防治院(所、站)	#诊所、卫生所、医务室、护理站
全 市	**10141**	**647**	**1926**	**946**	**19**	**32**	**28**	**3471**
首都功能核心区	**1159**	**111**	**153**	**130**	**4**	**13**	**7**	**698**
东 城 区	548	64	63	67	2	4	3	324
西 城 区	611	47	90	63	2	9	4	374
城市功能拓展区	**3072**	**312**	**678**	**625**	**4**	**6**	**8**	**1332**
朝 阳 区	1275	146	263	307	1	2	1	530
丰 台 区	541	69	170	95	1	1	3	170
石景山区	205	21	52	10	1	1	1	113
海 淀 区	1051	76	193	213	1	2	3	519
城市发展新区	**3816**	**161**	**769**	**177**	**6**	**7**	**6**	**1049**
房 山 区	1023	35	214	35	2	2	2	182
通 州 区	601	12	101	41	1	1	1	89
顺 义 区	608	13	161	17	1	1	1	223
昌 平 区	856	63	138	48	1	1	1	290
大 兴 区	728	38	155	36	1	2	1	265
生态涵养发展区	**2079**	**48**	**326**	**14**	**5**	**6**	**7**	**392**
门头沟区	265	13	39	2	1	2	1	57
怀 柔 区	487	12	70	10	1	1	1	110
平 谷 区	434	7	154	1	1	1	2	60
密 云 县	641	13	43	1	1	1	2	117
延 庆 县	252	3	20		1	1	1	48

注：本表全市的数据包含驻京部队医院情况，分区县数据不包含驻京部队医院，所以分区县的数据相加不等于全市。

资料来源：北京市卫生和计划生育委员会。

3-65 卫生机构人员及卫生条件

单位：人

区 县	卫生机构人员		#卫生技术人员		#执业(助理)医师		#注册护士	
	2013	2012	2013	2012	2013	2012	2013	2012
全 市	**294012**	**276654**	**229720**	**219714**	**85819**	**82192**	**100652**	**95202**
首都功能核心区	**71058**	**70651**	**55940**	**55353**	**20304**	**19935**	**22772**	**22749**
东 城 区	31603	31034	24091	23719	9175	8993	9380	9228
西 城 区	39455	39617	31849	31634	11129	10942	13392	13521
城市功能拓展区	**117236**	**111218**	**91006**	**87156**	**34568**	**33235**	**39386**	**36822**
朝 阳 区	53079	50431	40770	39199	15840	15279	17647	16564
丰 台 区	20691	19527	15999	15305	6029	5720	6807	6439
石景山区	8291	7538	6684	6041	2559	2345	3002	2641
海 淀 区	35175	33722	27553	26611	10140	9891	11930	11178
城市发展新区	**54415**	**51691**	**41286**	**38779**	**15958**	**15185**	**15949**	**14692**
房 山 区	11772	11347	8303	8023	3216	3025	3222	3097
通 州 区	9660	9101	7534	6852	2803	2688	2804	2523
顺 义 区	8000	7584	6281	5955	2649	2535	2227	2008
昌 平 区	13234	12647	9950	9418	3863	3701	4036	3730
大 兴 区	11749	11012	9218	8531	3427	3236	3660	3334
生态涵养发展区	**20643**	**19636**	**15650**	**14968**	**6306**	**6047**	**5773**	**5271**
门头沟区	4352	4297	3233	3163	1136	1110	1376	1350
怀 柔 区	4099	3865	3168	3053	1321	1268	1075	1026
平 谷 区	4719	4550	3620	3498	1437	1397	1380	1251
密 云 县	4673	4464	3482	3308	1545	1447	1123	962
延 庆 县	2800	2460	2147	1946	867	825	819	682

注：本表全市数据包含驻京部队医院情况，分区县数据不包含驻京部队医院，所以分区县数据相加不等于全市。

资料来源：北京市卫生和计划生育委员会。

3-65 续表

区 县	卫生机构实有床位数(张)		#医院		每千常住人口执业(助理)医师数(人)		每千常住人口注册护士数(人)		每千常住人口医院床位数(张)	
	2013	2012	2013	2012	2013	2012	2013	2012	2013	2012
全 市	**122754**	**100167**	**115278**	**92610**	**4.06**	**3.97**	**4.76**	**4.60**	**5.45**	**4.48**
首都功能核心区	**25510**	**24591**	**25299**	**24425**	**9.18**	**9.08**	**10.29**	**10.36**	**11.44**	**11.13**
东城区	10948	10440	10792	10329	10.09	9.90	10.32	10.16	11.87	11.38
西城区	14562	14151	14507	14096	8.54	8.50	10.28	10.51	11.13	10.95
城市功能拓展区	**41742**	**39719**	**39430**	**37370**	**3.35**	**3.30**	**3.82**	**3.65**	**3.82**	**3.71**
朝阳区	18252	17493	17668	16968	4.12	4.08	4.59	4.42	4.60	4.53
丰台区	8926	8275	8667	8038	2.67	2.58	3.01	2.91	3.83	3.63
石景山区	4007	3647	3523	3163	3.97	3.67	4.66	4.13	5.47	4.95
海淀区	10557	10304	9572	9201	2.84	2.84	3.34	3.21	2.68	2.64
城市发展新区	**27841**	**26959**	**24441**	**23528**	**2.38**	**2.33**	**2.38**	**2.25**	**3.64**	**3.60**
房山区	5864	6034	5187	5371	3.18	3.07	3.19	3.14	5.14	5.45
通州区	3203	3170	2425	2362	2.11	2.08	2.11	1.95	1.83	1.83
顺义区	3270	3202	2475	2430	2.69	2.66	2.27	2.11	2.52	2.55
昌平区	9430	9085	8978	8593	2.04	2.02	2.14	2.04	4.75	4.70
大兴区	6074	5468	5376	4772	2.27	2.20	2.43	2.27	3.57	3.25
生态涵养发展区	**8941**	**8898**	**7388**	**7287**	**3.32**	**3.21**	**3.04**	**2.79**	**3.89**	**3.86**
门头沟区	2842	2705	2401	2281	3.75	3.72	4.54	4.53	7.92	7.65
怀柔区	1576	1584	1368	1336	3.46	3.36	2.81	2.72	3.58	3.54
平谷区	2056	2043	1736	1718	3.41	3.33	3.27	2.98	4.11	4.09
密云县	1485	1535	1127	1147	3.25	3.05	2.36	2.03	2.37	2.42
延庆县	982	1031	756	805	2.74	2.60	2.59	2.15	2.39	2.54

注：1.本表2012年的全市卫生机构和医院数据中，不包括驻京部队医院情况。2013年起，全市的卫生机构和医院数据中包含驻京部队医院情况。表内分区县数据都不包含驻京部队医院，所以分区县数据相加不等于全市。

2.每千常住人口执业（助理）医师数、每千常住人口注册护士数、每千常住人口医院床位数按年末常住人口计算。

3-66 医院工作情况

区 县	诊疗人次数(千人次)		#门 诊		健康检查人次(千人次)	
	2013	2012	2013	2012	2013	2012
全 市	**147071.1**	**132787.2**	**123436.6**	**111123.2**	**2988.7**	**3020.4**
首都功能核心区	**45929.8**	**41689.0**	**43419.2**	**39185.2**	**747.5**	**670.2**
东 城 区	19469.2	18003.1	18442.0	17019.8	376.7	366.3
西 城 区	26460.6	23685.9	24977.2	22165.4	370.8	303.9
城市功能拓展区	**54836.9**	**49625.7**	**50708.6**	**45529.9**	**1382.6**	**1457.7**
朝 阳 区	25460.1	22963.9	23386.1	21004.9	559.3	607.8
丰 台 区	9780.6	8742.6	8962.8	7774.2	198.1	208.0
石景山区	3588.7	3215.6	3360.2	2992.2	103.8	99.8
海 淀 区	16007.5	14703.7	14999.6	13758.6	521.3	542.0
城市发展新区	**23427.6**	**21223.4**	**21115.5**	**19090.3**	**568.5**	**602.4**
房 山 区	5841.5	5675.8	5468.7	5297.6	96.8	95.5
通 州 区	4047.0	3583.5	3602.4	3157.7	91.4	80.3
顺 义 区	3535.2	3123.4	3143.3	2800.0	131.8	107.1
昌 平 区	5481.4	4945.8	4854.3	4359.7	154.3	187.8
大 兴 区	4522.5	3894.7	4046.7	3475.3	94.2	131.8
生态涵养发展区	**8970.5**	**8037.4**	**8193.3**	**7317.9**	**290.1**	**290.1**
门头沟区	1701.5	1565.1	1572.3	1436.2	42.3	39.0
怀 柔 区	1785.6	1596.8	1596.7	1410.4	67.7	55.8
平 谷 区	2080.9	1807.3	1902.1	1665.8	64.4	59.1
密 云 县	2221.5	1951.6	2003.8	1752.6	56.4	83.0
延 庆 县	1181.0	1116.6	1118.5	1052.7	59.4	53.3

注：本表全市数据包含驻京部队医院情况，分区县数据不包含驻京部队医院，所以分区县数据相加不等于全市。

资料来源：北京市卫生和计划生育委员会。

3-66 续表

区 县	平均开放病床数(张)		入院人数(千人次)	
	2013	2012	2013	2012
全 市	**92354.2**	**88421.4**	**2325.0**	**2115.8**
首都功能核心区	**24796.5**	**24026.3**	**818.5**	**733.2**
东 城 区	10449.8	10106.2	333.8	293.5
西 城 区	14346.7	13920.1	484.7	439.6
城市功能拓展区	**37479.9**	**35331.2**	**981.8**	**899.2**
朝 阳 区	17167.5	16413.5	464.7	430.0
丰 台 区	8023.6	7428.6	150.7	144.2
石景山区	3292.2	2986.6	75.0	68.2
海 淀 区	8996.5	8502.5	291.3	256.8
城市发展新区	**22924.3**	**22084.3**	**376.1**	**346.3**
房 山 区	5074.7	5228.1	100.6	98.8
通 州 区	2327.6	2256.2	60.2	52.9
顺 义 区	2401.6	2332.3	42.4	42.7
昌 平 区	8184.9	7788.5	62.4	57.9
大 兴 区	4935.5	4479.3	110.5	94.0
生态涵养发展区	**7153.5**	**6979.6**	**148.5**	**137.2**
门头沟区	2327.3	2188.3	27.6	25.5
怀 柔 区	1295.1	1218.2	27.0	26.9
平 谷 区	1648.3	1631.5	49.7	42.3
密 云 县	1126.8	1139.9	25.2	23.3
延 庆 县	756.0	801.7	19.0	19.1

3-67 社区卫生服务机构情况(2013年)

区 县	社区卫生服务机构专业技术人员数(人)	#全科医生	#社区护士	总诊疗人次数(千人次)	#门 诊	#急 诊
全 市	**25122**	**11044**	**7325**	**47456.8**	**45336.4**	**1635.9**
首都功能核心区	**2814**	**1278**	**977**	**5006.4**	**4932.3**	**10.3**
东 城 区	1017	451	394	2415.1	2381.3	10.1
西 城 区	1797	827	583	2591.3	2551.1	0.1
城市功能拓展区	**10769**	**4781**	**3380**	**24249.1**	**23313.9**	**715.3**
朝 阳 区	3997	1808	1330	9155.4	8911.0	178.8
丰 台 区	2067	879	549	4884.7	4703.5	148.2
石景山区	835	393	271	1737.9	1686.8	36.6
海 淀 区	3870	1701	1230	8471.2	8012.6	351.7
城市发展新区	**7875**	**3368**	**2056**	**12641.5**	**12082.9**	**495.9**
房 山 区	1303	612	254	2176.9	2129.4	43.2
通 州 区	1632	676	401	2289.5	2143.1	132.6
顺 义 区	1395	709	303	2196.4	2145.5	41.2
昌 平 区	1379	532	457	2713.3	2593.9	103.5
大 兴 区	2166	839	641	3265.4	3071.0	175.4
生态涵养发展区	**3664**	**1617**	**912**	**5559.7**	**5007.3**	**414.3**
门头沟区	540	210	188	474.6	446.9	6.5
怀 柔 区	668	302	146	885.9	835.8	22.2
平 谷 区	915	499	165	1536.8	1465.3	65.4
密 云 县	899	342	243	1637.3	1328.7	286.9
延 庆 县	642	264	170	1025.2	930.5	33.4

资料来源：北京市卫生和计划生育委员会。

3-68 北京地区社会保险情况(2013年)

单位：人

区 县	参加基本养老保险人数	#参加基本养老保险职工人数	参加基本医疗保险人数	#参加基本医疗保险职工人数	参加失业保险人数
全 市	**13112997**	**10913007**	**13547669**	**11050093**	**10250919**
首都功能核心区	**3136931**	**2470334**	**3642344**	**2767503**	**2430081**
东 城 区	1299332	1045525	1533424	1190326	1025641
西 城 区	1837599	1424809	2108920	1577177	1404440
城市功能拓展区	**6182465**	**5238571**	**6473924**	**5350863**	**5010652**
朝 阳 区	2748054	2334487	2756731	2294871	2189639
丰 台 区	798257	617078	879556	659095	575847
石景山区	387709	272541	403427	281588	244228
海 淀 区	2248445	2014465	2434210	2115309	2000938
城市发展新区	**2416161**	**2130218**	**2542996**	**2206464**	**1918286**
房 山 区	322566	253793	342112	262332	246187
通 州 区	401788	347185	486127	421955	307271
顺 义 区	516821	471166	522792	469264	421580
昌 平 区	394099	335158	414962	344709	316707
大 兴 区	451616	398252	467252	403052	346894
北京经济技术开发区	329271	324664	309751	305152	279647
生态涵养发展区	**794104**	**663618**	**888405**	**725263**	**622670**
门头沟区	196482	141703	203513	142918	138066
怀 柔 区	180902	166840	189034	169117	158113
平 谷 区	167692	142834	181405	149800	129756
密 云 县	166624	145667	187149	158206	135567
延 庆 县	82404	66574	127304	105222	61168
其 他	**583336**	**410266**			**269230**

注：其他是指社会保险代办机构。

资料来源：北京市人力资源和社会保障局。

3-69 新型农村合作医疗情况(2013年)

区 县	参加新型农村合作医疗人数 (万人)	新型农村合作医疗参合率 (%)
全 市	**254.36**	**98.02**
城市功能拓展区	**29.56**	**96.00**
朝 阳 区	10.49	99.80
丰 台 区	11.63	98.13
海 淀 区	7.44	88.27
城市发展新区	**143.62**	**99.20**
房 山 区	36.17	100.00
通 州 区	32.09	99.20
顺 义 区	27.97	99.90
昌 平 区	19.07	96.26
大 兴 区	28.32	99.64
生态涵养发展区	**81.18**	**96.70**
门头沟区	4.92	98.06
怀 柔 区	12.89	84.23
平 谷 区	19.89	99.68
密 云 县	26.90	99.90
延 庆 县	16.57	99.62

资料来源：北京市卫生和计划生育委员会。

3-70 收养性单位、社区服务情况(2013年)

区 县	收养性单位数 (个)	收养性单位床位数 (张)	社区服务机构数 (个)	#社区服务中心数
全 市	**442**	**84734**	**6525**	**192**
市本级	**10**	**4203**	**1**	
首都功能核心区	**39**	**3213**	**477**	**32**
东 城 区	11	1375	206	17
西 城 区	28	1838	271	15
城市功能拓展区	**99**	**26423**	**1549**	**85**
朝 阳 区	33	9933	377	36
丰 台 区	23	4772	362	16
石景山区	9	3100	156	9
海 淀 区	34	8618	654	24
城市发展新区	**160**	**31272**	**2761**	**57**
房 山 区	39	5898	595	11
通 州 区	20	3802	583	6
顺 义 区	18	3840	503	22
昌 平 区	52	12635	501	8
大 兴 区	31	5097	579	10
生态涵养发展区	**134**	**19623**	**1737**	**18**
门头沟区	19	3915	287	5
怀 柔 区	22	2755	319	2
平 谷 区	28	3055	308	6
密 云 县	29	3751	397	2
延 庆 县	36	6147	426	3

资料来源：北京市民政局。

3-71 社会组织情况(2013年)

单位：个

区 县	2013
全 市	**8560**
市本级	**2066**
首都功能核心区	**1177**
东 城 区	564
西 城 区	613
城市功能拓展区	**2260**
朝 阳 区	780
丰 台 区	461
石景山区	230
海 淀 区	789
城市发展新区	**1723**
房 山 区	309
通 州 区	315
顺 义 区	274
昌 平 区	437
大 兴 区	388
生态涵养发展区	**1334**
门头沟区	178
怀 柔 区	424
平 谷 区	293
密 云 县	196
延 庆 县	243

注：社会组织包含社会团体、民办非企业单位、基金会。

资料来源：北京市民政局。

3-72 体育场地情况(2013年)

单位：个

区 县	体育场地数	#体育场	#体育馆	#游泳场馆	#各种训练房
全 市	**6156**	**94**	**37**	**447**	**1742**
首都功能核心区	**693**	**7**	**4**	**65**	**377**
东 城 区	372	2	2	43	215
西 城 区	321	5	2	22	162
城市功能拓展区	**2414**	**53**	**24**	**236**	**659**
朝 阳 区	876	14	6	132	326
丰 台 区	372	6	3	23	112
石景山区	57	2	4	11	11
海 淀 区	1109	31	11	70	210
城市发展新区	**2036**	**25**	**4**	**98**	**451**
房 山 区	414	4		14	50
通 州 区	286	3	1	9	38
顺 义 区	608	3		20	208
昌 平 区	488	9	2	44	117
大 兴 区	240	6	1	11	38
生态涵养发展区	**1013**	**9**	**5**	**48**	**255**
门头沟区	57	1	1	5	12
怀 柔 区	317	3	1	17	94
平 谷 区	245	2	1	8	80
密 云 县	249	1		10	43
延 庆 县	145	2	2	8	26

资料来源：北京市体育局。

3-73 城乡居民最低生活保障人数

单位：人

区 县	城市居民最低生活保障人数		农村居民最低生活保障人数	
	2013	2012	2013	2012
全 市	**103682**	**109743**	**59575**	**62979**
市本级	**1771**	**1836**		
首都功能核心区	**37230**	**39255**		
东 城 区	15789	16698		
西 城 区	21441	22557		
城市功能拓展区	**42147**	**43625**	**1920**	**2232**
朝 阳 区	14424	14665	1095	1152
丰 台 区	11759	12102	517	664
石景山区	9869	10190		
海 淀 区	6095	6668	308	416
城市发展新区	**7735**	**8821**	**25604**	**27462**
房 山 区	2699	3282	8856	9671
通 州 区	2442	2698	6338	6364
顺 义 区	686	781	5152	5661
昌 平 区	978	1092	2431	2554
大 兴 区	930	968	2827	3212
生态涵养发展区	**14799**	**16206**	**32051**	**33285**
门头沟区	9199	9978	2623	2551
怀 柔 区	1454	1808	6421	7582
平 谷 区	2334	2540	7178	7767
密 云 县	1281	1250	10765	9807
延 庆 县	531	630	5064	5578

资料来源：北京市民政局。

3-74 优抚及主要救助对象情况(2013年)

单位：人

区 县	抚恤补助优抚对象人数	定期抚恤人数	定期补助人数	伤残人数	社会救助对象人数
全 市	**43427**	**1775**	**30477**	**11175**	**167333**
市本级					**1771**
首都功能核心区	**2451**	**177**	**205**	**2069**	**37230**
东城区	962	78	63	821	15789
西城区	1489	99	142	1248	21441
城市功能拓展区	**9892**	**530**	**3598**	**5764**	**44198**
朝阳区	3220	117	1408	1695	15551
丰台区	2275	118	1022	1135	12310
石景山区	570	67	54	449	9869
海淀区	3827	228	1114	2485	6468
城市发展新区	**19515**	**532**	**17069**	**1914**	**34614**
房山区	4705	126	4105	474	12121
通州区	4128	91	3666	371	8975
顺义区	4725	145	4167	413	6040
昌平区	2698	113	2213	372	3526
大兴区	3259	57	2918	284	3952
生态涵养发展区	**11569**	**536**	**9605**	**1428**	**49520**
门头沟区	705	47	506	152	12118
怀柔区	2533	140	2037	356	8798
平谷区	2760	129	2319	312	9753
密云县	2954	133	2479	342	12747
延庆县	2617	87	2264	266	6104

资料来源：北京市民政局。

3–75 婚姻登记情况

区 县	登记结婚人数(人)		初婚人数(人)		再婚人数(人)		#女 性		离婚登记对数(对)	
	2013	2012	2013	2012	2013	2012	2013	2012	2013	2012
全 市	**327352**	**348228**	**251636**	**287436**	**75716**	**60792**	**35954**	**28368**	**54536**	**38243**
市本级	**2140**	**2484**	**1500**	**1728**	**640**	**756**	**283**	**341**	**173**	**163**
首都功能核心区	**65594**	**71570**	**51076**	**59783**	**14518**	**11787**	**6744**	**5310**	**11102**	**7638**
东 城 区	26518	29332	20535	24354	5983	4978	2778	2249	4628	3246
西 城 区	39076	42238	30541	35429	8535	6809	3966	3061	6474	4392
城市功能拓展区	**137822**	**145400**	**104956**	**119278**	**32866**	**26122**	**15118**	**11769**	**24875**	**17101**
朝 阳 区	45718	48466	33663	38915	12055	9551	5556	4311	9101	6639
丰 台 区	23878	24674	17377	19436	6501	5238	3002	2413	4678	3401
石景山区	8494	9208	6262	7334	2232	1874	1043	871	1659	1129
海 淀 区	59732	63052	47654	53593	12078	9459	5517	4174	9437	5932
城市发展新区	**82838**	**88320**	**64333**	**74041**	**18505**	**14279**	**9103**	**6927**	**12315**	**8782**
房 山 区	19166	20554	14973	17029	4193	3525	2103	1743	2892	2220
通 州 区	16944	17894	13112	14829	3832	3065	1869	1473	2351	1700
顺 义 区	16482	17182	13188	14814	3294	2368	1641	1152	2234	1558
昌 平 区	12910	13634	9424	11083	3486	2551	1663	1217	2389	1683
大 兴 区	17336	19056	13636	16286	3700	2770	1827	1342	2449	1621
生态涵养发展区	**38958**	**40454**	**29771**	**32606**	**9187**	**7848**	**4706**	**4021**	**6071**	**4559**
门头沟区	5458	5684	3888	4386	1570	1298	785	622	980	771
怀 柔 区	6622	7030	5039	5601	1583	1429	798	727	1023	802
平 谷 区	10134	10492	8138	8740	1996	1752	1040	896	1529	1013
密 云 县	9804	9752	7439	7842	2365	1910	1204	994	1615	1181
延 庆 县	6940	7496	5267	6037	1673	1459	879	782	924	792

注：离婚登记对数不含法院判离数。

资料来源：北京市民政局。

3-76 全市基层法律服务所主要工作情况

区 县	担任法律顾问(家)		代理诉讼事务(件)		代理非诉讼事务(件)		解答法律询问(人次)	
	2013	2012	2013	2012	2013	2012	2013	2012
全 市	**2390**	**2749**	**4486**	**4433**	**2887**	**2486**	**66959**	**55282**
首都功能核心区		**206**		**362**		**210**		**6462**
东 城 区	70	111	76	254	96	64	2088	2720
西 城 区	80	95	102	108	126	146	5740	3742
城市功能拓展区		**657**		**722**		**187**		**9659**
朝 阳 区	250	459	182	183	40	20	5322	6884
丰 台 区	243	104	524	286	311	99	1576	904
石景山区	13	22	114	22	52	10	845	7
海 淀 区	72	72	231	231	78	58	1905	1864
城市发展新区		**1351**		**2280**		**1324**		**20324**
房 山 区	78	107	588	716	156	134	5866	6591
通 州 区	828	923	593	740	259	454	3119	4143
顺 义 区	171	171	619	591	431	327	7430	2640
昌 平 区	150	150	105	153	42	370	4310	2983
大 兴 区	28		110	80	59	39	3213	3967
生态涵养发展区		**535**		**1069**		**765**		**18837**
门头沟区	3	2					486	469
怀 柔 区	2	47	292	268	46	201	3041	1056
平 谷 区	2	1	288	247	291	68	1990	2353
密 云 县	29	93	301	220	98	26	10556	10837
延 庆 县	371	392	361	334	802	470	9472	4122

资料来源：北京市司法局。

3-77 全市公证处总办证量情况(2013年)

单位：件

区 县	总办证量	国内公证业务	涉外公证业务	涉港澳公证业务	涉台公证业务
全 市	**814088**	**382217**	**423688**	**4947**	**3236**
首都功能核心区	**481911**	**227411**	**249655**	**3606**	**1239**
东 城 区	139066	53650	84090	914	412
西 城 区	342845	173761	165565	2692	827
城市功能拓展区	**287705**	**120740**	**163683**	**1285**	**1997**
朝 阳 区	155014	72622	79858	537	1997
丰 台 区	11832	5456	6340	36	
石景山区	13314	5524	7790		
海 淀 区	107545	37138	69695	712	
城市发展新区	**31871**	**23003**	**8812**	**56**	
房 山 区	11864	9996	1853	15	
通 州 区	5717	3571	2129	17	
顺 义 区	3363	2044	1299	20	
昌 平 区	4656	3446	1210		
大 兴 区	6271	3946	2321	4	
生态涵养发展区	**12601**	**11063**	**1538**		
门头沟区	3453	3438	15		
怀 柔 区	4545	3864	681		
平 谷 区	2479	2078	401		
密 云 县	1959	1605	354		
延 庆 县	165	78	87		

资料来源：北京市司法局。

3-78 刑事案件立案及破案情况

单位：起

区 县	刑事案件立案数		刑事案件破案数	
	2013	2012	2013	2012
全 市	**140498**	**145724**	**112594**	**101776**
首都功能核心区	**14825**	**14207**	**14127**	**12763**
东 城 区	5358	4572	4267	3652
西 城 区	9467	9635	9860	9111
城市功能拓展区	**74109**	**79725**	**58619**	**53646**
朝 阳 区	29009	29538	20441	18547
丰 台 区	18481	19899	12949	11919
石景山区	2328	2438	2730	2477
海 淀 区	24291	27850	22499	20703
城市发展新区	**32291**	**33186**	**28539**	**25067**
房 山 区	5837	5564	3971	3329
通 州 区	7519	7579	5949	5483
顺 义 区	5420	5783	5817	5271
昌 平 区	6127	7077	6260	5672
大 兴 区	7388	7183	6542	5312
生态涵养发展区	**8235**	**8834**	**7818**	**6932**
门头沟区	1711	1997	1602	1473
怀 柔 区	1661	1659	1703	1506
平 谷 区	1743	1965	1868	1674
密 云 县	2085	2086	1410	1260
延 庆 县	1035	1127	1235	1019
其 他	**11038**	**9772**	**3491**	**3368**

资料来源：北京市公安局。

3-79 火灾事故情况(2013年)

区 县	火灾事故起数 (起)	火灾事故死亡人数 (人)	火灾事故直接经济损失额 (万元)
全 市	**4214**	**53**	**5265.9**
首都功能核心区	**285**	**3**	**127.3**
东 城 区	147	2	31.4
西 城 区	138	1	95.9
城市功能拓展区	**1582**	**31**	**2949.3**
朝 阳 区	594	17	710.5
丰 台 区	436	4	454.5
石景山区	99	2	1384.2
海 淀 区	453	8	400.0
城市发展新区	**1726**	**16**	**1710.8**
房 山 区	426	3	603.6
通 州 区	354	4	627.2
顺 义 区	309	1	163.1
昌 平 区	380	6	168.3
大 兴 区	257	2	148.6
生态涵养发展区	**599**	**3**	**436.3**
门头沟区	49	1	84.2
怀 柔 区	109		20.7
平 谷 区	222	1	132.5
密 云 县	94	1	59.8
延 庆 县	125		139.1
其 他	**22**		**42.2**

资料来源：北京市公安局消防局。

3-80　交通事故情况(2013年)

区　县	交通事故起数 (起)	交通事故死亡人数 (人)	交通事故直接经济损失 (万元)
全　市	**3063**	**860**	**2805.2**
首都功能核心区	**166**	**21**	**90.8**
东 城 区	114	9	14.6
西 城 区	52	12	76.2
城市功能拓展区	**1147**	**287**	**946.6**
朝 阳 区	308	154	196.6
丰 台 区	355	58	159.2
石景山区	126	11	225.0
海 淀 区	358	64	365.8
城市发展新区	**1343**	**435**	**1427.7**
房 山 区	204	95	121.9
通 州 区	375	85	623.4
顺 义 区	383	106	364.5
昌 平 区	252	102	229.8
大 兴 区	129	47	88.1
生态涵养发展区	**364**	**113**	**321.3**
门头沟区	57	8	71.2
怀 柔 区	34	24	13.2
平 谷 区	79	23	42.9
密 云 县	135	32	163.4
延 庆 县	59	26	30.6
其　他	**43**	**4**	**18.8**

资料来源：北京市公安局公安交通管理局。

3-81 生产安全情况(2013年)

区 县	生产安全事故数 (起)	生产安全死亡人数 (人)
全 市	**91**	**95**
首都功能核心区	**8**	**10**
东 城 区	4	6
西 城 区	4	4
城市功能拓展区	**41**	**42**
朝 阳 区	15	15
丰 台 区	16	17
石景山区	5	5
海 淀 区	5	5
城市发展新区	**22**	**23**
房 山 区	11	12
通 州 区	1	1
顺 义 区	5	5
昌 平 区	2	2
大 兴 区	1	1
北京经济技术开发区	2	2
生态涵养发展区	**15**	**15**
门头沟区	4	4
怀 柔 区	5	5
平 谷 区	1	1
密 云 县	3	3
延 庆 县	2	2
其 他	**5**	**5**

资料来源：北京市安全生产监督管理局。

3-82 污水处理情况(2013年)

区 县	污水处理厂(站)数 (座)	污水排放量 (万立方米)	污水处理量 (万立方米)
全 市	**82**	**155317**	**131401**
城六区	**16**	**100050**	**96540**
城市发展新区	**36**	**43795**	**26971**
房山区	12	7733	5652
通州区	8	8255	5170
顺义区	3	6700	4567
昌平区	5	9936	3669
大兴区	6	7303	4045
北京经济技术开发区	2	3868	3868
生态涵养发展区	**30**	**11472**	**7890**
门头沟区	11	1634	1120
怀柔区	3	3158	2119
平谷区	4	3028	2132
密云县	8	2075	1381
延庆县	4	1577	1138

资料来源：北京市水务局。

3-83 环境基本情况(2013年)

区 县	二氧化硫(SO_2)年均浓度值(微克/立方米)	二氧化氮(NO_2)年均浓度值(微克/立方米)	可吸入颗粒物年均浓度值(微克/立方米)	细颗粒物(PM2.5)年均浓度值(微克/立方米)	林木绿化率(%)
全 市	**26.5**	**56.0**	**108.1**	**89.5**	**57.4**
首都功能核心区					
东 城 区	26.8	58.0	109.6	93.6	19.1
西 城 区	28.8	59.6	112.5	91.7	14.6
城市功能拓展区					
朝 阳 区	29.7	64.0	112.4	91.3	23.7
丰 台 区	28.1	57.5	118.5	96.9	40.7
石景山区	24.9	63.3	116.4	92.8	40.4
海 淀 区	26.9	63.6	115.0	98.1	43.1
城市发展新区					
房 山 区	31.2	61.9	131.7	106.8	58.4
通 州 区	38.6	55.8	123.5	105.7	31.0
顺 义 区	20.8	44.8	98.5	84.8	30.9
昌 平 区	25.9	43.5	94.7	79.2	65.9
大 兴 区	33.7	65.7	130.3	107.8	29.7
生态涵养发展区					
门头沟区	24.6	51.8	114.8	91.1	62.5
怀 柔 区	22.3	37.9	95.3	76.1	77.7
平 谷 区	20.6	35.0	98.7	84.8	69.7
密 云 县	21.3	43.6	85.9	71.6	68.6
延 庆 县	19.2	34.4	78.3	68.0	68.1

资料来源：北京市环境保护局、北京市园林绿化局提供。

3-84 垃圾处理情况(2013年)

区 县	垃圾无害化处理场(厂)个数 (个)	生活垃圾转运站个数 (个)	生活垃圾无害化处理量 (万吨)	生活垃圾无害化处理率(按垃圾清运量计算) (%)
全 市	**24**	**9**	**666.96**	**99.30**
首都功能核心区			**103.25**	
东 城 区			45.95	100.00
西 城 区			57.29	100.00
城市功能拓展区	**4**	**6**	**347.22**	
朝 阳 区	2	2	150.48	100.00
丰 台 区	1	2	90.97	100.00
石景山区	0	1	15.78	100.00
海 淀 区	1	1	89.99	100.00
城市发展新区	**10**	**2**	**168.40**	
房 山 区	3	1	20.12	100.00
通 州 区	2	1	29.05	99.14
顺 义 区	1		22.30	95.10
昌 平 区	2		46.00	96.64
大 兴 区	2		50.93	98.31
生态涵养发展区	**10**	**1**	**48.08**	
门头沟区	3	1	8.25	96.88
怀 柔 区	2		11.94	97.09
平 谷 区	2		7.91	100.00
密 云 县	1		14.68	99.31
延 庆 县	2		5.30	97.58

资料来源：北京市市政市容管理委员会。

2014

北京区域统计年鉴

第四篇

BEIJING AREA STATISTICAL YEARBOOK

山区平原概览

SHANQU PINGYUAN GAILAN

简要说明

一、本章资料的主要内容

本章主要反映按地势划分的山区、平原乡镇的基本情况（面积、人口、从业人员等），农村经济（财政、农业生产、畜牧业等），乡镇企业发展，观光民俗旅游和农村居民收支等主要指标情况。

二、本章资料的统计范围

山区的统计范围为82个山区乡镇，平原的统计范围为100个平原乡镇。

三、本章资料的数据来源

农村居民收支出数据由国家统计局北京调查总队农村住户调查处提供，其他数据由北京市统计局及国家统计局北京调查总队农村统计处提供。

4-1　山区乡镇基本情况及主要经济指标

项　　目		2013	2012	增长速度(%)
基本情况				
总面积	(公顷)	1046849	1052099	-0.5
总人口	(人)	1569374	1553280	1.0
#农业人口	(人)	966541	977686	-1.1
从业人员	(人)	858897	833601	3.0
第一产业	(人)	271262	272200	-0.3
第二产业	(人)	232284	221799	4.7
第三产业	(人)	355351	339602	4.6
享受低保人数	(人)	38199	46681	-18.2
山区经济				
公共财政预算收入	(万元)	535173	436158	22.7
公共财政预算支出	(万元)	757159	674078	12.3
农林牧渔业总产值	(万元)	1220577	1127466	8.3
#种植业	(万元)	754276	659928	14.3
养殖业	(万元)	466300	467481	-0.3
粮食播种面积	(公顷)	56710	64710	-12.4
粮食产量	(吨)	313694	320371	-2.1
果园面积	(公顷)	41273	42343	-2.5
干鲜果品产量	(吨)	490717	505982	-3.0
家禽出栏数	(万只)	3848	5012	-23.2
生猪出栏数	(头)	828367	781719	6.0
企业情况				
企业个数	(个)	11988	9510	26.1
企业总收入	(万元)	7773984	7875153	-1.3
企业利润总额	(万元)	388167	465782	-16.7
民俗旅游情况				
民俗旅游接待人数	(人次)	16783315	15644095	7.3
民俗旅游从业人员	(人)	17907	17047	5.0
民俗旅游总收入	(万元)	95479	84345	13.2

注：此表范围为82个山区乡镇。

4-2 山区农民收入支出情况

单位：元

项　目	2013	2012	增长速度(%)
农村居民人均纯收入	**16379**	**14433**	**13.5**
工资性收入	10494	9150	14.7
家庭经营收入	2484	2150	15.5
第一产业	690	1212	-43.1
第二产业	105	75	40.0
第三产业	1689	863	95.7
财产性收入	926	873	6.1
转移性收入	2475	2260	9.5
农村居民人均生活消费支出	**10920**	**10063**	**8.5**
食　品	3765	3157	19.3
衣　着	758	608	24.7
家庭设备用品及服务	817	702	16.4
医疗保健	1036	1202	-13.8
交通和通信	1198	1111	7.8
教育文化娱乐用品及服务	807	753	7.2
居　住	2278	2281	-0.1
其他商品和服务	261	249	4.8

4-3　平原乡镇基本情况及主要经济指标

项　　目		2013	2012	增长速度(%)
基本情况				
总面积	(公顷)	481272	488972	-1.6
总人口	(人)	7054625	6886799	2.4
#农业人口	(人)	1541892	1567700	-1.6
从业人员	(人)	4031370	3828461	5.3
第一产业	(人)	298041	313449	-4.9
第二产业	(人)	1222836	1178735	3.7
第三产业	(人)	2510493	2336277	7.5
享受低保人数	(人)	24900	33348	-25.3
平原经济				
公共财政预算收入	(万元)	2017529	1480267	36.3
公共财政预算支出	(万元)	2216262	1638283	35.3
农林牧渔业总产值	(万元)	2326471	2121079	9.7
#种植业	(万元)	1438562	1325397	8.5
养殖业	(万元)	805672	795199	1.3
粮食播种面积	(公顷)	101067	127574	-20.8
粮食产量	(吨)	627728	787914	-20.3
果园面积	(公顷)	17897	19087	-6.2
干鲜果品产量	(吨)	296220	328516	-9.8
家禽出栏数	(万只)	2811	3412	-17.6
生猪出栏数	(头)	2162856	2131976	1.4
企业情况				
企业个数	(个)	72625	66732	8.8
企业总收入	(万元)	72291193	56600486	27.7
企业利润总额	(万元)	2879064	2589293	11.2
民俗旅游情况				
民俗旅游接待人数	(人次)	1282183	1313544	-2.4
民俗旅游从业人员	(人)	1671	1658	0.8
民俗旅游总收入	(万元)	6480	6203	4.5

注：此表范围为100个平原乡镇。

4-4 平原农民收入支出情况

单位：元

项　　目	2013	2012	增长速度(%)
农村居民人均纯收入	**19098**	**17234**	**10.8**
工资性收入	12348	11473	7.6
家庭经营收入	583	1009	-42.2
第一产业	184	552	-66.7
第二产业	27	-82	
第三产业	372	539	-31.0
财产性收入	2445	2029	20.5
转移性收入	3722	2723	36.7
农村居民人均生活消费支出	**14529**	**12553**	**15.7**
食　品	5015	4237	18.4
衣　着	1278	1074	19.0
家庭设备用品及服务	922	800	15.3
医疗保健	1174	1097	7.0
交通和通信	1537	1506	2.1
教育文化娱乐用品及服务	1529	1301	17.5
居　住	2545	2170	17.3
其他商品和服务	529	368	43.8

2014

北京区域统计年鉴

第五篇

BEIJING AREA STATISTICAL YEARBOOK

开发区

KAI FA QU

简要说明

一、本章资料的主要内容

本章资料包括 3 家国家级开发区（北京经济技术开发区、中关村国家自主创新示范区（包含 17 个园区）、北京天竺综合保税区）和 16 家北京市级开发区的主要情况。

二、本章资料的数据来源

本章资料主要由北京市统计局中关村统计处提供，其中 5-2 表由北京经济技术开发区统计局、调查队提供。

三、本章资料的统计范围情况

2012 年底，国务院批复了中关村示范区空间规模和布局调整的方案。因此，中关村国家自主创新示范区中部分园区的空间规模和布局进行了扩大调整，其中昌平园和德胜园规划面积变化较大。

北京市开发区情况框架图

<table>
<tr><td rowspan="35">开发区</td><td rowspan="19">国家级（3个）</td><td>北京经济技术开发区</td></tr>
<tr><td>中关村国家自主创新示范区</td></tr>
<tr><td>　中关村国家自主创新示范区海淀园</td></tr>
<tr><td>　中关村国家自主创新示范区丰台园</td></tr>
<tr><td>　中关村国家自主创新示范区昌平园</td></tr>
<tr><td>　中关村国家自主创新示范区朝阳园</td></tr>
<tr><td>　中关村国家自主创新示范区亦庄园</td></tr>
<tr><td>　中关村国家自主创新示范区西城园</td></tr>
<tr><td>　中关村国家自主创新示范区东城园</td></tr>
<tr><td>　中关村国家自主创新示范区石景山园</td></tr>
<tr><td>　中关村国家自主创新示范区通州园</td></tr>
<tr><td>　中关村国家自主创新示范区大兴生物工程与医药产业基地</td></tr>
<tr><td>　中关村国家自主创新示范区平谷园</td></tr>
<tr><td>　中关村国家自主创新示范区门头沟园</td></tr>
<tr><td>　中关村国家自主创新示范区房山园</td></tr>
<tr><td>　中关村国家自主创新示范区顺义园</td></tr>
<tr><td>　中关村国家自主创新示范区密云园</td></tr>
<tr><td>　中关村国家自主创新示范区怀柔园</td></tr>
<tr><td>　中关村国家自主创新示范区延庆园</td></tr>
<tr><td>北京天竺综合保税区</td></tr>
<tr><td rowspan="16">市级（16个）</td><td>北京石龙经济开发区</td></tr>
<tr><td>北京良乡经济开发区</td></tr>
<tr><td>北京大兴经济开发区</td></tr>
<tr><td>北京通州经济开发区</td></tr>
<tr><td>北京雁栖经济开发区</td></tr>
<tr><td>北京兴谷经济开发区</td></tr>
<tr><td>北京密云经济开发区</td></tr>
<tr><td>北京林河经济开发区</td></tr>
<tr><td>北京天竺空港经济开发区</td></tr>
<tr><td>北京八达岭经济开发区</td></tr>
<tr><td>北京永乐经济开发区</td></tr>
<tr><td>北京延庆经济开发区</td></tr>
<tr><td>北京昌平小汤山工业园区</td></tr>
<tr><td>北京采育经济开发区</td></tr>
<tr><td>北京房山工业园区</td></tr>
<tr><td>北京马坊工业园区</td></tr>
</table>

注：开发区情况截止到2013年末。

5-1 开发区基本情况(2013年)

项　目		国家级	市 级
开发区个数	(个)	3	16
区规划总面积	(公顷)	41290.1	9005.5
累计已开发土地面积	(公顷)	25833.2	6515.0
累计已供应土地面积	(公顷)	14447.0	4965.2
累计已建成城镇建设用地面积	(公顷)	20919.0	4638.6
累计招商项目企业个数	(个)	38695	10994
累计招商项目总投资	(亿元)	11664.0	2191.7
累计招商项目注册资本	(亿元)	10078.3	1149.8
#三资企业	(亿元)	1852.2	324.0
累计招商项目合同外资金额	(亿美元)	245.0	53.2
累计招商项目外商实际投资	(亿美元)	168.7	56.9
固定资产投资	(亿元)	1181.1	128.4
总收入	(亿元)	31815.0	3306.7
工业总产值(当年价格)	(亿元)	8037.6	937.7
工业销售产值(当年价格)	(亿元)	7910.1	914.4
利润总额	(亿元)	2321.8	321.0
应缴税金	(亿元)	1512.3	101.5

注：1.本表中的开发区包括北京市级及国家级开发区情况。

2.表内"累计"指自开始至年末的累计数。

3.本表"总收入"、"工业总产值(当年价格)"、"工业销售产值"(当年价格)、"利润总额"和"应缴税金"数据的统计范围为注册在开发区内的规模(限额)以上法人单位。

4.自2013年起，平谷园、门头沟园、房山园、顺义园、密云园、怀柔园和延庆园7个园区纳入中关村国家自主创新示范区统计范围，后表同(详见简要说明)。

5.除中关村国家自主创新示范区海淀园外，中关村国家自主创新示范区各园"规划总面积"指标均填报批复土地面积，范围较2012年有所变化。

5-2 北京经济技术开发区主要指标

项　　目		2013	2012
规划面积	(公顷)	4680.0	4650.0
累计征用土地面积	(公顷)	4924.0	4924.0
工业总产值（现价）	(亿元)	2292.9	2187.9
#高新技术产业	(亿元)	2129.0	1993.7
销售(营业)收入	(亿元)	4786.2	4328.5
利润总额	(亿元)	276.6	212.1
进出口总值	(亿美元)	211.8	219.2
出　口	(亿美元)	110.3	107.5
进　口	(亿美元)	101.5	111.7
公共财政预算收入	(亿元)	100.3	80.5
公共财政预算支出	(亿元)	102.0	84.0
批准企业个数	(个)	1414	1210
入区企业投资额	(亿美元)	93.8	60.1
注册资本	(亿美元)	56.0	43.3
合同外资金额	(亿美元)	8.0	7.3
实际利用外资	(亿美元)	6.3	6.7
固定资产投资	(亿元)	375.2	339.9
从业人员期末人数	(人)	279462	275219
从业人员工资总额	(万元)	2597521	2297846

注：工业总产值（现价）、销售（营业）收入和利润总额指标的统计范围是规模（限额）以上法人单位。

资料来源：北京经济技术开发区调查队、统计局。

5-3 中关村国家自主创新示范区主要指标

项　目		2013	2012
规划总面积	(公顷)	38693.7	27983.1
累计已开发土地面积	(公顷)	24461.2	
累计已供应土地面积	(公顷)	10326.9	
累计已建成城镇建设用地	(公顷)	19897.0	
投产(开业)企业个数	(个)	15455	14929
#高新技术企业	(个)	15455	14929
#工业企业	(个)	3133	2824
#三资企业	(个)	1622	1671
总投资	(万元)	20569526	8319593
#工业企业	(万元)	4367316	1628442
#三资企业	(万元)	943250	2220462
注册资本	(万元)	18728400	6362355
合同外资金额	(万美元)	85841	121497
外商实际投资	(万美元)	99023	95832
工业总产值(现价)	(万元)	78903138	64946664
工业销售产值(现价)	(万元)	77691682	64204633
#出口交货值	(万元)	9298518	9100122
总收入	(万元)	304974327	250249575
#技术收入	(万元)	40324295	34030687
利润总额	(万元)	22647561	17885600
#高新技术企业	(万元)	22647561	17885600
应缴税金总额	(万元)	15066331	14457699
固定资产投资	(万元)	9098175	2970859
从业人员期末人数	(人)	1898756	1585950

5-3 续表1 海淀园主要指标

项　目		2013	2012
规划总面积	(公顷)	13242.2	13306.0
累计已开发土地面积	(公顷)	10683.9	
累计已供应土地面积	(公顷)	697.8	
累计已建成城镇建设用地	(公顷)	9986.2	
投产(开业)企业个数	(个)	9051	9016
#高新技术企业	(个)	9051	9016
#工业企业	(个)	1046	1079
#三资企业	(个)	879	1002
总投资	(万元)	6021821	5126243
#工业企业	(万元)	273669	521456
#三资企业	(万元)	400566	403700
注册资本	(万元)	4185155	3908570
合同外资金额	(万美元)	50000	50672
外商实际投资	(万美元)	29000	29512
工业总产值(现价)	(万元)	17551212	15175989
工业销售产值(现价)	(万元)	16928130	14592382
#出口交货值	(万元)	856072	843104
总收入	(万元)	125335753	106657471
#技术收入	(万元)	23656834	20740977
利润总额	(万元)	9384202	8223570
#高新技术企业	(万元)	9384202	8223570
应缴税金总额	(万元)	4903085	4230918
固定资产投资	(万元)	3132492	800044
从业人员期末人数	(人)	864458	776012

5-3 续表2 丰台园主要指标

项 目		2013	2012
规划总面积	(公顷)	1763.0	818.0
累计已开发土地面积	(公顷)	289.0	
累计已供应土地面积	(公顷)	176.6	
累计已建成城镇建设用地	(公顷)	160.7	
投产(开业)企业个数	(个)	1387	1446
#高新技术企业	(个)	1387	1446
#工业企业	(个)	310	319
#三资企业	(个)	66	77
总投资	(万元)	676800	676800
#工业企业	(万元)		
#三资企业	(万元)		
注册资本	(万元)	676800	676800
合同外资金额	(万美元)		
外商实际投资	(万美元)		
工业总产值(现价)	(万元)	3678870	3333396
工业销售产值(现价)	(万元)	3630029	3375980
#出口交货值	(万元)	74974	130161
总收入	(万元)	32955947	29384764
#技术收入	(万元)	3047009	2522872
利润总额	(万元)	1773379	976582
#高新技术企业	(万元)	1773379	976582
应缴税金总额	(万元)	853598	754281
固定资产投资	(万元)	922336	555000
从业人员期末人数	(人)	157172	164716

5-3 续表3 昌平园主要指标

项　　目		2013	2012
规划总面积	(公顷)	5140.0	5140.0
累计已开发土地面积	(公顷)	2068.9	
累计已供应土地面积	(公顷)	1952.9	
累计已建成城镇建设用地	(公顷)	1719.7	
投产(开业)企业个数	(个)	1498	1558
#高新技术企业	(个)	1498	1558
#工业企业	(个)	631	673
#三资企业	(个)	131	138
总投资	(万元)	7146138	400582
#工业企业	(万元)	1122821	16936
#三资企业	(万元)	93528	110191
注册资本	(万元)	7117511	370705
合同外资金额	(万美元)	7923	12278
外商实际投资	(万美元)	7923	12278
工业总产值(现价)	(万元)	12440396	12251389
工业销售产值(现价)	(万元)	12341168	12359350
#出口交货值	(万元)	510657	523628
总收入	(万元)	29434078	23441944
#技术收入	(万元)	1065948	767143
利润总额	(万元)	2088271	1128281
#高新技术企业	(万元)	2088271	1128281
应缴税金总额	(万元)	1226664	782604
固定资产投资	(万元)	1209279	506447
从业人员期末人数	(人)	144552	122726

5-3 续表4 朝阳园主要指标

项 目		2013	2012
规划总面积	(公顷)	2610.0	1809.0
累计已开发土地面积	(公顷)	1471.9	
累计已供应土地面积	(公顷)	1443.1	
累计已建成城镇建设用地	(公顷)	1211.0	
投产(开业)企业个数	(个)	1099	1061
#高新技术企业	(个)	1099	1061
#工业企业	(个)	217	225
#三资企业	(个)	177	181
总投资	(万元)	2139784	326459
#工业企业	(万元)	96498	44802
#三资企业	(万元)	105987	105457
注册资本	(万元)	2139784	326459
合同外资金额	(万美元)	12612	15360
外商实际投资	(万美元)	12612	15360
工业总产值(现价)	(万元)	7446190	8490337
工业销售产值(现价)	(万元)	7362047	8412206
#出口交货值	(万元)	269250	821353
总收入	(万元)	35511248	38451875
#技术收入	(万元)	6012101	4708987
利润总额	(万元)	3429624	3665153
#高新技术企业	(万元)	3429624	3665153
应缴税金总额	(万元)	3509329	5410362
固定资产投资	(万元)	794573	430000
从业人员期末人数	(人)	189687	166897

5-3 续表5 亦庄科技园主要指标

项 目		2013	2012
规划总面积	(公顷)	2678.0	2678.0
累计已开发土地面积	(公顷)	2678.0	
累计已供应土地面积	(公顷)		
累计已建成城镇建设用地	(公顷)	2678.0	
投产(开业)企业个数	(个)	556	532
#高新技术企业	(个)	556	532
#工业企业	(个)	239	249
#三资企业	(个)	169	168
总投资	(万元)	2154046	1441423
#工业企业	(万元)	1973018	914608
#三资企业	(万元)	223225	1232110
注册资本	(万元)	2054667	740466
合同外资金额	(万美元)	6439	43187
外商实际投资	(万美元)	40617	36398
工业总产值(现价)	(万元)	21631743	19936675
工业销售产值(现价)	(万元)	21578536	19795444
#出口交货值	(万元)	6536540	6276602
总收入	(万元)	35878281	28696461
#技术收入	(万元)	2045051	2234719
利润总额	(万元)	2343902	2020725
#高新技术企业	(万元)	2343902	2020725
应缴税金总额	(万元)	2323320	2303660
固定资产投资	(万元)	1482039	
从业人员期末人数	(人)	185123	185967

5-3 续表6 西城园主要指标

项　目		2013	2012
规划总面积	(公顷)	1000.0	1000.0
累计已开发土地面积	(公顷)	1000.0	
累计已供应土地面积	(公顷)	1000.0	
累计已建成城镇建设用地	(公顷)		
投产(开业)企业个数	(个)	469	381
#高新技术企业	(个)	469	381
#工业企业	(个)	50	51
#三资企业	(个)	20	21
总投资	(万元)	957891	
#工业企业	(万元)	9027	
#三资企业	(万元)	6936	
注册资本	(万元)	957891	
合同外资金额	(万美元)	1124	
外商实际投资	(万美元)	1124	
工业总产值(现价)	(万元)	2660988	2416205
工业销售产值(现价)	(万元)	2636669	2436398
#出口交货值	(万元)	66643	178051
总收入	(万元)	10606371	7648834
#技术收入	(万元)	1920699	1399096
利润总额	(万元)	1471834	1137139
#高新技术企业	(万元)	1471834	1137139
应缴税金总额	(万元)	606057	378646
固定资产投资	(万元)	764824	8597
从业人员期末人数	(人)	67596	55716

5-3　续表7　东城园主要指标

项　　目		2013	2012
规划总面积	(公顷)	603.0	290.3
累计已开发土地面积	(公顷)	288.8	
累计已供应土地面积	(公顷)		
累计已建成城镇建设用地	(公顷)	288.8	
投产(开业)企业个数	(个)	193	144
#高新技术企业	(个)	193	144
#工业企业	(个)	17	5
#三资企业	(个)	19	9
总投资	(万元)	262710	122228
#工业企业	(万元)		
#三资企业	(万元)	20029	988
注册资本	(万元)	262710	122228
合同外资金额	(万美元)		
外商实际投资	(万美元)		
工业总产值(现价)	(万元)	328662	70276
工业销售产值(现价)	(万元)	328866	69543
#出口交货值	(万元)	34188	2
总收入	(万元)	7646107	3794778
#技术收入	(万元)	969291	555914
利润总额	(万元)	482180	188757
#高新技术企业	(万元)	482180	188757
应缴税金总额	(万元)	331050	147652
固定资产投资	(万元)	40031	502206
从业人员期末人数	(人)	44345	24641

5-3 续表8 石景山园主要指标

项　　目		2013	2012
规划总面积	(公顷)	1334.0	345.0
累计已开发土地面积	(公顷)	127.6	
累计已供应土地面积	(公顷)	41.0	
累计已建成城镇建设用地	(公顷)	127.6	
投产(开业)企业个数	(个)	462	637
#高新技术企业	(个)	462	637
#工业企业	(个)	70	93
#三资企业	(个)	40	43
总投资	(万元)	236463	95218
#工业企业	(万元)		
#三资企业	(万元)		
注册资本	(万元)	243053	88937
合同外资金额	(万美元)		
外商实际投资	(万美元)		
工业总产值(现价)	(万元)	716756	732176
工业销售产值(现价)	(万元)	703003	727463
#出口交货值	(万元)	149596	116440
总收入	(万元)	11836061	9094780
#技术收入	(万元)	1077642	1067950
利润总额	(万元)	651667	484727
#高新技术企业	(万元)	651667	484727
应缴税金总额	(万元)	400162	290334
固定资产投资	(万元)	232637	3138
从业人员期末人数	(人)	68344	57543

5-3 续表9 通州园主要指标

项　　目		2013	2012
规划总面积	(公顷)	3434.6	1490.5
累计已开发土地面积	(公顷)	1901.6	
累计已供应土地面积	(公顷)	1851.6	
累计已建成城镇建设用地	(公顷)	1587.1	
投产(开业)企业个数	(个)	153	94
#高新技术企业	(个)	153	94
#工业企业	(个)	127	81
#三资企业	(个)	27	23
总投资	(万元)	199432	76201
#工业企业	(万元)	177011	76201
#三资企业	(万元)	29630	31733
注册资本	(万元)	199432	73751
合同外资金额	(万美元)	7565	
外商实际投资	(万美元)	7565	2284
工业总产值(现价)	(万元)	2622261	1928363
工业销售产值(现价)	(万元)	2599987	1881727
#出口交货值	(万元)	251712	190731
总收入	(万元)	3461837	2415391
#技术收入	(万元)	64571	28737
利润总额	(万元)	114043	-11160
#高新技术企业	(万元)	114043	-11160
应缴税金总额	(万元)	182199	108928
固定资产投资	(万元)	96758	
从业人员期末人数	(人)	33634	22716

5-3 续表10 大兴生物医药产业基地主要指标

项目		2013	2012
规划总面积	(公顷)	1207.4	1106.3
累计已开发土地面积	(公顷)	460.4	
累计已供应土地面积	(公顷)	359.3	
累计已建成城镇建设用地	(公顷)	501.0	
投产(开业)企业个数	(个)	189	60
#高新技术企业	(个)	189	60
#工业企业	(个)	142	49
#三资企业	(个)	21	9
总投资	(万元)	17264	54439
#工业企业	(万元)	5000	54439
#三资企业	(万元)		
注册资本	(万元)	17264	54439
合同外资金额	(万美元)		
外商实际投资	(万美元)		
工业总产值(现价)	(万元)	2148860	611858
工业销售产值(现价)	(万元)	1963069	554142
#出口交货值	(万元)	72155	20052
总收入	(万元)	2341734	663278
#技术收入	(万元)	134754	4292
利润总额	(万元)	240651	71826
#高新技术企业	(万元)	240651	71826
应缴税金总额	(万元)	145730	50314
固定资产投资	(万元)	107504	165427
从业人员期末人数	(人)	30964	9016

5-3 续表11 平谷园主要指标(2013年)

项　目		2013
规划总面积	(公顷)	508.0
累计已开发土地面积	(公顷)	343.3
累计已供应土地面积	(公顷)	117.4
累计已建成城镇建设用地	(公顷)	107.1
投产(开业)企业个数	(个)	52
#高新技术企业	(个)	52
#工业企业	(个)	28
#三资企业	(个)	10
总投资	(万元)	
#工业企业	(万元)	
#三资企业	(万元)	
注册资本	(万元)	
合同外资金额	(万美元)	
外商实际投资	(万美元)	
工业总产值(现价)	(万元)	371586
工业销售产值(现价)	(万元)	359415
#出口交货值	(万元)	25133
总收入	(万元)	667659
#技术收入	(万元)	49561
利润总额	(万元)	35558
#高新技术企业	(万元)	35558
应缴税金总额	(万元)	41325
固定资产投资	(万元)	21179
从业人员期末人数	(人)	8471

5-3 续表12 门头沟园主要指标(2013年)

项目		2013
规划总面积	(公顷)	189.0
累计已开发土地面积	(公顷)	120.0
累计已供应土地面积	(公顷)	120.0
累计已建成城镇建设用地	(公顷)	
投产(开业)企业个数	(个)	61
#高新技术企业	(个)	61
#工业企业	(个)	28
#三资企业	(个)	3
总投资	(万元)	27313
#工业企业	(万元)	
#三资企业	(万元)	
注册资本	(万元)	27313
合同外资金额	(万美元)	
外商实际投资	(万美元)	
工业总产值(现价)	(万元)	284276
工业销售产值(现价)	(万元)	270179
#出口交货值	(万元)	15291
总收入	(万元)	498710
#技术收入	(万元)	62835
利润总额	(万元)	26738
#高新技术企业	(万元)	26738
应缴税金总额	(万元)	55001
固定资产投资	(万元)	29976
从业人员期末人数	(人)	8148

5-3 续表13 房山园主要指标(2013年)

项　　目		2013
规划总面积	(公顷)	1573.0
累计已开发土地面积	(公顷)	886.9
累计已供应土地面积	(公顷)	855.1
累计已建成城镇建设用地	(公顷)	505.8
投产(开业)企业个数	(个)	40
#高新技术企业	(个)	40
#工业企业	(个)	31
#三资企业	(个)	6
总投资	(万元)	20685
#工业企业	(万元)	18681
#三资企业	(万元)	719
注册资本	(万元)	459878
合同外资金额	(万美元)	75
外商实际投资	(万美元)	75
工业总产值(现价)	(万元)	1288481
工业销售产值(现价)	(万元)	1260136
#出口交货值	(万元)	36076
总收入	(万元)	1703568
#技术收入	(万元)	27631
利润总额	(万元)	6332
#高新技术企业	(万元)	6332
应缴税金总额	(万元)	70618
固定资产投资	(万元)	20685
从业人员期末人数	(人)	20241

5-3 续表14 顺义园主要指标(2013年)

项 目		2013
规划总面积	(公顷)	1208.5
累计已开发土地面积	(公顷)	905.3
累计已供应土地面积	(公顷)	699.2
累计已建成城镇建设用地	(公顷)	364.7
投产(开业)企业个数	(个)	106
#高新技术企业	(个)	106
#工业企业	(个)	85
#三资企业	(个)	25
总投资	(万元)	
#工业企业	(万元)	
#三资企业	(万元)	
注册资本	(万元)	
合同外资金额	(万美元)	
外商实际投资	(万美元)	
工业总产值(现价)	(万元)	3365542
工业销售产值(现价)	(万元)	3374668
#出口交货值	(万元)	296900
总收入	(万元)	3968182
#技术收入	(万元)	63221
利润总额	(万元)	290782
#高新技术企业	(万元)	290782
应缴税金总额	(万元)	248766
固定资产投资	(万元)	131594
从业人员期末人数	(人)	45087

5-3 续表15 密云园主要指标(2013年)

项　目		2013
规划总面积	(公顷)	1000.8
累计已开发土地面积	(公顷)	699.3
累计已供应土地面积	(公顷)	598.2
累计已建成城镇建设用地	(公顷)	451.0
投产(开业)企业个数	(个)	25
#高新技术企业	(个)	25
#工业企业	(个)	25
#三资企业	(个)	6
总投资	(万元)	517900
#工业企业	(万元)	502900
#三资企业	(万元)	62000
注册资本	(万元)	305407
合同外资金额	(万美元)	
外商实际投资	(万美元)	
工业总产值(现价)	(万元)	934144
工业销售产值(现价)	(万元)	926297
#出口交货值	(万元)	62941
总收入	(万元)	1120487
#技术收入	(万元)	3801
利润总额	(万元)	88654
#高新技术企业	(万元)	88654
应缴税金总额	(万元)	63562
固定资产投资	(万元)	67009
从业人员期末人数	(人)	9702

5-3　续表16　怀柔园主要指标(2013年)

项　　目		2013
规划总面积	(公顷)	711.0
累计已开发土地面积	(公顷)	266.3
累计已供应土地面积	(公顷)	165.3
累计已建成城镇建设用地	(公顷)	17.9
投产(开业)企业个数	(个)	88
#高新技术企业	(个)	88
#工业企业	(个)	66
#三资企业	(个)	21
总投资	(万元)	161910
#工业企业	(万元)	161910
#三资企业	(万元)	
注册资本	(万元)	56977
合同外资金额	(万美元)	
外商实际投资	(万美元)	
工业总产值(现价)	(万元)	1098135
工业销售产值(现价)	(万元)	1097192
#出口交货值	(万元)	22332
总收入	(万元)	1494039
#技术收入	(万元)	114652
利润总额	(万元)	183908
#高新技术企业	(万元)	183908
应缴税金总额	(万元)	81492
固定资产投资	(万元)	32368
从业人员期末人数	(人)	16488

5-3 续表17 延庆园主要指标(2013年)

项 目		2013
规划总面积	(公顷)	491.2
累计已开发土地面积	(公顷)	270.0
累计已供应土地面积	(公顷)	249.6
累计已建成城镇建设用地	(公顷)	190.6
投产(开业)企业个数	(个)	26
#高新技术企业	(个)	26
#工业企业	(个)	21
#三资企业	(个)	2
总投资	(万元)	29370
#工业企业	(万元)	26781
#三资企业	(万元)	629
注册资本	(万元)	24559
合同外资金额	(万美元)	102
外商实际投资	(万美元)	107
工业总产值(现价)	(万元)	335038
工业销售产值(现价)	(万元)	332292
#出口交货值	(万元)	18059
总收入	(万元)	514268
#技术收入	(万元)	8695
利润总额	(万元)	35839
#高新技术企业	(万元)	35839
应缴税金总额	(万元)	24374
固定资产投资	(万元)	12892
从业人员期末人数	(人)	4744

5-4 北京天竺综合保税区主要指标

项　目		2013	2012
规划总面积	(公顷)	594.4	594.4
累计已开发土地面积	(公顷)	350.0	
累计已供应土地面积	(公顷)	313.0	
累计已建成城镇建设用地	(公顷)		
投产(开业)企业个数	(个)	90	73
#高新技术企业	(个)		
#工业企业	(个)	18	20
#三资企业	(个)	26	24
总投资	(万元)	128900	222860
#工业企业	(万元)	15000	7000
#三资企业	(万元)	58880	49610
注册资本	(万元)	124000	88387
合同外资金额	(万美元)	4848	6198
外商实际投资	(万美元)		338
工业总产值(现价)	(万元)	175249	180604
工业销售产值(现价)	(万元)	164415	174538
#出口交货值	(万元)	146409	165053
总收入	(万元)	1192434	816694
#技术收入	(万元)		16797
利润总额	(万元)	149069	33779
#高新技术企业	(万元)		
应缴税金总额	(万元)	57591	43430
固定资产投资	(万元)	443013	51256
从业人员期末人数	(人)	24000	13865

注：北京天竺综合保税区为国家级综合保税区，范围包括北京天竺出口加工区和北京空港保税物流中心。

5-5 北京市级开发区主要指标(2013年)

项　　目	规划总面积(公顷)	累计已开发土地面积(公顷)	累计已供应土地面积(公顷)	累计已建成城镇建设用地(公顷)	投产(开业)企业个数(个)	总投资(万元)	总收入(万元)	利润总额(万元)	从业人员平均人数(人)
市级开发区合计	**9005.5**	**6515.0**	**4965.2**	**4638.6**	**888**	**1992030.8**	**33067255.5**	**3210495.1**	**228192**
北京石龙经济开发区	189.0	120.0	120.0		20	363523.0	423530.0	59405.6	4939
北京良乡经济开发区	240.9	109.2	105.8	102.6	88	10000.0	1686355.1	12076.2	5179
北京大兴经济开发区	746.5	225.3	217.7	190.1	107		1899843.6	81572.0	22918
北京通州经济开发区	960.8	515.6	515.6	354.6	14	70000.0	421454.1	17596.4	2948
北京雁栖经济开发区	1096.0	942.4	712.9	659.5	129	471855.0	2987593.1	302246.0	25790
北京兴谷经济开发区	978.8	901.3	656.5	643.5	45	66775.0	182910.4	-21006.0	2987
北京密云经济开发区	1246.4	1246.4	940.0	890.4	47	147971.0	1078520.7	67365.7	11141
北京林河经济开发区	416.0	385.0	260.0	349.0	30	12223.0	1265997.2	58754.8	26828
北京天竺空港经济开发区	660.0	660.0	444.1	405.4	140	106598.0	14985858.1	853861.9	90855
北京八达岭经济开发区	480.8	318.6	209.6	299.4	93	58904.0	1148551.3	76247.3	12941
北京永乐经济开发区	459.8	329.4	163.0	122.9	22		179849.9	2534.1	1637
北京延庆经济开发区	354.0	112.0	81.8	159.8	112	629431.3	3373353.6	1796918.9	7498
北京昌平小汤山工业园区	257.3	14.3	14.3	45.3	2		384632.0	27252.9	1425
北京采育经济开发区	355.0	327.1	215.9	192.4	23	21000.0	1160250.2	-163029.1	5385
北京房山工业园区	218.5	159.5	159.5	112.3	8	10950.5	70401.0	301.8	140
北京马坊工业园区	345.6	149.0	148.4	111.5	8	22800.0	1818155.2	38396.6	5581

注：本表“投产（开业）企业个数”、“总收入”、“利润总额”和“从业人员平均人数”的统计范围为注册在开发区内的规模（限额）以上法人单位。

2014

北京区域统计年鉴

第六篇

BEIJING AREA STATISTICAL YEARBOOK

六大高端产业功能区

LIUDA GAODUAN CHANYE GONGNENGQU

简要说明

一、本章资料的主要内容

本章资料主要反映六大高端产业功能区主要指标数据及其占全市比重情况。

按统计制度规定，六大高端产业功能区中的中关村国家自主创新示范区按注册地统计，其他功能区都按经营地统计，因此示范区与其他五个功能区的单位有重复，在核算六大高端产业功能区合计时剔除了重复部分，所以分功能区相加不等于功能区合计。

二、本章资料的数据来源

本章资料由北京市统计局、国家统计局北京调查总队根据相关资料整理提供。

6-1 六大高端产业功能区规模以上法人单位主要财务指标（2008-2013年）

单位：亿元

项目	2008	2009	2010	2011	2012	2013
六大高端产业功能区资产总计（剔除重复部分）	**231482.3**	**282433.8**	**326671.7**	**379132.6**	**439140.9**	**551156.0**
中关村国家自主创新示范区	12049.7	16812.7	20085.8	25903.4	35287.8	46156.4
金融街	204394.6	247446.0	279566.7	321315.1	366544.0	462465.0
北京商务中心区	6103.4	8291.6	14929.8	18299.4	22017.7	26715.9
北京经济技术开发区	2179.2	2812.3	3691.0	4606.8	4863.5	5460.3
临空经济区	3700.3	4133.8	4831.1	5279.7	5741.2	6325.1
奥林匹克中心区	4585.8	5528.5	6577.4	6951.9	8643.9	9727.4
六大高端产业功能区收入合计（剔除重复部分）	**21641.5**	**24518.6**	**31499.2**	**37609.0**	**45451.8**	**51567.1**
中关村国家自主创新示范区	9945.8	12747.1	15587.7	19035.7	24283.4	29655.8
金融街	5440.8	5627.1	6454.8	7096.3	8109.6	8093.2
北京商务中心区	2345.8	2480.6	4338.7	4985.4	5854.5	7018.3
北京经济技术开发区	2985.5	3241.3	3738.1	4136.4	4328.3	4787.3
临空经济区	2096.6	2234.4	3029.3	3488.0	3619.3	3790.8
奥林匹克中心区	1259.1	1465.0	2287.2	2624.6	2876.0	3041.1
六大高端产业功能区利润总额（剔除重复部分）	**2582.4**	**3112.7**	**4037.5**	**5341.4**	**6292.5**	**6941.2**
中关村国家自主创新示范区	757.1	1137.3	1319.4	1533.1	1755.3	2247.5
金融街	1536.7	1449.1	1833.9	2762.1	3433.6	3513.3
北京商务中心区	166.9	199.2	451.7	472.6	556.5	707.2
北京经济技术开发区	274.4	282.1	329.3	339.7	212.2	276.5
临空经济区	-13.9	154.7	265.2	317.9	257.3	281.9
奥林匹克中心区	90.9	167.2	174.2	228.9	286.1	199.7

注：自2010年起，北京商务中心区的数据为东扩后的数据。

6-2 六大高端产业功能区规模以上法人单位主要财务指标（2013年）

项　　目	法人单位数(个)	资产总计(亿元)	收入合计(亿元)	利润总额(亿元)
六大高端产业功能区合计（剔除重复部分）	**11111**	**551156.0**	**51567.1**	**6941.2**
中关村国家自主创新示范区	6179	46156.4	29655.8	2247.5
#工　业	1570	11277.1	8553.7	614.4
信息传输、软件和信息技术服务业	2034	5771.3	3890.1	481.9
科学研究和技术服务业	1186	6888.7	3625.9	328.1
金融街	656	462465.0	8093.2	3513.3
#金融业	198	428803.3	4631.0	2029.3
批发和零售业	54	2617.3	1736.7	34.5
信息传输、软件和信息技术服务业	21	17712.2	320.9	1286.7
北京商务中心区	2290	26715.9	7018.3	707.2
#租赁和商务服务业	846	5557.3	2446.2	167.5
批发和零售业	329	2002.7	2213.6	78.9
金融业	196	15153.9	973.0	343.0
北京经济技术开发区	729	5460.3	4787.3	276.5
#工　业	259	2563.4	2427.7	181.1
批发和零售业	135	738.3	1690.9	25.5
科学研究和技术服务业	67	278.1	106.1	6.4
临空经济区	701	6325.1	3790.8	281.9
#工　业	100	874.0	1649.5	163.9
交通运输、仓储和邮政业	126	2577.6	1346.0	73.4
租赁和商务服务业	61	1045.6	115.6	16.0
奥林匹克中心区	1127	9727.4	3041.1	199.7
#工　业	22	443.1	198.3	-9.6
批发和零售业	249	2747.7	1868.5	44.3
交通运输、仓储和邮政业	12	309.5	97.9	59.4

注：行业划分执行2011年国民经济行业分类标准（GB/T 4754—2011）。

2014

北京区域统计年鉴

第七篇

BEIJING AREA STATISTICAL YEARBOOK

四大功能区

SIDA GONGNENGQU

简要说明

一、本章资料的主要内容

本章主要反映首都功能核心区、城市功能拓展区、城市发展新区、生态涵养发展区，近两年在人口、地区生产总值、财政、房地产开发、工业、商业、利用外资和旅游等领域的主要经济指标情况。

二、本章资料的数据来源

本章数据由北京市统计局及国家统计局北京调查总队根据相关资料整理取得。

7-1 首都功能区核心区主要指标(2008-2013年)

项　　目		2008	2009	2010	2011	2012	2013
户籍人口	(万人)	227.4	228.7	230.1	232.5	235.3	238.2
常住人口	(万人)	212.1	215.7	216.2	215.0	219.5	221.2
#常住外来人口	(万人)	41.9	48.0	54.7	53.4	54.5	55.4
地区生产总值	(亿元)	2666.8	2937.9	3281.3	3700.5	4043.6	4396.7
地方财政收入	(亿元)	286.6	293.3	318.8	405.0	509.6	501.0
地方财政支出	(亿元)	255.8	297.7	377.0	409.2	481.2	480.4
全社会固定资产投资	(亿元)	591.0	522.2	362.4	362.5	381.0	408.1
社会消费品零售总额	(亿元)	924.6	1007.2	1197.9	1380.2	1559.0	1679.6
规模以上工业总产值	(亿元)	598.6	646.0	753.3	883.4	942.7	1006.7
建筑业总产值	(亿元)	469.7	571.4	739.6	956.0	1005.9	1081.5
地区进出口总值	(万美元)	8509423	6037754	8266412	11996212	13993567	15449405
实际利用外商直接投资额	(万美元)	121959	139728	115126	109453	124282	116194
入境旅游者人数	(万人次)	153.9	143.0	157.2	165.9	164.0	151.7
小学在校学生数	(万人)	9.53	9.47	9.56	9.97	10.24	10.98
普通中学在校学生数	(万人)	10.80	10.30	9.92	9.72	9.59	9.45
幼儿园在园幼儿数	(人)	22751	24812	27051	28003	28583	29107
卫生机构数	(个)	1053	1065	1073	1163	1144	1159
卫生机构床位数	(张)	22864	22956	23925	23853	24591	25510

7-2　首都功能核心区基本情况

项　　目		2013	2012	占全市比重(%)		增长速度(%)
				2013	2012	
土地面积	(平方公里)	92.4	92.4	0.6	0.6	
户籍人口	(万人)	238.2	235.3	18.1	18.1	1.2
常住人口	(万人)	221.2	219.5	10.5	10.6	0.8
#常住外来人口	(万人)	55.4	54.5	6.9	7.0	1.7
常住人口密度	(人/平方公里)	23942	23758			
地区生产总值	(亿元)	4396.7	4043.6	22.5	22.6	8.7
第二产业增加值	(亿元)	341.2	324.6	7.8	8.0	5.1
工业增加值	(亿元)	247.1	234.1	7.0	7.1	5.6
建筑业增加值	(亿元)	94.0	90.5	11.5	11.8	3.9
第三产业增加值	(亿元)	4055.6	3719.0	27.1	27.2	9.0
地方财政收入	(亿元)	501.0	509.6	9.0	11.1	-1.7
地方财政支出	(亿元)	480.4	481.2	8.0	9.9	-0.2
全社会固定资产投资	(亿元)	408.1	381.0	5.8	5.9	7.1
房地产开发投资	(亿元)	190.9	192.5	5.5	6.1	-0.8
商品房施工面积	(万平方米)	325.3	430.6	2.3	3.3	-24.5
商品房竣工面积	(万平方米)	65.9	107.1	2.5	4.5	-38.5
商品房销售面积	(万平方米)	48.4	67.3	2.5	3.5	-28.1
社会消费品零售总额	(亿元)	1679.6	1559.0	20.1	20.2	7.7
规模以上工业总产值	(亿元)	1006.7	942.7	5.8	6.0	6.8
实际利用外商直接投资额	(万美元)	116194	124282	13.6	15.5	-6.5
入境旅游者人数	(万人次)	151.7	164.0	33.7	32.7	-7.5
星级饭店个数	(个)	154	154	25.1	25.2	

注：1.2013年地区生产总值为初步核算数，增速按现价计算。

2.社会消费品零售总额按产业在地原则核算。

7-3 城市功能拓展区主要指标(2008-2013年)

项 目		2008	2009	2010	2011	2012	2013
户籍人口	(万人)	531.0	542.2	550.7	563.3	574.9	585.4
常住人口	(万人)	882.6	916.2	955.4	986.4	1008.2	1032.2
#常住外来人口	(万人)	300.0	336.0	379.1	400.0	413.0	426.0
地区生产总值	(亿元)	5264.6	5703.3	6606.0	7615.3	8408.8	9171.8
地方财政收入	(亿元)	354.5	413.4	491.6	644.0	934.9	1080.1
地方财政支出	(亿元)	417.4	497.0	649.8	904.1	992.1	1232.0
全社会固定资产投资	(亿元)	1872.4	2120.0	2456.9	2486.2	2689.3	2906.7
社会消费品零售总额	(亿元)	2862.4	3315.7	3861.3	3935.6	4345.6	4672.8
农林牧渔业总产值	(亿元)	11.4	11.6	11.1	10.9	13.7	13.7
规模以上工业总产值	(亿元)	2874.7	2920.8	3447.4	3419.7	3418.4	3496.6
建筑业总产值	(亿元)	1718.0	2104.4	2769.9	3126.1	3394.4	3828.9
地区进出口总值	(万美元)	16134859	13180004	18760537	23305245	23220772	23970562
实际利用外商直接投资额	(万美元)	347090	368687	395982	421030	494678	529621
入境旅游者人数	(万人次)	195.3	235.0	279.8	304.8	288.2	256.1
小学在校学生数	(万人)	28.69	28.58	28.99	30.63	31.74	35.20
普通中学在校学生数	(万人)	19.91	19.64	19.50	19.63	20.17	20.52
幼儿园在园幼儿数	(人)	111165	120954	136649	154756	163886	169090
卫生机构数	(个)	2718	2804	2773	2863	2938	3072
卫生机构床位数	(张)	33021	36366	36946	37563	39719	41742

7-4 城市功能拓展区基本情况

项　　目		2013	2012	占全市比重(%)		增长速度(%)
				2013	2012	
土地面积	(平方公里)	1275.9	1275.9	7.8	7.8	
户籍人口	(万人)	585.4	574.9	44.5	44.3	1.8
常住人口	(万人)	1032.2	1008.2	48.8	48.7	2.4
#常住外来人口	(万人)	426.0	413.0	53.1	53.4	3.1
常住人口密度	(人/平方公里)	8090	7902			
地区生产总值	(亿元)	9171.8	8408.8	47.0	47.0	9.1
第一产业增加值	(亿元)	4.8	4.7	3.0	3.2	1.1
第二产业增加值	(亿元)	1271.7	1188.1	29.2	29.3	7.0
工业增加值	(亿元)	839.2	784.9	23.7	23.8	6.9
建筑业增加值	(亿元)	432.5	403.2	53.0	52.7	7.3
第三产业增加值	(亿元)	7895.3	7216.0	52.7	52.8	9.4
地方财政收入	(亿元)	1080.1	934.9	19.4	20.4	15.5
地方财政支出	(亿元)	1232.0	992.1	20.4	20.4	24.2
全社会固定资产投资	(亿元)	2906.7	2689.3	41.3	41.6	8.1
房地产开发投资	(亿元)	1536.9	1388.7	44.1	44.0	10.7
商品房施工面积	(万平方米)	5417.4	5455.0	39.0	41.6	-0.7
商品房竣工面积	(万平方米)	962.0	1050.1	36.1	43.9	-8.4
商品房销售面积	(万平方米)	635.9	805.3	33.4	41.4	-21.0
社会消费品零售总额	(亿元)	4672.8	4345.6	55.8	56.4	7.5
规模以上工业总产值	(亿元)	3496.6	3418.4	20.1	21.9	2.3
实际利用外商直接投资额	(万美元)	529621	494678	62.1	61.5	7.1
入境旅游者人数	(万人次)	256.1	288.2	56.9	57.5	-11.1
星级饭店个数	(个)	243	247	39.6	40.4	-1.6

注：1.2013年地区生产总值为初步核算数，增速按现价计算。

2.社会消费品零售总额按产业在地原则核算。

7-5 城市发展新区主要指标(2008-2013年)

项 目		2008	2009	2010	2011	2012	2013
户籍人口	(万人)	308.7	311.7	314.6	319.2	323.9	328.8
常住人口	(万人)	492.5	541.7	603.2	629.9	653.0	671.5
#常住外来人口	(万人)	174.1	202.8	240.0	257.7	275.1	289.6
地区生产总值	(亿元)	2070.1	2468.7	2994.5	3419.5	3728.8	4116.6
地方财政收入	(亿元)	205.3	340.8	888.9	649.7	550.2	923.9
地方财政支出	(亿元)	345.2	544.3	1008.6	935.1	927.6	1297.5
全社会固定资产投资	(亿元)	1077.2	1805.8	2216.0	2504.6	2725.3	2947.4
社会消费品零售总额	(亿元)	680.4	786.9	940.0	1241.1	1409.1	1588.6
农林牧渔业总产值	(亿元)	194.3	199.6	206.0	227.0	246.3	263.4
规模以上工业总产值	(亿元)	5537.2	5809.0	7065.2	7520.9	7879.3	8698.0
建筑业总产值	(亿元)	704.3	1145.3	1403.6	1607.7	1801.6	2158.6
地区进出口总值	(万美元)	2323169	2048804	2863055	3350568	3259255	3242529
实际利用外商直接投资额	(万美元)	119550	86012	107725	140409	151746	140400
入境旅游者人数	(万人次)	27.2	33.2	51.4	47.9	47.0	39.1
小学在校学生数	(万人)	19.19	18.78	19.22	20.01	22.51	25.20
普通中学在校学生数	(万人)	15.56	14.71	14.29	13.72	13.88	13.91
幼儿园在园幼儿数	(人)	64674	71619	80139	90881	99203	110689
卫生机构数	(个)	2040	2046	2001	3661	3777	3816
卫生机构床位数	(张)	22421	22686	23725	24672	26959	27841

7–6 城市发展新区基本情况

项目		2013	2012	占全市比重(%)		增长速度(%)
				2013	2012	
土地面积	(平方公里)	6295.6	6295.6	38.4	38.4	
户籍人口	(万人)	328.8	323.9	25.0	25.0	1.5
常住人口	(万人)	671.5	653.0	31.8	31.6	2.8
#常住外来人口	(万人)	289.6	275.1	36.1	35.6	5.3
常住人口密度	(人/平方公里)	1067	1037			
地区生产总值	(亿元)	4116.6	3728.8	21.1	20.9	10.4
第一产业增加值	(亿元)	97.7	90.1	60.4	60.0	8.4
第二产业增加值	(亿元)	2114.9	1908.3	48.6	47.0	10.8
工业增加值	(亿元)	1872.7	1689.7	52.9	51.3	10.8
建筑业增加值	(亿元)	242.1	218.6	29.7	28.6	10.8
第三产业增加值	(亿元)	1904.1	1730.4	12.7	12.7	10.0
地方财政收入	(亿元)	923.9	550.2	16.6	12.0	67.9
地方财政支出	(亿元)	1297.5	927.6	21.5	19.1	39.9
全社会固定资产投资	(亿元)	2947.4	2725.3	41.9	42.2	8.2
房地产开发投资	(亿元)	1505.9	1343.9	43.2	42.6	12.1
商品房施工面积	(万平方米)	7037.2	6290.7	50.7	47.9	11.9
商品房竣工面积	(万平方米)	1331.6	1070.2	49.9	44.8	24.4
商品房销售面积	(万平方米)	1053.0	900.6	55.3	46.3	16.9
社会消费品零售总额	(亿元)	1588.6	1409.1	19.0	18.3	12.7
规模以上工业总产值	(亿元)	8698.0	7879.3	50.1	50.5	10.4
观光农业收入	(万元)	122241	119603	44.7	44.5	2.2
星级饭店个数	(个)	127	123	20.7	20.1	3.3

注：1.2013年地区生产总值为初步核算数，增速按现价计算。

2.社会消费品零售总额按产业在地原则核算。

7-7 生态涵养发展区主要指标(2008-2013年)

项　　目		2008	2009	2010	2011	2012	2013
户籍人口	(万人)	162.7	163.2	162.4	162.9	163.4	163.9
常住人口	(万人)	183.8	186.4	186.4	187.3	188.6	189.9
#常住外来人口	(万人)	25.1	27.4	30.7	31.1	31.2	31.7
地区生产总值	(亿元)	450.2	494.2	561.5	647.0	714.7	780.8
地方财政收入	(亿元)	63.1	69.9	122.8	153.6	133.5	219.3
地方财政支出	(亿元)	193.8	265.9	356.7	401.1	432.0	586.1
全社会固定资产投资	(亿元)	308.1	410.4	458.3	557.2	667.2	769.9
社会消费品零售总额	(亿元)	178.1	200.2	230.1	343.5	389.0	434.1
农林牧渔业总产值	(亿元)	98.2	103.4	109.9	124.5	134.7	143.8
规模以上工业总产值	(亿元)	663.2	795.0	976.6	1077.1	1091.5	1234.6
建筑业总产值	(亿元)	174.2	238.6	282.9	356.5	386.4	390.6
地区进出口总值	(万美元)	193475	204827	253681	293707	325495	319812
实际利用外商直接投资额	(万美元)	19573	17667	17525	34555	33454	66203
入境旅游者人数	(万人次)	2.6	1.4	1.7	1.8	1.7	3.2
小学在校学生数	(万人)	8.54	7.88	7.55	7.44	7.38	7.55
普通中学在校学生数	(万人)	8.16	7.59	7.12	6.66	6.26	5.94
幼儿园在园幼儿数	(人)	28091	30393	33155	37777	39852	39795
卫生机构数	(个)	712	688	692	2012	2100	2079
卫生机构床位数	(张)	7890	8092	8275	8647	8898	8941

7-8 生态涵养发展区基本情况

项目		2013	2012	占全市比重(%)		增长速度(%)
				2013	2012	
土地面积	(平方公里)	8746.6	8746.6	53.3	53.3	
户籍人口	(万人)	163.9	163.4	12.4	12.6	0.3
常住人口	(万人)	189.9	188.6	9.0	9.1	0.7
#常住外来人口	(万人)	31.7	31.2	3.9	4.0	1.6
常住人口密度	(人/平方公里)	217	216			
地区生产总值	(亿元)	780.8	714.7	4.0	4.0	9.2
第一产业增加值	(亿元)	59.0	55.0	36.5	36.6	7.3
第二产业增加值	(亿元)	373.4	340.7	8.6	8.4	9.6
工业增加值	(亿元)	301.8	276.3	8.5	8.4	9.2
建筑业增加值	(亿元)	71.6	64.4	8.8	8.4	11.2
第三产业增加值	(亿元)	348.3	318.9	2.3	2.3	9.2
地方财政收入	(亿元)	219.3	133.5	3.9	2.9	64.3
地方财政支出	(亿元)	586.1	432.0	9.7	8.9	35.7
全社会固定资产投资	(亿元)	769.9	667.2	10.9	10.3	15.4
房地产开发投资	(亿元)	249.6	228.3	7.2	7.2	9.3
商品房施工面积	(万平方米)	1107.0	946.2	8.0	7.2	17.0
商品房竣工面积	(万平方米)	306.9	163.5	11.5	6.8	87.7
商品房销售面积	(万平方米)	165.8	170.5	8.7	8.8	-2.8
社会消费品零售总额	(亿元)	434.1	389.0	5.2	5.1	11.6
规模以上工业总产值	(亿元)	1234.6	1091.5	7.1	7.0	13.1
民俗旅游收入	(万元)	84433	72564	82.8	80.1	16.4
星级饭店个数	(个)	90	88	14.7	14.4	2.3

注：1.2013年地区生产总值为初步核算数，增速按现价计算。

2.社会消费品零售总额按产业在地原则核算。

2014

北京区域统计年鉴

第八篇

BEIJING AREA STATISTICAL YEARBOOK

四大直辖市经济社会发展比较

SIDA ZHIXIASHI JINGJI SHEHUI FAZHAN BIJIAO

简要说明

一、本章资料的主要内容

本章资料主要反映2013年北京、天津、上海、重庆4个直辖市的自然资源（面积、气象等），经济发展（地区生产总值、投资、财政、价格、商业、进出口、利用外资、金融、旅游等），社会领域（人口、就业、教育、文化、卫生等）的主要指标数据。

二、本章资料的数据来源

本章资料由北京市统计局、国家统计局北京调查总队根据相关资料整理提供。其中，天津、上海、重庆的数据分别摘自2014年出版的《天津统计年鉴》、《上海统计年鉴》、《重庆统计年鉴》。

8-1 京津沪渝主要指标比较(2013年)
——自然情况

项 目		北 京	天 津	上 海	重 庆
土地面积	(平方公里)	16411	11917	6341	82403
平均气温	(摄氏度)	12.8	12.8	17.6	19.9
平均相对湿度	(%)	55	62	68	71
降水量	(毫米)	578.9	425.7	1173.4	1026.9
日照时数	(小时/年)	2371	2268	1886	1188
湿地面积	(千公顷)	48.1	295.6	464.6	207.2
自然保护区个数	(个)	20	8	4	58
自然保护区面积	(万公顷)	13.41	9.00	9.38	84.94

8-2 京津沪渝主要指标比较(2013年)
——经 济

项 目		北 京	天 津	上 海	重 庆
地区生产总值	(亿元)	19500.6	14370.2	21602.1	12656.7
第一产业	(亿元)	161.8	188.5	129.3	1002.7
第二产业	(亿元)	4352.3	7276.7	8027.8	6397.9
第三产业	(亿元)	14986.5	6905.0	13445.1	5256.1
地区生产总值构成	(%)	100	100	100	100
第一产业	(%)	0.8	1.3	0.6	7.9
第二产业	(%)	22.3	50.6	37.2	50.5
第三产业	(%)	76.9	48.1	62.2	41.6
人均地区生产总值	(元)	93213	99607	90092	42795
全社会固定资产投资	(亿元)	7032.2	10121.2	5647.8	11205.0
#城镇固定资产投资	(亿元)	6352.6	9528.1	2545.0	9789.0
#房地产开发投资	(亿元)	3483.4	1480.8	2819.6	3012.8
地方公共财政预算收入	(亿元)	3661.1	2079.1	4109.5	1693.2
地方公共财政预算支出	(亿元)	4173.7	2549.2	4528.6	3062.3
居民消费价格总指数(以上年=100)	(%)	103.3	103.1	102.3	102.7
城镇单位在岗职工工资总额	(亿元)	6502.0	1961.4		1870.3
城镇单位在岗职工平均工资	(元)	93997	68864	90916	51015
城镇登记失业率	(%)	1.21	3.60	4.20	3.40
社会消费品零售总额	(亿元)	8375.1	4470.4	8052.0	4599.8
地区进出口总值	(亿美元)	4299.4	1285.3	4414.0	687.0
实际利用外商直接投资	(亿美元)	85.2	168.3	167.8	41.4
接待入境旅游者人数	(万人次)	450.1	264.5	757.4	242.3
金融机构(含外资)本外币存款余额	(亿元)	91660.5	23316.6	69256.3	22789.2

注：上海城镇单位在岗职工平均工资为城镇单位就业人员平均工资。

8-3 京津沪渝主要指标比较(2013年)
——社会

项目		北京	天津	上海	重庆
常住人口	(万人)	2114.8	1472.2	2415.2	2970.0
户籍人口	(万人)	1316.3	1004.0	1432.3	3358.4
从业人员	(万人)	1141.0	847.5	1137.4	1683.5
第一产业	(万人)	55.4	69.0	46.4	580.9
第二产业	(万人)	210.9	353.9	446.1	452.2
第三产业	(万人)	874.7	424.6	644.9	650.4
普通高等学校在校学生数	(万人)	58.9	49.0	50.5	70.8
普通中学在校学生数	(万人)	70.7	43.6	59.4	167.9
小学在校学生数	(万人)	78.9	55.2	79.3	198.9
科技活动人员	(万人)	68.1	21.7	43.3	
研究与试验发展经费支出	(亿元)	1185.0	428.1	776.8	176.5
公共图书馆图书总藏量	(万册)	2954.0	1474.0	2929.9	1128.9
期刊总印数	(亿册)	10.4	0.4	1.6	0.6
报纸总印数	(亿份)	91.7	8.2	13.2	6.3
电影放映场次	(万场次)	137.8	59.9	131.9	
城镇(市)居民平均每户家庭人口	(人)	2.60	2.72		2.88
农村居民平均每户家庭人口	(人)	3.05	3.28		3.49
登记结婚对数	(万对)	16.4	10.3	15.0	30.2
离婚登记对数	(万对)	6.5	4.4	13.9	11.6
城镇居民人均住房面积	(平方米)	31.31	35.75	17.50	33.59
农村居民人均住房面积	(平方米)	51.35	31.80	58.48	41.55
城镇(市)居民人均可支配收入	(元)	40321	32658	43851	25216
农村居民人均纯收入	(元)	18337	15405	19208	8332
医院个数	(个)	647	333	328	531
医院床位数	(万张)	11.53	4.91	9.47	9.91
卫生机构拥有执业医师人数	(万人)	8.58	3.21	5.81	5.52
城市绿化覆盖率	(%)	46.8	34.9	38.4	

注：1.北京、天津、重庆的城镇居民人均住房面积为建筑面积，上海的城镇、农村居民人均住房面积为居住面积。

2.天津、上海农村居民人均纯收入口径为农村居民人均可支配收入口径。

3.天津、重庆城市绿化覆盖率为建成区绿化覆盖率。

4.北京离婚登记对数含法院调离、判离的对数。

2014

北京区域统计年鉴

第九篇

BEIJING AREA STATISTICAL YEARBOOK

全国主要经济区

QUANGUO ZHUYAO JINGJIQU

简要说明

一、本章资料的主要内容

本章资料包括2013年华北五省市（包括北京、天津、河北、山西、内蒙古）和京津冀都市圈、长江三角洲经济区、珠江三角洲经济区三大经济区主要情况，内容涵盖了人口、就业、产业、经济发展、人民生活等方面。

二、本章资料的数据来源

本章资料由北京市统计局、国家统计局北京调查总队根据相关资料整理提供。其中，天津、河北、山西、内蒙古、上海、江苏、浙江、广东8省市数据分别摘自2014年出版的《天津统计年鉴》、《河北统计年鉴》、《山西统计年鉴》、《内蒙古统计年鉴》、《上海统计年鉴》、《江苏统计年鉴》、《浙江统计年鉴》、《广东统计年鉴》、《中国区域经济统计年鉴》。

9-1 华北五省市主要指标对比(2013年)

项目		北京	天津	河北	山西	内蒙古
土地面积	(平方公里)	16411	11917	187693	156698	1183000
人口与就业						
总人口(常住人口)	(万人)	2114.8	1472.2	7332.6	3629.8	2497.6
户籍人口	(万人)	1316.3	1004.0	7389.3	3523.4	2466.2
从业人员	(万人)	1141.0	847.5	4183.9	1844.2	1408.2
第一产业	(万人)	55.4	69.0	1404.5	650.6	580.9
第二产业	(万人)	210.9	353.9	1438.1	519.1	264.6
第三产业	(万人)	874.7	424.6	1341.4	674.5	562.7
城镇单位在岗职工人数	(万人)	695.5	283.8	653.4	446.6	294.4
城镇单位在岗职工平均工资	(元)	93997	68864	42532	47417	51388
城镇登记失业率	(%)	1.21	3.60	3.68	3.30	3.66
综合经济						
地区生产总值	(亿元)	19500.6	14370.2	28301.4	12602.2	16832.4
第一产业	(亿元)	161.8	188.5	3500.4	741.0	1599.4
第二产业	(亿元)	4352.3	7276.7	14762.1	6712.9	9084.2
第三产业	(亿元)	14986.5	6905.0	10038.9	5148.3	6148.8
人均地区生产总值	(元)	93213	99607	38716	34810	67498
全社会固定资产投资	(亿元)	7032.2	10121.2	23194.2	11200.2	15520.7
#城镇固定资产投资	(亿元)	6352.6	9528.1			14935.1
#房地产开发投资	(亿元)	3483.4	1480.8	3445.4	1308.6	1479.0
地方公共财政预算收入	(亿元)	3661.1	2079.1	2295.6	1701.6	1721.0
地方公共财政预算支出	(亿元)	4173.7	2549.2	4409.6	3030.1	3686.5
居民消费价格总指数(上年=100)	(%)	103.3	103.1	103.0	103.1	103.2
实际利用外商直接投资	(亿美元)	85.2	168.3	64.5	29.9	46.4
产业						
工业总产值(规模以上)	(亿元)	17370.9	26514.5	46316.7		20098.4
工业利润总额(规模以上)	(亿元)	1282.9	2258.9	2560.9	614.6	1841.7
社会消费品零售总额	(亿元)	8375.1	4470.4	10516.7	5139.3	5114.2
海关出口值	(亿美元)	631.0	490.3	309.6	80.0	40.9
海关进口值	(亿美元)	3668.4	795.0	239.2	78.0	79.0
旅游外汇收入	(亿美元)	47.9	25.9	5.9	8.2	9.6
接待入境旅游人数	(万人次)	450.1	264.5	133.8	212.6	161.6
中资金融机构人民币存款余额	(亿元)	85897.2	22268.3	39221.3	26105.3	15205.7
中资金融机构人民币贷款余额	(亿元)	39557.5	18987.5	23966.0	14887.5	12944.2
人民生活						
城镇(市)居民人均可支配收入	(元)	40321	32658	22227	22456	25497
农村居民人均纯收入	(元)	18337	15405	9188	7154	8596
城乡居民储蓄存款余额(中资金融机构人民币)	(亿元)	22929.6	7563.5	23357.2	13339.4	7455.2

注：1.河北省土地面积的口径为地表总面积。

2.河北省、山西省、内蒙古自治区中资金融机构人民币存贷款余额的口径为金融机构人民币存贷款余额。

3.天津、河北农村居民人均纯收入口径为农村居民人均可支配收入口径。

4.河北省城镇单位在岗职工人数为城镇单位就业人员数。

9-2 三大经济区主要指标对比

——土地、人口

地区	土地面积(平方公里)	常住人口(万人)			户籍人口(万人)		
		2013	2012	增长速度(%)	2013	2012	增长速度(%)
全国	**9600000**	**136072**	**135404**	**0.5**			
京津冀经济区							
北京	16411	2114.8	2069.3	2.2	1316.3	1297.5	1.5
天津	11917	1472.2	1413.2	4.2	1004.0	993.2	1.1
河北省	187693	7332.6	7287.5	0.6	7389.3	7416.6	-0.4
石家庄	15848	1050.0	1038.6	1.1	1003.1	1005.3	-0.2
唐山	13472	770.8	766.9	0.5	738.7	741.8	-0.4
秦皇岛	7523	304.5	302.2	0.8	290.7	291.2	-0.2
邯郸	12062	932.5	928.6	0.4	994.0	993.1	0.1
邢台	12486	721.7	718.9	0.4	743.2	747.7	-0.6
保定	20584	1141.6	1135.1	0.6	1163.9	1172.1	-0.7
张家口	36873	441.3	439.4	0.4	466.9	468.4	-0.3
承德	39548	351.5	350.6	0.2	377.4	376.9	0.1
沧州	14053	731.0	724.4	0.9	741.5	744.4	-0.4
廊坊	6429	446.8	443.9	0.7	422.4	433.2	-2.5
衡水	8815	440.9	438.9	0.4	447.5	442.4	1.1
长江三角洲经济区							
上海	6341	2415.2	2380.4	1.5	1432.3	1426.9	0.4
江苏省	102600	7939.5	7920.0	0.2	7616.8	7553.5	0.8
浙江省	101800	5498.0	5477.0	0.4	4826.9	4799.3	0.6
珠江三角洲经济区							
广州	7249	1292.7	1283.9	0.7	832.3	822.3	1.2
深圳	1997	1062.9	1054.7	0.8	324.3	299.2	8.4
珠海	1724	159.0	158.3	0.5	108.6	106.6	1.9
佛山	3798	729.6	726.2	0.5	381.6	377.7	1.0
惠州	11346	470.0	467.4	0.6	343.4	341.9	0.4
东莞	2460	831.7	829.2	0.3	188.9	186.1	1.5
中山	1784	317.4	315.5	0.6	154.1	152.0	1.4
江门	9505	449.8	448.3	0.3	393.0	391.8	0.3
肇庆	14891	402.2	398.2	1.0	429.8	427.6	0.5

9-3 中国内地沿海三大都市圈主要城市指标对比

——地区生产总值

城 市	地区生产总值			第一产业			第二产业		
	2013	2012	增长速度(%)	2013	2012	增长速度(%)	2013	2012	增长速度(%)
全 国	**568845.2**	**519470.1**	**7.7**	**56957.0**	**52373.6**	**4.0**	**249684.4**	**235162.0**	**7.8**
京津冀经济区									
北 京	19500.6	17879.4	7.7	161.8	150.2	3.0	4352.3	4059.3	8.1
天 津	14370.2	12893.9	12.5	188.5	171.6	3.7	7276.7	6663.8	12.7
河北省	28301.4	26575.0	8.2	3500.4	3186.7	3.5	14762.1	14003.6	9.0
石家庄	4863.7	4500.2	9.4	474.0	452.2	2.7	2351.4	2240.7	9.8
唐 山	6121.2	5861.6	8.3	553.0	528.6	3.5	3593.1	3473.8	9.4
秦皇岛	1168.8	1139.4	7.0	170.1	152.4	4.4	444.8	447.7	6.5
邯 郸	3061.5	3024.3	7.3	395.0	383.9	2.9	1571.6	1620.8	7.8
邢 台	1604.6	1532.1	7.4	254.8	240.3	2.9	840.6	829.6	8.2
保 定	2904.3	2720.9	8.8	409.4	378.1	3.6	1578.9	1495.9	10.2
张家口	1317.0	1233.6	8.0	235.5	205.8	6.2	554.6	529.0	9.0
承 德	1272.1	1181.9	9.3	210.4	185.2	6.2	649.8	625.4	10.5
沧 州	3013.0	2812.4	9.0	313.1	319.2	2.3	1574.8	1479.1	10.5
廊 坊	1943.1	1794.3	9.1	199.0	198.4	-3.5	1022.0	968.6	9.0
衡 水	1070.2	1011.0	9.1	168.3	189.0	2.1	558.5	522.9	10.7
长江三角洲经济区									
上 海	21602.1	20181.7	7.7	129.3	127.8	-2.9	8027.8	7854.8	6.1
江苏省	59161.8	54058.2	9.6	3646.1	3418.3	3.1	29094.0	27122.0	10.0
浙江省	37568.5	34665.3	8.2	1784.6	1667.9	0.4	18446.7	17316.3	8.4
珠江三角洲经济区									
广 州	15420.1	13551.2	11.6	228.9	213.8	2.7	5227.4	4720.7	9.2
深 圳	14500.2	12950.1	10.5	5.2	6.3	-19.8	6296.8	5737.6	9.0
珠 海	1662.4	1503.8	10.5	43.1	39.0	5.4	849.1	776.4	11.8
佛 山	7010.2	6613.0	10.0	139.1	130.5	2.8	4340.4	4113.3	11.4
惠 州	2678.4	2367.6	13.6	136.7	124.6	3.6	1550.6	1377.2	16.0
东 莞	5490.0	5010.2	9.8	20.1	18.8	-0.3	2518.9	2375.6	10.3
中 山	2638.9	2441.0	10.0	66.9	62.2	2.2	1463.7	1353.6	10.9
江 门	2000.2	1880.4	9.8	158.8	149.5	3.0	1013.0	960.8	12.6
肇 庆	1660.1	1462.4	11.5	262.4	238.6	5.6	791.1	669.3	15.7

注：1.地区生产总值及分产业增加值的绝对值按现价计算，增长速度按可比价格计算。

2.人均地区生产总值按常住人口计算。

9-3 续表

单位：亿元

#工 业			第三产业			人均地区生产总值(元)		
2013	2012	增长速度(%)	2013	2012	增长速度(%)	2013	2012	增长速度(%)
210689.4	**199670.7**	**7.6**	**262203.8**	**231934.5**	**8.3**	**41908**	**38459**	**7.1**
3536.9	3294.3	7.8	14986.5	13669.9	7.6	93213	87475	5.2
6678.6	6123.1	12.8	6905.0	6058.5	12.5	99607	93173	7.9
13194.8	12511.6	9.4	10038.9	9384.8	8.4	38716	36584	7.5
2099.9	1993.6	10.5	2038.3	1807.4	10.5	46574	43552	8.3
3354.9	3243.8	9.7	1975.1	1859.3	7.3	79617	76643	7.7
373.5	376.5	5.9	553.9	539.3	8.0	38530	37804	6.3
1416.4	1473.5	7.9	1094.9	1019.6	8.0	32899	32650	6.8
774.9	761.9	8.6	509.2	462.1	7.7	22277	21361	6.9
1329.4	1259.4	11.1	916.1	846.9	8.5	25513	24053	8.1
463.3	441.8	9.7	526.9	498.7	7.5	29908	28139	7.5
575.5	553.8	11.3	411.9	371.4	8.8	36235	33791	8.9
1430.5	1338.4	11.0	1125.1	1014.2	8.7	41406	38949	8.2
871.5	824.9	9.4	722.1	627.3	12.8	43628	40598	8.3
505.8	474.1	10.9	343.5	299.1	10.1	24330	23101	8.5
7236.7	7097.8	6.3	13445.1	12199.2	8.8	90092	85373	6.1
25612.2	23908.5	10.3	26421.7	23518.0	9.8	74607	68347	9.3
16368.4	15338.0	8.7	17337.2	15681.1	8.7	68462	63374	7.8
4754.9	4264.2	9.9	9963.9	8616.8	13.3	119695	105909	10.9
5889.1	5355.9	9.3	8198.1	7206.1	11.7	136948	123247	9.6
775.6	720.3	10.6	770.2	688.4	9.2	104786	95471	9.7
4201.8	3976.1	11.9	2530.8	2369.2	7.6	96310	91259	9.5
1464.7	1296.4	16.6	991.1	865.8	11.0	57144	50873	12.8
2436.1	2297.5	10.4	2951.1	2615.8	9.4	66109	60557	9.4
1404.2	1291.4	11.6	1108.4	1025.2	9.0	83393	77527	9.4
964.0	913.8	13.0	828.3	770.1	6.8	44546	42028	9.4
737.9	616.2	17.1	606.6	554.4	8.5	41479	36864	10.5

9-4 中国内地沿海三大都市圈主要城市指标对比
——财政、金融

地 区	地方公共财政预算收入			地方公共财政预算支出		
	2013	2012	增长速度(%)	2013	2012	增长速度(%)
全 国	**69011.2**	**61078.3**	**13.0**	**119740.3**	**107188.3**	**11.7**
京津冀经济区						
北 京	3661.1	3314.9	10.4	4173.7	3685.3	13.3
天 津	2079.1	1760.0	18.1	2549.2	2143.2	18.9
河北省	2295.6	2084.3	10.1	4409.6	4079.4	8.1
石家庄	315.1	272.3	15.7	522.9	464.1	12.7
唐 山	318.4	301.1	5.8	497.2	490.3	1.4
秦皇岛	172.7	108.7	58.9	367.1	200.0	83.6
邯 郸	118.5	184.7	-35.8	294.8	379.6	-22.3
邢 台	180.3	85.6	110.6	460.4	250.2	84.0
保 定	172.3	159.9	7.7	352.4	383.6	-8.1
张家口	109.5	106.6	2.8	200.3	266.6	-24.9
承 德	89.9	82.5	9.0	259.2	235.8	9.9
沧 州	205.4	142.6	44.1	292.4	311.6	-6.1
廊 坊	102.5	172.1	-40.5	261.8	268.0	-2.3
衡 水	68.5	50.7	35.1	185.6	160.8	15.4
长江三角洲经济区						
上 海	4109.5	3743.7	9.8	4528.6	4184.0	8.2
江苏省	6568.5	5860.7	12.1	7798.5	7027.7	11.0
浙江省	3796.9	3441.2	10.3	4730.5	4161.9	13.7
珠江三角洲经济区						
广 州	1141.8	1102.4	3.6	1386.1	1343.7	3.2
深 圳	1731.3	1482.1	16.8	1690.8	1569.0	7.8
珠 海	194.2	162.6	19.4	252.0	212.2	18.8
佛 山	438.2	384.1	14.1	488.4	434.0	12.5
惠 州	250.2	200.9	24.5	328.3	274.1	19.8
东 莞	409.3	356.3	14.9	444.7	385.6	15.3
中 山	225.4	201.9	11.7	237.2	215.3	10.2
江 门	158.0	135.0	17.0	212.6	188.1	13.0
肇 庆	120.8	103.8	16.3	200.4	176.5	13.5

注：1.全国财政收入、支出为31个省市(自治区)公共财政预算收支合计数。

2.全国、河北省及各市、江苏省、浙江省为金融机构人民币存贷款数据。

3.全国、河北省及各市、江苏省、浙江省为金融机构人民币储蓄存款余额；北京、天津、上海、广东省各市为中资金融机构人民币储蓄存款余额。

9-4 续表

单位：亿元

中资金融机构人民币存款余额			中资金融机构人民币贷款余额			城乡居民人民币储蓄存款余额		
2013	2012	增长速度(%)	2013	2012	增长速度(%)	2013	2012	增长速度(%)
1043847	**917555**	**13.8**	**718961**	**629910**	**14.1**	**447601.6**	**399551.0**	**12.0**
85897.2	79620.6	7.9	39557.5	35441.7	11.6	22929.6	21419.3	7.1
22268.3	19356.1	15.0	18987.5	16977.8	11.8	7563.5	6991.1	8.2
39221.3	34013.0	15.3	23966.0	20850.9	14.9	23357.2	20665.1	13.0
8607.8	7640.7	12.7	4512.0	3995.1	12.9	4157.6	3735.5	11.3
6123.6	5437.5	12.6	3963.7	3527.2	12.4	3652.8	3265.9	11.8
2092.1	1878.5	11.4	1307.1	1180.3	10.7	1293.0	1150.2	12.4
3431.5	2924.5	17.3	2095.0	1841.2	13.8	2014.2	1790.8	12.5
2397.2	2053.8	16.7	1377.6	1164.0	18.3	1655.9	1454.7	13.8
4394.9	3759.9	16.9	1879.7	1585.0	18.6	3036.2	2657.0	14.3
1913.6	1673.9	14.3	1337.6	1192.9	12.1	1268.6	1119.8	13.3
1601.3	1359.1	17.8	1108.8	971.2	14.2	1032.5	888.2	16.2
3105.5	2689.9	15.4	1565.9	1264.8	23.8	2092.4	1845.7	13.4
3251.9	2676.4	21.5	2134.5	1811.6	17.8	1829.4	1581.6	15.7
1854.6	1571.1	18.0	888.0	706.1	25.8	1308.6	1160.4	12.8
60321.0	55732.1	8.2	37033.9	33814.1	9.5	20174.8	18906.0	6.7
85604.1	75481.5	13.4	61836.5	54412.3	13.6	33823.9	30057.2	12.5
71986.6	64886.3	10.9	62597.6	56982.6	9.9	28923.0	26406.8	9.5
31884.7	28270.7	12.8	19652.4	17554.9	11.9	12178.6	11174.7	9.0
29831.0	25910.2	15.1	19803.6	17305.5	14.4	8926.1	8132.2	9.8
3813.4	2987.4	27.7	1928.4	1651.9	16.7	1331.1	1196.3	11.3
10998.8	9734.8	13.0	6799.5	6078.4	11.9	5548.3	5155.0	7.6
2968.2	2497.4	18.9	1804.9	1483.7	21.6	1533.0	1349.2	13.6
8580.5	7392.2	16.1	4740.1	4157.5	14.0	4467.6	4187.7	6.7
3774.5	3212.6	17.5	2098.5	1774.5	18.3	1930.8	1747.9	10.5
3203.8	2800.2	14.4	1556.5	1329.7	17.1	2029.5	1852.5	9.6
1535.5	1319.9	16.3	1020.0	868.6	17.4	973.6	851.3	14.4

9-5 中国内地沿海三大都市圈主要城市指标对比
——投资、消费

单位：亿元

地区	全社会固定资产投资额						社会消费品零售总额		
				#房地产开发					
	2013	2012	增长速度(%)	2013	2012	增长速度(%)	2013	2012	增长速度(%)
全国	**446294.1**	**374694.7**	**19.1**	**86013.4**	**71803.8**	**19.8**	**237810**	**210307**	**13.1**
京津冀经济区									
北京	7032.2	6462.8	8.8	3483.4	3153.4	10.5	8375.1	7702.8	8.7
天津	10121.2	8871.3	14.1	1480.8	1260.0	17.5	4470.4	3921.4	14.0
河北省	22629.8	19104.6	18.5	3445.4	3086.5	11.6	10516.7	9254.0	13.6
石家庄	4369.2	3673.3	18.9	928.1	833.2	11.4	2179.7	1915.8	13.8
唐山	3575.9	3017.2	18.5	569.1	516.5	10.2	1743.6	1535.0	13.6
秦皇岛	770.3	723.7	6.4	235.1	213.3	10.2	514.6	453.8	13.4
邯郸	2661.2	2292.1	16.1	305.0	257.8	18.3	1106.2	973.7	13.6
邢台	1417.8	1186.5	19.5	124.8	90.9	37.2	708.4	624.1	13.5
保定	2083.4	1888.4	10.3	334.1	347.9	-4.0	1336.1	1174.3	13.8
张家口	1271.9	1163.1	9.4	199.3	209.1	-4.7	499.8	439.6	13.7
承德	1202.1	996.8	20.6	140.9	120.3	17.1	397.0	349.7	13.5
沧州	2292.1	1891.9	21.2	184.5	150.0	23.0	895.9	788.0	13.7
廊坊	1541.3	1282.1	20.2	303.5	243.1	24.8	644.2	568.1	13.4
衡水	787.3	639.9	23.0	120.8	104.3	15.9	491.2	432.0	13.7
长江三角洲经济区									
上海	5647.8	5254.4	7.5	2819.6	2381.4	18.4	8052.0	7412.3	8.6
江苏省	35982.5	31706.6	13.5	7241.5	6206.1	16.7	20796.5	18331.3	13.4
浙江省	20194.1	17096.0	18.1	6216.2	5226.3	18.9	15225.5	13588.3	12.0
珠江三角洲经济区									
广州	4447.3	3758.4	18.3	1572.4	1370.5	14.7	6882.9	5977.3	15.2
深圳	2490.2	2314.4	7.6	876.9	736.8	19.0	4433.6	4008.8	10.6
珠海	960.9	787.6	22.0	272.6	242.1	12.6	720.5	635.2	13.4
佛山	2375.6	2128.3	11.6	737.3	638.5	15.5	2264.1	2019.5	12.1
惠州	1401.3	1208.7	15.9	593.5	482.2	23.1	857.9	754.2	13.8
东莞	1383.9	1180.4	17.2	497.7	377.3	31.9	1486.7	1354.6	9.8
中山	962.9	893.4	7.8	399.1	346.4	15.2	890.6	809.3	10.0
江门	1000.8	850.4	17.7	241.8	144.5	67.3	903.7	807.2	12.0
肇庆	1007.8	852.6	18.2	171.5	145.5	17.9	493.1	433.4	13.8

注：河北省及各市、江苏省、浙江省、广东省的各市为固定资产投资(不含农户)数据。

9-6 中国内地沿海三大都市圈主要城市指标对比
——对外经济贸易

单位：亿美元

地 区	地方出口值			地方进口值			实际利用外商直接投资		
	2013	2012	增长速度(%)	2013	2012	增长速度(%)	2013	2012	增长速度(%)
全 国	**22090.0**	**20487.1**	**7.8**	**19499.9**	**18184.1**	**7.2**	**1175.86**	**1117.16**	**5.3**
京津冀经济区									
北 京	631.0	596.3	5.8	3668.4	3484.8	5.3	85.24	80.42	6.0
天 津	490.3	483.1	1.5	795.0	673.1	18.1	168.29	150.16	12.1
河北省	309.6	296.0	4.6	239.2	209.4	14.2	64.47	58.05	11.1
石家庄	71.2	73.4	-3.0	68.8	56.1	22.6	9.55	8.48	12.6
唐 山	56.1	43.2	30.0	70.6	61.6	14.5	13.45	12.14	10.8
秦皇岛	24.2	24.9	-2.8	19.6	19.2	1.7	7.38	6.28	17.6
邯 郸	13.7	14.7	-6.9	22.4	22.5	-0.7	8.47	7.83	8.2
邢 台	12.1	10.7	13.0	6.2	6.8	-8.6	4.14	3.56	16.2
保 定	43.6	47.7	-8.6	11.3	13.2	-14.1	6.33	5.47	15.6
张家口	3.2	3.2	1.2	0.7	0.7	0.6	2.74	2.46	11.4
承 德	2.3	1.4	63.7	0.3	0.1	117.0	0.35	1.20	-71.1
沧 州	20.8	21.0	-0.9	4.9	2.4	108.5	4.07	3.54	14.9
廊 坊	30.4	28.8	5.3	28.7	21.4	33.8	5.98	5.28	13.2
衡 水	32.1	27.1	18.4	5.8	5.3	8.6	2.02	1.80	12.1
长江三角洲经济区									
上 海	2042.4	2068.1	-1.2	2371.5	2299.5	3.1	167.80	151.85	10.5
江苏省	3288.6	3285.4	0.1	2219.9	2195.6	1.1	332.59	357.60	1.0
浙江省	2487.5	2245.2	10.8	870.4	878.8	-1.0	141.59	130.69	8.3
珠江三角洲经济区									
广 州	628.1	589.2	6.6	560.9	582.5	-3.7	48.04	45.75	5.0
深 圳	3057.0	2713.6	12.7	2317.7	1954.5	18.6	54.68	52.29	4.6
珠 海	265.8	216.4	22.9	277.1	240.4	15.2	16.87	14.47	16.6
佛 山	425.2	401.5	5.9	214.2	209.1	2.4	25.21	23.50	7.3
惠 州	333.2	292.0	14.1	240.7	202.9	18.6	18.34	17.28	6.1
东 莞	908.6	850.5	6.8	622.1	594.6	4.6	39.38	33.69	16.9
中 山	264.7	246.4	7.4	91.5	88.8	3.0	6.46	8.04	-19.6
江 门	140.0	129.7	7.9	57.3	58.0	-1.2	9.23	8.70	6.1
肇 庆	48.3	37.8	27.6	21.9	25.7	-14.8	12.41	11.52	7.8

注：各地区进出口数据按经营单位所在地统计。

9-7 中国内地沿海三大都市圈主要城市指标对比

——旅 游

地 区	入境旅游者人数(万人次)			旅游创汇(亿美元)		
	2013	2012	增长速度(%)	2013	2012	增长速度(%)
全 国	**12907.8**	**13240.5**	**-2.5**	**516.64**	**500.28**	**3.3**
京津冀经济区						
北 京	450.1	500.9	-10.1	47.95	51.49	-6.9
天 津	264.5	234.1	13.0	25.91	22.26	16.4
河北省	133.8	129.3	3.4	5.86	5.45	7.5
石家庄	16.7	15.8	6.0	0.75	0.62	21.5
唐 山	8.5	8.2	3.3	0.41	0.41	-2.0
秦皇岛	29.8	28.6	4.2	2.56	1.95	31.5
邯 郸	4.2	3.8	9.6	0.16	0.14	12.9
邢 台	1.9	2.3	-18.4	0.06	0.08	-24.5
保 定	13.7	12.8	6.6	0.32	0.43	-26.6
张家口	8.9	8.3	7.3	0.23	0.21	9.0
承 德	33.3	33.9	-1.9	0.97	1.18	-17.4
沧 州	2.7	2.7	0.2	0.10	0.09	14.1
廊 坊	12.7	11.7	9.1	0.28	0.32	-12.3
衡 水	1.3	1.1	19.9	0.04	0.04	3.5
长江三角洲经济区						
上 海	757.4	800.4	-5.4	53.37	55.82	-4.4
江苏省	288.0	791.5	-63.6	23.80	63.00	-62.2
浙江省	866.3	865.9	0.04	53.93	51.52	4.7
珠江三角洲经济区						
广 州	768.2	792.2	-3.0	51.69	51.45	0.5
深 圳	1214.9	1206.5	0.7	45.31	43.29	4.7
珠 海	263.2	297.6	-11.5	8.38	9.50	-11.9
佛 山	134.6	133.2	1.0	12.70	12.10	5.0
惠 州	207.0	190.6	8.6	7.70	6.78	13.7
东 莞	314.4	303.3	3.6	14.50	12.69	14.2
中 山	53.8	55.9	-3.7	2.39	2.20	8.7
江 门	169.6	165.1	2.7	7.98	6.99	14.1
肇 庆	93.9	171.7	-45.3	5.54	4.87	13.9

注：广东省的各市入境旅游者人数为入境过夜旅游者人数。

9-8 中国内地沿海三大都市圈主要城市指标对比
——物 价

单位：%

地 区	居民消费价格指数		工业生产者出厂价格指数		工业生产者购进价格指数	
	2013	2012	2013	2012	2013	2012
全 国	**102.6**	**102.6**	**98.1**	**98.3**	**98.0**	**98.2**
京津冀经济区						
北 京	103.3	103.3	97.4	98.4	97.8	98.7
天 津	103.1	102.7	97.0	97.0	97.4	97.1
河北省	103.0	102.6	96.6	94.7	97.6	96.2
石家庄	102.9	102.8	99.6	98.8	98.7	99.4
唐 山	102.0	102.2	93.5	89.6		
秦皇岛	102.4	103.2	96.6	95.4		
邯 郸	103.0	102.8	93.8	91.0		
邢 台	103.4	102.9	96.7	94.3		
保 定	102.7	102.5	99.0	99.2		
张家口	102.2	102.4	96.6	94.7		
承 德	102.4	101.9	95.6	88.5		
沧 州	102.4	103.4	99.8	101.6		
廊 坊	103.3	103.3	97.6	95.0		
衡 水	102.9	102.4	98.9	98.5		
长江三角洲经济区						
上 海	102.3	102.8	98.2	98.4	96.5	94.7
江苏省	102.3	102.6	98.0	97.1	97.1	95.8
浙江省	102.3	102.2	98.2	97.3	97.7	96.7
珠江三角洲经济区						
广 州	102.6	103.0	98.0	99.7		
深 圳	102.7	102.8	98.0	99.9		
珠 海	102.3	102.8	98.6	99.4		
佛 山	102.5	102.6	98.9	99.5		
惠 州	102.1	102.8	97.1	99.4		
东 莞	101.9	102.9	98.9	99.8		
中 山	101.6	102.3	99.4	99.9		
江 门	101.8	102.7	99.4	99.7		
肇 庆	102.9	102.8	99.0	98.4		

9-9 中国内地沿海三大都市圈主要城市指标对比
——从业人员

地 区	从业人员			第一产业		
	2013	2012	增长速度(%)	2013	2012	增长速度(%)
全 国	**76977**	**76704**	**0.4**	**24171**	**25773**	**-6.2**
京津冀经济区						
北 京	1141.0	1107.3	3.0	55.4	57.3	-3.3
天 津	847.5	803.1	5.5	69.0	71.2	-3.1
河北省	4183.9	4085.7	2.4	1404.5	1426.3	-1.5
石家庄	548.3	527.6	3.9	143.4	144.2	-0.5
唐 山	451.9	449.0	0.7	123.0	124.3	-1.1
秦皇岛	170.1	167.0	1.9	71.5	70.9	0.9
邯 郸	616.1	582.2	5.8	172.5	185.4	-7.0
邢 台	401.3	389.2	3.1	137.8	138.7	-0.6
保 定	683.0	643.1	6.2	278.6	282.7	-1.4
张家口	301.2	279.8	7.7	124.7	123.7	0.8
承 德	219.6	212.1	3.5	97.0	96.5	0.5
沧 州	423.0	417.3	1.4	102.0	104.4	-2.3
廊 坊	257.8	256.5	0.5	80.9	81.6	-0.9
衡 水	238.1	231.4	2.9	80.3	80.2	0.1
长江三角洲经济区						
上 海	1137.4	1115.5	2.0	46.4	45.7	1.4
江苏省	4759.9	4759.5	0.01	956.7	990.0	-3.4
浙江省	3708.7	3691.2	0.5	507.0	522.0	-2.9
珠江三角洲经济区						
广 州	759.9	751.3	1.1	64.5	64.7	-0.2
深 圳	899.2	771.2	16.6	0.1	0.1	-1.9
珠 海	106.3	104.9	1.3	6.1	6.2	-1.6
佛 山	437.3	437.3	0.01	24.7	26.8	-7.5
惠 州	277.3	270.0	2.7	51.8	52.2	-0.6
东 莞	633.2	631.4	0.3	5.9	6.0	-1.4
中 山	210.3	208.8	0.7	9.9	10.0	-1.3
江 门	244.3	248.3	-1.6	78.9	76.3	3.4
肇 庆	216.2	215.6	0.3	116.0	116.5	-0.4

9-9 续表

单位：万人

第二产业			第三产业		
2013	2012	增长速度(%)	2013	2012	增长速度(%)
23170	**23241**	**-0.3**	**29636**	**27690**	**7.0**
210.9	212.6	-0.8	874.7	837.4	4.5
353.9	330.9	6.9	424.6	401.0	5.9
1438.1	1400.8	2.7	1341.4	1258.7	6.6
197.0	189.9	3.7	207.9	193.5	7.4
184.7	184.5	0.1	144.2	140.2	2.9
42.9	43.6	-1.6	55.7	52.6	6.1
207.7	205.5	1.1	235.9	189.2	24.7
130.9	127.9	2.4	132.6	122.6	8.1
231.7	208.2	11.3	172.6	152.2	13.4
70.0	66.9	4.6	106.5	89.1	19.5
63.1	59.8	5.5	59.6	55.8	6.7
183.2	181.2	1.1	137.8	131.7	4.6
102.6	101.0	1.6	74.3	73.9	0.6
97.2	93.8	3.7	60.6	57.5	5.5
446.1	440.0	1.4	644.9	629.8	2.4
2042.0	2032.3	0.5	1761.2	1737.2	1.4
1853.4	1880.9	-1.5	1348.4	1288.3	4.7
262.7	282.6	-7.0	432.7	404.1	7.1
437.3	373.2	17.2	461.8	397.8	16.1
54.2	48.9	10.8	46.0	49.8	-7.6
256.9	258.2	-0.5	155.7	152.3	2.2
137.6	134.1	2.6	87.8	83.8	4.9
482.4	481.0	0.3	145.0	144.4	0.4
142.5	140.8	1.2	57.9	58.0	-0.1
99.7	104.7	-4.7	65.6	67.4	-2.5
52.0	51.9	0.3	48.2	47.2	2.1

9-10 中国内地沿海三大都市圈主要城市指标对比
——生活质量

地 区	城镇单位在岗职工年末人数(万人)			城镇单位在岗职工平均工资(元)			城镇居民人均可支配收入			农村居民人均纯收入		
	2013	2012	增长速度(%)	2013	2012	增长速度(%)	2013	2012	增长速度(%)	2013	2012	增长速度(%)
全 国	**18108.4**	**15236.4**	**18.8**	**52388**	**47593**	**10.1**	**26955**	**24565**	**9.7**	**8896**	**7917**	**12.4**
京津冀经济区												
北 京	695.5	670.4	3.7	93997	85307	10.2	40321	36469	10.6	18337	16476	11.3
天 津	283.8	271.7	4.4	68864	62225	10.7	32658	29626	10.2	15405	13571	13.5
河北省	653.4	619.9	5.4	41501	38658	7.4	22227	20543	8.2	9188	8081	13.7
石家庄	97.0	90.7	7.0	42488	39669	7.1	24074	23038	4.5	9546	8993	6.1
唐 山	96.5	95.6	0.9	47123	45838	2.8	26704	24358	9.6	11674	10698	9.1
秦皇岛	34.2	33.5	2.2	46399	44824	3.5	24021	22098	8.7	9007	8315	8.3
邯 郸	80.4	64.5	24.6	37402	38255	-2.2	20807	21740	-4.3	9307	8447	10.2
邢 台	45.6	44.9	1.6	38359	36278	5.7	18195	18639	-2.4	7446	6601	12.8
保 定	104.5	101.0	3.4	38108	34912	9.2	19840	19048	4.2	8533	7696	10.9
张家口	38.9	39.8	-2.1	36916	35615	3.7	19641	18441	6.5	6583	5564	18.3
承 德	30.3	26.4	14.7	41163	37787	8.9	19138	18706	2.3	6381	5546	15.1
沧 州	52.4	52.4	0.03	42049	40114	4.8	22072	20805	6.1	8470	7514	12.7
廊 坊	43.9	42.1	4.3	49110	44886	9.4	27090	24872	8.9	10985	10447	5.1
衡 水	29.6	29.1	2.0	36003	32800	9.8	17808	18504	-3.8	7182	6167	16.4
长江三角洲经济区												
上 海	619.0	555.7	11.4	90916	80191	13.4	43851	40188	9.1	19208	17401	10.4
江苏省	1418.6	792.6	79.0	57985	51279	13.1	32538	29677	9.6	13598	12202	11.4
浙江省	1020.6	1022.3	-0.2	56571	50813	11.3	37851	34550	7.1	16106	14552	10.7
珠江三角洲经济区												
广 州	309.9	310.2	-0.1	69692	63752	9.3	42049	38054	10.5	18887	16788	12.5
深 圳	445.8	277.9	60.4	62619	59010	6.1	44653	40742	9.6			
珠 海	71.1	64.0	11.1	55985	48486	15.5	36375	32978	10.3	14940	13399	11.5
佛 山	171.5	60.7	182.4	50356	46203	9.0	38038	34580	10.0	17503	15684	11.6
惠 州	83.9	87.2	-3.8	47126	41506	13.5	32991	29965	10.1	14029	12415	13.0
东 莞	239.8	25.0	858.5	42870	57007	-24.8	46594	42944	8.5	27214	24944	9.1
中 山	88.6	32.0	176.9	48449	55480	-12.7	34274	31130	10.1	21727	19347	12.3
江 门	56.6	50.9	11.2	42851	37983	12.8	29772	27017	10.2	12684	11345	11.8
肇 庆	38.8	30.6	26.9	44660	39151	14.1	23930	21754	10.0	11662	10366	12.5

注：1.全国、河北省及各市、上海、浙江省在岗职工人数为城镇单位就业人员数；广东各市2013年将原属于乡镇企业且符合城镇非私营单位条件的企业纳入城镇单位从业人员及工资统计的范围，与2012年数据不可比。

2.河北省及各市、上海的城镇单位在岗职工平均工资为城镇单位就业人员平均工资。

3.天津、上海的农村居民人均纯收入为农村居民人均可支配收入。

2014

北京区域统计年鉴

第十篇

BEIJING AREA STATISTICAL YEARBOOK

北京与全国对比

BEIJING YU QUANGUO DUIBI

简要说明

一、本章资料的主要内容

本章资料主要反映北京与全国主要指标数据对比和北京各项指标占全国比重情况。内容涵盖了产业发展、财政、金融、旅游、对外贸易、人口、就业、收入、教育、婚姻、城市建设等经领域。

二、本章资料的数据来源

本章资料由北京市统计局、国家统计局北京调查总队根据相关资料整理提供。其中，全国数据摘自 2014 年出版的《中国统计年鉴》。

10-1 北京与全国主要指标对比

——经 济

项 目		2013			2012		
		北 京	全 国	北京占全国(%)	北 京	全 国	北京占全国(%)
地区生产总值	(亿元)	19500.6	568845.2	3.4	17879.4	519470.1	3.4
第一产业	(亿元)	161.8	56957.0	0.3	150.2	52373.6	0.3
第二产业	(亿元)	4352.3	249684.4	1.7	4059.3	235162.0	1.7
第三产业	(亿元)	14986.5	262203.8	5.7	13669.9	231934.5	5.9
人均地区生产总值	(元)	93213	41908		87475	38459	
地方公共财政预算收入	(亿元)	3661.1	69011.2	5.3	3314.9	61078.3	5.4
地方公共财政预算支出	(亿元)	4173.7	119740.3	3.5	3685.3	107188.3	3.4
全社会固定资产投资	(亿元)	7032.2	446294.1	1.6	6462.8	374694.7	1.7
社会消费品零售总额	(亿元)	8375.1	237810.0	3.5	7702.8	210307.0	3.7
海关出口值	(亿美元)	631.0	22090.0	2.9	596.3	20487.1	2.9
海关进口值	(亿美元)	3668.4	19499.9	18.8	3484.8	18184.1	19.2
外商直接投资项目数	(个)	1190	22773	5.2	1360	24925	5.5
实际利用外商直接投资	(亿美元)	85.2	1175.9	7.2	80.4	1117.2	7.2
入境旅游人数	(万人次)	450.1	12907.8	3.5	500.9	13240.5	3.8
金融机构(含外资)人民币存款余额	(亿元)	87990.6	1043847.0	8.4	81389.6	917554.8	8.9
#城乡居民储蓄存款余额	(亿元)	23086.4	447601.6	5.2	21644.9	399551.0	5.4
金融机构(含外资)人民币贷款余额	(亿元)	40506.7	718961.0	5.6	36441.3	629909.6	5.8

注：1. 部分数据取自《北京统计年鉴》、《中国统计年鉴》。
2. 全国地方财政收入和财政支出均为全国31个省市合计数。
3. 北京城乡居民储蓄存款余额为中资金融机构人民币储蓄存款余额。

10-2 北京与全国主要指标对比
——社 会

项 目		2013			2012		
		北 京	全 国	北京占全国(%)	北 京	全 国	北京占全国(%)
年底人口数(年末常住人口)	(万人)	2114.8	136072	1.6	2069.3	135404	1.5
城镇人口	(万人)	1825.1	73111	2.5	1783.7	71182	2.5
乡村人口	(万人)	289.7	62961	0.5	285.6	64222	0.4
从业人员	(万人)	1141.0	76977	1.5	1107.3	76704	1.4
城镇居民人均可支配收入	(元)	40321	26955		36469	24565	
农村居民人均纯收入	(元)	18337	8896		16476	7917	
登记结婚对数	(万对)	16.4	1346.9	1.2	17.4	1323.6	1.3
登记离婚对数	(万对)	6.5	350.0	1.8	4.9	310.4	1.6
普通高等学校在校学生数	(万人)	58.9	2468.1	2.4	58.2	2391.3	2.4
普通中学在校学生数	(万人)	49.8	6875.0	0.7	49.9	7228.4	0.7
小学在校学生数	(万人)	78.9	9360.5	0.8	71.9	9695.9	0.7
城市排水管道长度	(万公里)	1.4	46.5	2.9	1.3	43.9	2.9
客运出租小轿车	(万辆)	6.7	105.4	6.4	6.7	102.7	6.5

注：北京登记离婚对数包括在民政部门登记的对数和经法院调离和判离的对数。

2014

北京区域统计年鉴

附　录

BEIJING AREA STATISTICAL YEARBOOK

指标解释

ZHI BIAO JIE SHI

附录：指标解释

（一）法人情况

法人单位 指有权拥有资产、承担负债，并独立从事社会经济活动（或与其他单位进行交易）的组织。法人单位应同时具备以下条件：（1）依法成立，有自己的名称、组织机构和场所，能够独立承担民事责任；（2）独立拥有（或授权使用）资产或者经费，承担负债，有权与其他单位签订合同；（3）具有包括资产负债表在内的账户，或者能够根据需要编制账户。

单产业法人 指仅包含一个产业活动单位的法人单位,该法人单位同时也是一个产业活动单位。

多产业法人 指由两个及以上产业活动单位组成的法人单位，这些产业活动单位接受法人单位的管理和控制。

登记注册类型 企业法人或企业产业活动单位的登记注册类型，按其在工商行政管理机关登记注册的类型填写。如企业登记注册类型发生变化，但未及时到工商部门变更登记，企业应根据变化后的实际情况填写。其他法人和产业活动单位的登记注册类型，按其主要经费来源和管理方式，根据实际情况，比照《企业登记注册类型与代码》填写。

国有企业 指企业全部资产归国家所有，并按《中华人民共和国企业法人登记管理条例》规定登记注册的非公司制的经济组织。不包括有限责任公司中的国有独资公司。

集体企业 指企业资产归集体所有，并按《中华人民共和国企业法人登记管理条例》规定登记注册的经济组织。

股份合作企业 指以合作制为基础，由企业职工共同出资入股，吸收一定比例的社会资产投资组建，实行自主经营，自负盈亏，共同劳动，民主管理，按劳分配与按股分红相结合的一种集体经济组织。

联营企业 指两个及两个以上相同或不同所有制性质的企业法人或事业单位法人，按自愿、平等、互利的原则，共同投资组成的经济组织称为联营企业。联营企业包括国有联营企业、集体联营企业、国有与集体联营企业和其他联营企业。

有限责任公司 指根据《中华人民共和国公司登记管理条例》规定登记注册，由2个以上，50个以下的股东共同出资，每个股东以其所认缴的出资额对公司承担有限责任，公司以其全部资产对其债务承担责任的经济组织。有限责任公司包括国有独资公司、其他有限责任公司。

私营企业 指由自然人投资设立或由自然人控股，以雇佣劳动为基础的营利性经济组织。包括按照《公司法》、《合伙企业法》、《私营企业暂行条例》、《个人独资企业法》规定登记注册的私营独资企业、私营合伙企业、私营有限责任公司、私营股份有限公司和个人独资企业。

其他企业 指上述类型之外的其他内资经济组织。

港澳台商投资企业 指港澳台地区投资者依照中华人民共和国有关涉外经济的法律、法规成立的企业，包括与港澳台商合资经营企业、与港澳台商合作经营企业、港澳台商独资经营企业、港澳台商投资股份有限公司、其他港澳台商投资企业。

外商投资企业 指外国企业或外国人依照中华人民共和国有关涉外经济的法律、法规成立的企业，包括中外合资经营企业、中外合作经营企业、外资企业、外商投资股份有限公司、其他外商投资企业。

（二）人口和就业

户籍人口 指公民依照《中华人民共和国户口登记条例》已在其经常居住地的公安户籍管理机关登记了常住户口的人。

常住人口 指在某地区实际居住半年以上的人口。

常住外来人口 指不具有本市户籍户口，来自北京市行政区划以外的省、自治区、直辖市，且在京居住半年以上的人口。

从业人员 指在各级国家机关、党政机关、社会团体及企业、事业单位中工作，取得工资或其他形式的劳动报酬的全部人员，包括在岗职工、聘用的离退休人员以及在单位中工作的港澳台及外籍人员、兼职人员、借用的外单位人员和第二职业者，不包括本单位的不在岗职工。

在岗职工 指在本单位工作并由单位支付工资的人员，以及有工作岗位，但由于学习、病伤产假（6个月以内）等原因暂未工作，仍由单位支付工资的人员。

在岗职工工资总额 与“在岗职工”指标相对应，根据1990年1月1日的国家统计局令（一号）修订，指单位在报告期内直接支付给本单位在岗职工的劳动报酬总额。包括基础工资、职务工资、级别工资、工龄工资、计件工资、奖金、各种津贴和补贴、交通补贴、洗理费、书报费、旅游费、过节费、伙食补助、住房补贴、住房提租补贴、由单位从个人工资中直接为其代扣或代缴的个人所得税、房水电费以及住房公积金和社会保险基金个人缴纳部分等。

在岗职工平均工资 指企业、事业、机关等单位的在岗职工在一定时期内的人均劳动报酬。它表明一定时期在岗职工工资收入的高低程度，是反映在岗职工工资水平的主要指标。

城镇登记失业人员 指年末实有的城镇登记失业人员数（包括全部正在领取失业保险金的失业人员）。

（三）国民经济核算

地区生产总值 是按市场价格计算的地区生产总值的简称。它是一个地区所有常住单位在一定时期内生产活动的最终成果。地区生产总值有三种表现形式，即价值形态、收入形态和产品形态。从价值形态看，它是所有常住单位在一定时期内所生产的全部货物和服务价值超过同期投入的全部非固定资产货物和服务价值的差额，即所有常住单位的增加值之和；从收入形态看，它是所有常住单位在一定时期内所创造并分配给常住单位和非常住单位的初次分配收入之和；从产品形态看，它是最终使用的货物和服务减去进口货物和服务。在实际核算中，地区生产总值的三种表现形态表现为三种计算方法，即生产法、收入法和支出法。三种方法分别从不同的方面反映地区生产总值及其构成。

三次产业 根据社会生产活动历史发展的顺序对产业结构的划分，产品直接取自自然界的部门称为第一产业，对初级产品进行再加工的部门称为第二产业，为生产和消费提供各种服务的部门称为第三产业。这是世界上通用的产业结构分类，但各国的划分不尽一致。我国2002年版国民经济行业分类标准：

第一产业：农、林、牧、渔业（包括农业、林业、畜牧业、渔业及农、林、牧、渔服务业）。

第二产业：工业（包括采矿业、制造业、电力、燃气及水的生产及供应业）和建筑业。

第三产业：除第一、第二产业以外的其他各业。

（四）财政和税收

地方财政收入 指国家财政参与社会产品分配所得的收入，是实现国家职能的财力保证。包括地方公共财政预算收入、政府性基金预算收入和国有资本经营预算收入。

地方公共财政预算收入 通过一定的形式和程序，由各级财政部门组织并纳入预算管理的各项收入。

政府性基金预算收入 按规定收取，转入或通过当年财政安排，由财政管理并具有指定用途的政府性基金预算收入等。

国有资本经营预算 指国家以所有者身份取得国有资本收益，并对所得收益进行分配而发生的各项收支预算，是政府预算的重要组成部分。

税收收入 包括增值税、营业税、企业所得税、个人所得税、资源税、城市维护建设税、房产税、印花税、城镇土地使用税、土地增值税、车船税、耕地占用税、契税等。

地方财政支出 指以国家为主体，以财政的事权为依据进行的一种财政资金分配活动，集中反映了国家的职能活动范围及其所发生的耗费，包括地方公共财政预算支出和基金预算支出。

地方公共财政预算支出 指各级财政部门对集中的一般预算收入有计划地分配和使用而安排的支出。

一般公共服务支出 指政府提供基本公共管理与服务的支出，包括人大事务、政协事务、政府办公厅（室）及相关机构事务、发展与改革事务、统计信息事务、财政事务、税收事务、审计事务、海关事务、人力资源事务、纪检监察事务、人口与计划生育事务、 商贸事务、知识产权事务、工商行政管理事务、国土资源事务、 海洋管理事务、 测绘事务、地震事务、气象事务、民族事务、宗教事务、港澳台侨事务、档案事务、共产党事务、民主党派事务及工商联事务、群众团体事务、彩票事务等。

教育支出 指政府教育事务支出，包括教育行政管理、学前教育、小学教育、初中教育、普通高中教育、普通高等教育、初等职业教育、中专教育、技校教育、职业高中教育、高等职业教育、广播电视教育、留学生教育、特殊教育、干部继续教育、教育机关服务等。

科学技术支出 指用于科学技术方面的支出，包括科学技术管理事务、基础研究、应用研究、技术研究与开发、科技条件与服务、社会科学、科学技术普及、科技交流与合作等。

社会保障和就业支出 指政府在社会保障与就业方面的支出，包括社会保障和就业管理事务、民政管理事务、财政对社会保险基金的补助、补充全国社会保障基金、行政事业单位离退休、企业改革补助、就业补助、抚恤、退役安置、社会福利、残疾人事业、城市居民最低生活保障、其他城镇社会救济、农村社会救济、自然灾害生活救助、红十字事务等。

医疗卫生支出 指政府医疗卫生方面的支出，包括医疗卫生管理事务支出、医疗服务支出、医疗保障支出、疾病预防控制支出、卫生监督支出、妇幼保健支出、农村卫生支出等。

节能环保支出 指政府环境保护支出，包括环境保护管理事务支出、环境监测与监察支出、污染治理支出、自然生态保护支出、天然林保护工程支出、退耕还林支出、风沙荒漠治理支出、退牧还草支出、已垦草原退耕还草、能源节约利用、污染减排、可再生能源和资源综合利用等支出。

交通运输支出 指政府交通运输和邮政业方面的支出，包括公路运输支出、水路运输支出、铁路运输支出、民用航空运输支出、邮政业支出等。

城乡社区事务支出 指政府城乡社区事务支出，包括城乡社区管理事务支出、城乡社区规划与管理支出、城乡社区公共设施支出、城乡社区住宅支出、城乡社区环境卫生支出、建设市场管理与监督支出等。

农林水事务支出 指政府农林水事务支出，包括农业支出、林业支出、水利支出、扶贫支出、农业综合开发支出等。

税费收入 指由各级地方税务局征缴的各项税收收入和罚没收入。包括营业税、企业所得税、个人所得税、资源税、房产税、契税、城市维护建设税等。

税收收入 指由各级国家税务局征缴的各项税收收入，包括增值税、消费税、营业税、企业所得税、个人所得税、城市维护建设税等。

营业税 是对在中华人民共和国境内提供应税劳务、转让无形资产或者销售不动产的单位和个人，就其取得营业额征收的一种税。

（五）投资和建筑业

全社会固定资产投资 包括城镇固定资产投资（含房地产开发投资）和农村固定资产投资。

城镇固定资产投资 指城镇各种登记注册类型的企业、事业、行政单位及个体户进行的计划总投资在 500 万元及以上的建设项目投资。镇及镇以上各级政府及主管部门直接领导、管理的建设项目和企事业单位的投资均为城镇固定资产投资。

农村固定资产投资 农村投资统计以投资项目建设地址所在的地域为界定农村投资统计的范围，即农村投资是指各种投资主体建设的建设项目地址在农村区域范围内的、以满足农村居民生产、生活需要为主要目的的各种投资活动。农村固定资产投资包括农户和非农户固定资产投资。

房地产开发投资 指从本年 1 月 1 日起至本年最后一天止完成的全部用于房屋建设工程和土地开发工程的投资额, 以及公益性建筑和土地购置费等投资。

房屋建筑施工面积 指报告期内施工的全部房屋建筑面积。包括本期新开工的面积和上年开工跨入本期继续施工房屋面积，以及上期已停建在本期恢复施工的房屋面积。本期竣工和本期施工后又停建、缓建的房屋面积仍包括在施工面积中，多层建筑应填各层建筑面积之和。

房屋建筑竣工面积 指报告期内房屋建筑按照设计要求已全部完工，达到住人和使用条件，经验收鉴定合格（或达到竣工验收标准），可正式移交使用的各栋房屋建筑面积的总和。

建筑业总产值 以货币表现的建筑业企业在一定时期内生产的建筑产品和服务的总和，它包括建筑工程产值、设备安装工程产值、其他产值三部分内容。

年末从业人员 指年末最后一日 24 小时在本单位工作，并取得工资或其他形式劳动报酬的人员数。该指标为时点指标，不包括最后一日当天及以前与单位解除劳动合同关系的人员，是在岗职工、劳务派遣人员及其他从业人员之和。

利润总额 指企业在一定会计期间的经营成果，是生产经营过程中各种收入扣除各种耗费后的盈余，反映企业在报告期内实现的亏盈总额。

（六）能源、环境

能源消费总量 指一定地域（行政或地理区域）内，国民经济各行业和居民家庭在一定时期所消费的各种能源的总和。能源消费总量包括终端能源消费量、能源加工转换损失量、能源运输和管理过程的损失量三部分。

生活垃圾无害化处理量 指报告期内简易处理场和各种垃圾无害化处理场（厂）处理垃圾的总量。垃圾简易处理量指垃圾简易填埋场所处理的垃圾总量。垃圾无害化处理量指垃圾无害化处理场（厂）所处理的垃圾总量

生活垃圾无害化处理率 指报告期垃圾无害化处理量与垃圾产生量的比率。在统计时，如果生活垃圾产生量不易取得，可用清运量代替。

污水处理量 指污水处理厂和处理装置实际处理的污水量，包括物理处理量、生物处理量和化学处理量。

（七）农　　业

农林牧渔业总产值 以货币表现的农林牧渔业的全部产品总量和对农林牧渔业生产活动进行的各种支持性服务活动的价值。

农作物播种面积 指实际播种或移植有农作物的面积。凡是实际种植有农作物的面积，不论种植在耕地上还是种植在非耕地上，均包括在农作物播种面积中。在播种季节基本结束后，因遭灾而重新改种和补种的农作物面积，也包括在内。

有效灌溉面积 指具有一定的水源，地块比较平整，灌溉工程或设备已经配套，在一般年景下当年能够进行正常灌溉的耕地面积。

设施农业 指以工厂化生产方式，建造人工设施，改变气候条件，提高农作物抵御自然灾害的能力，改良生物特性，

使作物实现错季或反季节生产，达到农作物均衡生产的目的。

农业机械总动力 指主要用于农、林、牧、渔业的各种动力机械的动力总和。包括耕作机械、排灌机械、收获机械、农用运输机械、植物保护机械、牧业机械、渔业机械和其他农用机械[内燃机按引擎马力折成瓦（特）计算，电动机按功率折成瓦（特）计算]。不包括专门用于乡、镇、村、组办工业、基本建设、非农业运输、科学实验和教学等非农业生产方面用的动力机械与作业机械。

农村用电量 指本年度内，扣除在农村中的国有经济工业交通、基建等单位的用电量以后的农村生产和生活的全年用电总量（计量单位千瓦小时，按全年累计数统计），即包括国家电网供电，也包括农村自办电站供电量。

农用化肥施用量 指本年度内实际用于农业生产的化学肥料数量，包括氮肥、磷肥、钾肥和复合肥。施用量要求按折纯量计算数量，即各类化学肥料的实际施用数量按其含氮、含五氧化二磷、含氧化钾的比例折成百分之百计算。

乡镇及行政村常住户数 指长期（一年以上）居住在乡镇（不包括城关镇）行政管理区域内的住户，还包括居住在城关镇所辖行政村范围内的农村住户。户口不在本地而在本地居住一年及以上的住户也包括在本地农村住户内；有本地户口，但举家外出谋生一年以上的住户，无论是否保留承包耕地都不包括在本地农村住户范围内。不包括乡村地区内的国有经济的机关、团体、学校、企业、事业单位的集体户。

乡镇及行政村常住人口 指乡村地区常住居民户数中的常住人口数，即经常在家或在家居住6个月以上，而且经济和生活与本户连成一体的人口。外出从业人员在外居住时间虽然在6个月以上，但收入主要带回家中，经济与本户连为一体，仍视为家庭常住人口；在家居住，生活和本户连成一体的国家职工、退休人员也为家庭常住人口。但是现役军人、中专及以上（走读生除外）的在校学生、常年在外（不包括探亲、看病等）且已有稳定的职业与居住场所的外出从业人员，不应当作家庭常住人口。

乡镇及行政村从业人员 指全部乡镇及行政村人口中 16 岁以上实际参加生产经营活动并取得实物或货币收入的人员，既包括劳动年龄内经常参加劳动的人员，也包括超过劳动年龄但经常参加劳动的人员。但不包括户口在家的在外学生、现役军人和丧失劳动能力的人，也不包括待业人员和家务劳动者。从业人员按从事主业时间最长（时间相同按收入）分为农业从业人员，工业从业人员，建筑业从业人员，交通运输仓储及邮政业从业人员，信息传输、计算机服务和软件业，批发与零售业从业人员，住宿和餐饮业从业人员，其他从业人员。

（八）工　业

工业总产值 指工业企业在报告期内生产的以货币形式表现的工业最终产品和提供工业劳务活动的总价值量。它包括：在本企业内不再进行加工，经检验、包装入库（规定不需包装的产品除外）的成品价值，对外加工费收入，自制半成品、在制品期末期初差额价值。工业总产值采用“工厂法”计算，即以工业企业作为一个整体，按企业生产活动的最终成果来计算，企业内部不允许重复计算，不能把企业内部各个车间（分厂）生产的成果相加。但在企业之间、行业之间、地区之间存在着重复计算。

轻工业 指主要提供生活消费品和制作手工工具的工业。按其所使用的原料不同，可分为两大类：（1）以农业为原料的轻工业，是指直接或间接以农产品为基本原料的轻工业。主要包括食品制造、饮料制造、烟草加工、纺织、缝纫、皮革和毛皮制作、造纸以及印刷等工业；（2）以非农产品为原料的轻工业，是指以工业品为原料的轻工业。主要包括文教体育用品、化学药品制造、合成纤维制造、日用化学制品、日用玻璃制品、日用金属制品、手工工具制造、医疗器械制造、文化和办公用机械制造等工业。

重工业 指为国民经济各部门提供物质技术基础的主要生产资料的工业。按其生产性质和产品用途，可以分为下列三类：（1）采掘（伐）工业。是指对自然资源的开采，包括石油开采、煤炭开采、金属矿开采、非金属矿开采和木材采伐等工业。（2）原材料工业。指向国民经济各部门提供基本材料、动力和燃料的工业，包括金属冶炼及加工、炼焦及焦炭化学、化工原料、水泥、人造板以及电力、石油和煤炭加工等工业。(3) 加工工业。指对工业原材料进行再加工制造的工业，包括装备国民经济各部门的机械设备制造工业、金属结构、水泥制品等工业，以及为农业提供的生产资料如化肥、农药等工业。

工业销售产值 以货币形式表现的，工业企业在报告期内销售的本企业生产的工业产品或提供工业性劳务价值的总价值量。包括企业在报告期内实际销售（包括本期生产和非本期生产）的全部成品、半成品的总价值，报告期内完成的对外承接的工业品加工的加工费收入，对外工业品修理作业可获取的加工费收入和对内非工业部门提供的加工修理、设备安装等收入。已销售的成品、半成品不论是本期生产的，还是非本期生产的，只要是本期销售出去的均包括在内。企业为本单位基本建设部门、生活福利部门等提供的产品和工业性作业及自制设备也应视同销售，这部分也应作为销售统计。

资产总计 指企业过去的交易或者事项形成的、由企业拥有或者控制的、预期会给企业带来经济利益的资源。资产一般按流动性分为流动资产和非流动资产，其中流动资产可分为货币资金、交易性金融资产、应收票据、应收账款、预付款项、其他应收款、存货等；非流动资产可分为长期股权投资、固定资产、无形资产及其他非流动资产等。

负债合计 指企业过去的交易或者事项形成的，预期会导致经济利益流出企业的现时义务。负债一般按偿还期长短分为流动负债和非流动负债。

所有者权益合计 指企业资产扣除负债后由所有者享有的剩余权益。公司的所有者权益又称股东权益。包括实收资本、资本公积、盈余公积、未分配利润等。

主营业务收入 指企业确认的销售商品、提供劳务等主营业务的收入。

利润总额 指企业在一定会计期间的经营成果，是生产经营过程中各种收入扣除各种耗费后的盈余，反映企业在报告期内实现的亏盈总额。

应交增值税 指企业按税法规定，从事货物销售或提供加工、修理修配劳务等增加货物价值的活动本期应交纳的税金。

（九）商　　业

社会消费品零售总额 指企业（单位、个体户）通过交易直接售给个人、社会集团非生产、非经营用的实物商品金额，以及提供餐饮服务所取得的收入金额。个人包括城乡居民和入境人员，社会集团包括机关、社会团体、部队、学校、企事业单位、居委会或村委会等。

批发和零售业单位 指在流通环节主要从事商品批发活动和零售活动的单位。

商品购进额 指从本企业（单位）以外的单位和个人购进(包括从国外直接进口)作为转卖或加工后转卖的商品金额（含增值税）。本指标反映批发和零售业从国内外市场上购进商品的总量。

商品销售额 指对本企业以外的单位和个人出售的商品金额（包括售给本单位消费用的商品，含增值税）。本指标反映批发和零售业在国内市场上销售商品以及出口商品的总量。

餐饮业企业 指在一定场所，专门从事对食物进行现场烹饪、调制，并出售给顾客主要供现场消费服务活动的企业。如各种饭馆、中西餐厅、酒馆、茶馆和火车餐车、车站食堂、飞机场餐厅等。

住宿业企业 指有偿为顾客提供临时住宿服务活动的单位，如旅游饭店、宾馆、酒店和旅馆、旅店等。

（十）对外贸易

进出口总值 指实际进、出我国海关并能引起我国境内物质资源增加或减少的进出口货物总金额。包括我国境内法人和其他组织以一般贸易、易货贸易、加工贸易、补偿贸易、寄售代销贸易等方式进出口的货物、租赁期一年及以上的租赁进出口货物、边境小额贸易货物、国际援助物资或捐赠品、保税区和保税仓库进出口货物等的金额合计。进出口总值用以观察一个国家在对外贸易方面的总规模。我国规定出口货物按离岸价格统计，进口货物按到岸价格统计。

实际利用外商直接投资额 指批准的合同外资金额的实际执行数，外国投资者根据批准外商投资企业的合同（章程）的规定实际缴付的出资额和企业投资总额内外国投资者以自己的境外自有资金实际直接向企业提供的贷款。

（十一）旅　　游

入境旅游者 指来中国（大陆）观光、度假、探亲访友、就医疗养、购物、参加会议或从事经济、文化、体育、宗教活动，且在中国（大陆）的旅游住宿设施内至少停留一夜的外国人、港澳台同胞等游客。入境旅游者不包括以下人员：（1）应邀来华访问的政府部长以上官员及其随行人员；（2）外国驻华使领馆官员、外交人员以及随行的家庭服务人员和受赡养者；（3）常住中国（大陆）一年以上的外国专家、留学生、记者、商务机构人员等；（4）乘坐国际航班过境不需要通过护照检查进入中国（大陆）口岸的中转旅客；（5）边境地区往来的边民；（6）回大陆定居的港澳台同胞；（7）已在中国（大陆）定居的外国人和原已出境又返回在中国（大陆）定居的外国侨民；（8）归国的中国（大陆）出国人员。

（十二）价格指数

居民消费价格指数 指度量消费商品及服务项目价格水平随着时间而变动的相对数，反映居民家庭购买的消费品及服务价格水平的变动情况。居民消费价格指数变动率通常被用来作为反映通货膨胀（或紧缩）程度的指标。

工业生产者出厂价格指数 指反映全部工业产品出厂价格总水平变动程度的相对数。其中包括工业企业售给商业、外贸、物资部门的产品，还包括售给工业和其他部门的生产资料以及直接售给居民的生活消费品。通过工业生产价格指数能观察工业产品出厂价格变动对工业总产值的影响。

工业生产者购进价格指数 指反映全部工业原材料、燃料、动力购进价格总水平变动程度的相对数。用其可以观察和研究工业企业原材料价格变动对生产的影响，以及企业对原材料涨价的消化能力和承受能力，为制定价格政策提供依据。

（十三）城乡居民收支

城镇居民可支配收入 指调查户可用于最终消费支出和其他非义务性支出以及储蓄的总和，即居民家庭可以用来自由支配的收入。它是家庭总收入扣除交纳的个人所得税、个人交纳的社会保障支出以及调查户的记账补贴后的收入。

城镇居民消费性支出 指调查户用于满足家庭日常生活消费需要的全部支出，包括食品、衣着、居住、家庭设备用品及服务、医疗保健、交通和通信、教育文化娱乐服务、其他商品和服务等八大类；包括用于赠送的商品或服务。消费性支出构成是按照商品或服务的用途进行分类，如果消费支出的目的与用途不一致时，必须按照用途归入相应类内。

农村居民纯收入 指农村住户当年从各个来源得到的总收入相应地扣除所发生的费用后的收入总和。纯收入主要用于再生产投入和当年生活消费支出，也可用于储蓄和各种非义务性支出。“农民人均纯收入”是按人口平均的纯收入水平，反映的是一个地区或一个农户农村居民的平均收入水平。

农村居民家庭生活消费支出 指农村住户用于物质生活和精神生活方面的支出，包括食品、衣着、居住、家庭设备用品及服务、医疗保健、交通和通讯、文化教育娱乐用品及服务、其他商品和服务等消费支出。

（十四）教　　育

毕业生数　指上学年度内，具有学籍的学生学完教学计划规定的全部课程，考试及格，取得毕业证书，实际毕业的学生数。不包括结业生和肄业生数。

招生数　指新学年开始时，按照国家计划实际招收入学的新生数，不包括留级生和复读学生数。

在校学生数　指学年初开学以后，具有学籍的注册学生数。

教职工数　指在学校(机构)工作并由学校(机构)支付工资的教职工人数。教职工数包括校本部教职工、科研机构人员、校办企业职工、其他附设机构人员。

专任教师　指主要从事教育工作的人员，包括临时（一年以内）调去帮助做其他工作的教学人员；不包括调离教学岗位，担任行政领导工作或其他工作的原教学人员；不包括兼任教师和代课教师。

（十五）文化、科技

公共图书馆藏书　指各级文化部门举办的面向社会服务的独立的图书馆（不包括文化馆的图书室，也不包括文化系统以外的图书馆）藏书数量。

专利　是专利权的简称，是对发明人的发明创造经审查合格后，由专利局依据专利法授予发明人和设计人对该项发明创造享有的专有权。包括发明、实用新型和外观设计。

发明专利　指专利法及其实施细则所称的发明，指对产品、方法或者改进所提出的新的技术方案。

实用新型专利　指专利法及其实施细则所称的实用新型，指对产品的形状、构造或者其结合所提出的适于实用的新的技术方案。

外观设计专利　指专利法及其实施细则所称的外观设计，指对产品的形状、图案、色彩或者其结合所做出的富有美感并适于工业上应用的新设计。

（十六）卫生、体育

卫生机构　指从卫生行政部门取得《医疗机构执业许可证》，或从民政、工商行政、机构编制管理部门取得法人单位登记证书，为社会提供医疗保健、疾病控制、卫生监督服务或从事医学科研和医学在职培训等工作的单位。

卫生技术人员　指由卫生机构支付工资的全部固定职工和合同制职工中现任职务为卫生技术工作的专业人员，不包括从事管理工作的人员。

执业医师和注册护士　指领取医师执业证书和注册护士证书的人员，不包括从事管理工作的医师和护士。

体育场地　指专门用于体育训练、比赛和健身活动的，有一定投资的公益性或经营性体育建筑设施。

（十七）社会福利

优抚对象　依照法律和政策的规定，享受国家、社会和群众抚恤优待的人员，包括中国人民解放军（包括中国人民武装警察部队）现役军人、革命伤残人员、复员退伍军人、革命烈士家属、因公牺牲军人家属、病故军人家属、现役军人家属。

社会救助对象总人数　指在报告期末生活在当地规定的最低生活保障线以下的家庭人员及国家规定由民政部门救济

的特殊人员和上世纪60年代精简退职老职工救济人员等。

城市居民最低生活保障人数 指报告期末家庭平均收入在当地规定的最低生活保障线以下的城镇居民数。包括“三无”对象、失业人员和在职、下岗、退休人员等。

农村居民最低生活保障人数 指报告期末在建立农村最低生活保障制度的地区，得到当地政府或集体给予最低生活保障的农业人口家庭人数。

参加基本养老保险人数 指报告期末按照国家法律、法规和有关政策规定参加基本养老保险并在社保经办机构已建立缴费记录档案的职工人数，包括中断缴费但未终止养老保险关系的职工人数和参加基本养老保险的离休、退休和退职人员的人数。不包括只登记未建立缴费记录档案的人数。

参加基本医疗保险人数 指报告期末按国家有关规定参加基本医疗保险的人数，包括参加保险的职工人数和退休人员数。

参加失业保险人数 指报告期末按照国家法律、法规和有关政策规定参加了失业保险的城镇企业事业单位的职工及地方政府规定参加失业保险的其他人员的人数。参加失业保险人数为参加失业保险的职工人数。

参加农村新型合作医疗人数 指截止报告期末乡镇已参加农村新型合作医疗的总人数。农村新型合作医疗制度是由政府组织、引导、支持，农民自愿参加，集体、个人和政府多方筹资，以大病统筹为主的农民医疗互助共济制度。

社区服务机构数 指报告期末社区服务站、社区服务中心、其他社区服务设施的总和。

（十八）开发区

已开发土地面积 指在规划范围内达到“七通一平”标准的，具备进行房屋建筑物施工或出让条件的土地面积。

已供应土地面积 指开发区内通过各种方式获得土地使用权的土地面积，包括出让、划拨、租赁等。

总收入 指企业全年的生产产品销售收入、技术性收入和与本企业产品相关的商品的销售收入、其它收入等各种收入的总和，总收入等于主营业务收入加上其他业务收入。总收入应按不含增值税的价格计算，不包括补贴收入、营业外收入、投资收益。

总投资 指批准的合同（章程）规定的投资总额。

注册资本 指为设立经营企业在工商行政管理机关注册的资本总额。

合同外资金额 指批准的合同（章程）中，外商和港、澳、台商的出资额。

外商实际投资 指按合同规定的外方和港、澳、台方以现金、实物、工业产权及专有技术的计价实缴资本投资额。

工业总产值 指工业企业在报告期内生产的以货币形式表现的工业最终产品和提供工业劳务活动的总价值量。

工业销售产值 指以货币形式表现的，工业企业在报告期内销售的本企业生产的工业产品或提供工业性劳务价值的总价值量。

出口交货值 指工业企业交给外贸部门或自营(委托)出口(包括销往香港、澳门、台湾)，用外汇价格结算的产品价值，以及外商来样、来料加工、来件装配和补偿贸易等生产的产品价值。在计算出口交货值时，要把外汇价格按交易时的汇率折成人民币计算。

应缴税金总额 指企业按国家规定应向税务机关缴纳各种税金的总额。主要包括应交增值税、应交所得税、营业税金及附加、管理费用中的税金等。